AF740865

LOS ACTOS Y CONTRATOS IRREGULARES EN EL DERECHO CHILENO

EDICIONES UNIVERSIDAD CATÓLICA DE CHILE
Vicerrectoría de Comunicaciones
Av. Libertador Bernardo O'Higgins 390, Santiago, Chile

editorialedicionesuc@uc.cl
www.ediciones.uc.cl

LOS ACTOS Y CONTRATOS IRREGULARES
EN EL DERECHO CHILENO

Alejandro Guzmán Brito

© Inscripción N° 267.965
Derechos reservados
Julio 2016
ISBN 978-956-14-1951-3

Diseño:
Salvador E. Verdejo Vicencio
versión | producciones gráficas Ltda.

CIP - Pontificia Universidad Católica de Chile

Guzmán Brito, Alejandro, 1945-.
Los actos y contratos irregulares en el derecho chileno / Alejandro
Guzmán Brito.

1. Contratos – Chile.
2. Usufructo – Chile.
I. t.

2016 346.83022 + DDC23 RCAA2

LOS ACTOS Y CONTRATOS IRREGULARES EN EL DERECHO CHILENO

ALEJANDRO GUZMÁN BRITO

EDICIONES UC

ÍNDICE GENERAL

ABREVIATURAS

CC.	*Código Civil.*
CCCh.	*Código Civil* de Chile.
NIEMEYER, Th., "*Dep. irreg.*"	NIEMEYER, Theodor, "*Depositum irregulare*", Halle, Niemeyer, 1888.
n.	nota.
SANTARELLI, U., *Categoria*	SANTARELLI, Umberto, *La categoria dei contratti irregolari. Lezioni di storia del diritto*, 1984, reimpresión Torino, Giappichelli, s. d. [pero 1990].
SIMONE, M. de, *Neg. irreg.*	SIMONE, Mario de, *I negozi irregolari*, 1952, reimpresión Napoli, Edizioni Scientifiche Italiane, 1993; hay traducción al castellano de F. J. Osset, como *Los negocios irregulares*, Madrid, Editorial Revista de Derecho Privado, 1956.
V./ v.	Véase/ véase.

PRÓLOGO

El presente libro está en su mayor parte fundado sobre varios escritos que publiqué entre 2013 y 2015 al amparo de un proyecto de investigación sobre actos y contratos irregulares, sustentado por el Fondo Nacional de Investigación Científica y Tecnológica; un par sobre la misma materia no alcanzó a ser dado a las prensas. Pero no consiste aquel en la mera reproducción de tales escritos, porque, en varios casos, les introduje mudanzas de fondo y a todos, adaptaciones al nuevo contexto unitario o destinadas a evitar repeticiones evitables y a superar alguna que otra imperfección. Con todo, en cada caso he dejado constancia de la sede en que originalmente fue publicado el artículo que inspiró cada párrafo (o del hecho de no haberlo sido en ninguna) mediante una nota insertada al comenzar el párrafo correspondiente.

Espero con este libro y los trabajos que lo fundan contribuir a una materia muy interesante, pero casi no estudiada por la doctrina nacional y poco por la extranjera.

Viña del Mar, 22 de marzo de 2016
A.G.

§ 1. LOS ACTOS Y CONTRATOS IRREGULARES EN GENERAL Y SU RÉGIMEN*

I. SOBRE LA TERMINOLOGÍA

El adjetivo "irregular", profusamente empleado en este libro, no se toma en el sentido de una contradicción con ciertas reglas, que determine alguna ilicitud, sino en el de implicar algo contrario a una regularidad dogmática entendida como normalidad; aun así esta descripción es relativa.

El derecho civil contiene, en efecto, la tipificación de algunos actos, en su mayoría contratos, cuya definición incluye o debe incluir el rasgo de tener que recaer sobre cosas infungibles. Es el caso del depósito, el comodato, la prenda, el arrendamiento de cosas y de obra material y el usufructo. En su momento se examinarán las normas que imponen la infungibilidad e inconsumibilidad al objeto de estos actos y contratos caso a caso y las razones de tal imposición (v. §§ 3,II; 4,I; 5,II; 6,I,1; 7,1).

Puede acaecer, sin embargo, que el autor del acto o las partes del contrato, sin haber incurrido en error ni tramado una simulación[1], decidan hacerlos recaer sobre

---

* Este parágrafo es reelaboración del trabajo que, con el título de *Los contratos irregulares en el derecho civil chileno*, fue publicado en DOMÍNGUEZ, Carmen y otros (coordinadores), *Estudios de derecho civil*, VIII: *Jornadas Nacionales de Derecho Civil, Santa Cruz, 2012*, Santiago, LegalPublishing - Thomson Reuters, 2013, 313-319.

1 Ambas circunstancias hacen que el acto o el contrato abandonen el campo regido por la irregularidad e ingresen en aquel gobernado por las reglas del error o de la simulación. Tal acaece si, por ejemplo, un pignoratario recibe una botella de vino francés cualquiera de manos de un pignorante, bajo la creencia de haber pertenecido a las bodegas de Napoleón, pues esa prenda no es irregular sobre las botellas fungibles del vino francés de que se trate, sino un contrato nulo al menos por la razón aceptada por el inciso 2° del artículo 1454 CC. Lo propio ocurre si las partes, para sustraer ciertas joyas muy valiosas, pero fungibles, a los efectos de un concurso, celebran una prenda sin desplazamiento, en cuyo contrato describen (puesto que el N° 3 del artículo 3 del artículo 14 de la Ley N° 20.190 ordena incluir "La individualización o la caracterización de las cosas empeñadas" en el contrato

fungibles. De hecho, los juristas romanos aceptaron que tal acaeciera, desde luego, en el depósito y en el usufructo; y que, por consiguiente, la entrega de fungibles en depósito o el legado del usufructo de tales clases de cosas (como dinero, por ejemplo) no consistiera en un verdadero depósito, en el primer caso, ni en un legado lucrativo en el segundo. Gayo denominó con recurso a la expresión "cuasi usufructo" al usufructo de fungibles[2]; y algunos juristas de la última Edad Media y de la Época Moderna inicial llamaron "irregular" al depósito de esas mismas cosas, como examinaremos más adelante con detalle (v., en este mismo párrafo, el cap. IV). Los romanos también admitieron que ciertas prendas pudieran recaer sobre fungibles, cuando validaron aquella sobre universalidades, como un rebaño[3] o un establecimiento de comercio[4], pues las cabezas de un rebaño suelen ser fungibles, aunque el rebaño como universalidad pueda ser desfungibilizado por el lugar ("el rebaño de tal potrero") y lo propio acaece con las mercaderías que se expenden en un establecimiento de comercio. También aceptaron que pudiera haber un arrendamiento de fungibles.

II. CONCEPTO DE "ACTO IRREGULAR"

1. De acuerdo con todo lo anterior, un acto "irregular"[5] es aquel cuyo tipo dogmático exige, como cosa de su esencia, un objeto infungible e inconsumible, y cuyos autor o partes, empero, lo hagan recaer sobre fungibles[6]. Un acto irregular exige,

---

prendario) como objeto de la prenda unas joyas fabricadas por Carl Fabergé para María Fyodorevna, cónyuge del zar Alejandro III, pues ese contrato es simulado y también nulo.

2 Dig. 7,5,2,1, del que depende Inst. Iust. 2,4,2.

3 Dig. 20,1,13 pr.

4 Dig. 20,1,34 pr. Para todo esto, v. MENTXACA, Rosa, *La pignoración de colectividades en el derecho romano clásico*, s. l. [pero Bilbao], Servicio Editorial de la Universidad del País Vasco, s. d. [pero 1986].

5 También se lo puede denominar "anómalo", un adjetivo de origen griego cuyo significado es el mismo que el del adjetivo latino "irregularis".

6 La literatura sobre el acto irregular como género o categoría es escasísima. Para su historia, SANTARELLI, U., *Categoria*; EL MISMO, *Qualche riflessione su "causa" e "irregularitas"*, en VACCA, Letizia (editora), *Causa e contratto nella prospettiva storico-comparatistica*, Torino, Giappichelli, s.d. [pero 1997], 163-173. Para la dogmática: SIMONE, M. de, *Neg. irreg.*; MESSINEO, Francesco, s. v. "Contratto irregolare", en *Enciclopedia del Diritto*, Milano, Giuffrè, 1962, X, 111-116. De hecho, los autores suelen limitarse a estudiar los actos irregulares singulares, aunque, con preferencia, el depósito irregular. En los párrafos correspondientes citaremos la bibliografía concerniente a cada cual.

pues, que el carácter infungible e inconsumible del objeto sobre el que recaiga según su configuración dogmática sea una "cosa de su esencia". En los términos del artículo 1444 CC., es tal la que, sin ella, el acto o contrato no produce efecto alguno o degenera en otro diferente. No basta, por ende, que el elemento del cual se trate constituya "cosa de la naturaleza", que aquella misma disposición define como la que se entiende pertenecer a un acto o contrato sin necesidad de incorporarla merced a alguna cláusula especial; y menos aun que sea "cosa accidental", que es la añadida al acto o contrato por medio de cláusulas especiales.

Sin duda alguna, pertenecen a esta clase, como se adelantó, el cuasiusufructo o usufructo irregular, el depósito irregular y la prenda irregular. A ellos se podría añadir un supuesto comodato irregular que no transite a mutuo (aunque alguno podría decir que el mutuo es un comodato irregular); y también un arrendamiento irregular de cosas fungibles. Pero la irregularidad no es posible en otros negocios, como la compraventa o la permuta, la sociedad o el mandato que implique la gestión de cosas del mandante, el aporte de muebles al haber relativo de la sociedad conyugal[7] y los legados, porque tales negocios recaen indistintamente sobre fungibles e infungibles, consumibles o inconsumibles, de modo que, en ambos casos, son regulares.

Tal estado de cosas permite elevar la irregularidad o anomalía a categoría, aunque no sea generalmente aplicable a todos los contratos, sino a algunos (así como la "aleatoriedad" es una categoría también limitada, esto es, no general de todos, sino especial de algunos contratos). En tales condiciones definiremos que la irregularidad o anomalía[8] tiene lugar cuando un acto concebido por el sistema dogmático para recaer sobre infungibles, por acuerdo de las partes se lo hace recaer sobre fungibles.

En el pasado se manejó un concepto excesivamente amplio de la irregularidad negocial, derivado de la idea de que ella consistiera en la mudanza introducida en algún elemento o cosa natural del negocio de que se tratase[9], según la terminología

7 Artículo 1725 N° 4 CC.; v. su artículo 1725 N° 3.

8 Sobre el punto, v. Crifò, Giuliano, *Intorno alla categoria della irregolarità*, en VV. AA., *Atti del seminario sulla problematica contrattuale in diritto romano*, Milano, Istituto Editoriale Cisalpino - La Goliardica, 1988, I, 215-221. La civilística no se ha ocupado de ella.

9 Tan desbordante conceptualización contaminó incluso a los romanistas, no bien que para el derecho romano antiguo el concepto de "cosas esenciales, naturales, accidentales" y el adjetivo "irregularis" fueran extraños. V., al respecto, Clerici, Ottorino, *Sui contratti irregolari in diritto romano*, Torino, Tipografia Subalpina, 1905, cap. 2°, 38-117. Este autor, por ejemplo, considera irregular al mandato en que el mandatario es incapaz de obligarse (v. la p. 97).

adoptada en la Edad Media[10], de modo que el negocio no mudara su tipo. Solo a mediados del siglo XX, con un libro sobre los contratos irregulares debido al jurista italiano Mario de Simone, puede darse por perfectamente configurada la categoría de estos contratos como recayentes sobre fungibles, cuando su tipo normal exija infungibles[11]. Ahora bien, si se quiere agrupar las versiones "anómalas" que muchos negocios ofrecen, eso se puede hacer, siempre que se mantenga separada y aparte la "irregularidad" negocial consistente en la fungibilidad del objeto, que ofrece contornos y regímenes tan nítidos y característicos.

2. En este sentido, es presupuesto para la existencia de un acto irregular que haya actos para los cuales se exija, como cosa de su esencia, recaer sobre infungibles. Tal exigencia se presenta en los enumerados precedentemente.

a) Para el depósito, ese rasgo deriva del artículo 2215 CC., que exige restitución "en especie" del mueble depositado. En el comodato se presenta el artículo 2174 CC., que parece excluirlo sobre fungibles cuando define que aquel negocio recae sobre una "especie" y exige restituir la misma especie después de terminado el uso de la cosa dada en comodato. En apresurada teoría, por lo demás, un comodato de fungibles devendría en mutuo. En cambio, no existe una norma que directamente exija o suponga la infungibilidad o la inconsumibilidad del objeto constituido en prenda. El artículo 2384 CC. se limita a pedir una "cosa mueble" para la prenda con desplazamiento y no exige que sea infungible ni inconsumible; si bien todo el articulado del título 37° del libro IV CC. discurre sobre el supuesto de ser infungibles las cosas pignoradas. Lo propio cabe decir de la prenda sin desplazamiento contenida en el artículo 14 de la Ley N° 20.190. La infungibilidad, empero, parece desprenderse indirectamente del artículo 2406 CC., según el cual el derecho de prenda se extingue por la destrucción completa de la cosa empeñada, porque la extinción de la obligación o del negocio por destrucción de la cosa sobre la que recaían una u otro tan solo puede tener lugar cuando la cosa pignorada era infungible. En el arrendamiento, el artículo 1916 habilita el contrato solo respecto de las cosas corporales e incorporales que pueden usarse sin consumirse, lo

10 Sobre el origen de la distinción de *substantialia (essentialia)*, *naturalia accidentalia contractus*, v. SANTARELLI, U., *Categoria*, 177-184. V. también GROSSI, Paolo, *Sulla "natura" del contratto*, en *Quaderni Fiorentini per la Storia del Pensiero Giuridico Moderno*, 15, Florencia, 1986, 593-619.

11 SIMONE, M. de, *Neg. irreg.*, núm. 26, 113-115, passim.

cual excluye el arrendamiento de consumibles, aunque no el de fungibles inconsumibles. El artículo 764 CC., en fin, al definir el usufructo dice que ese derecho puede recaer sobre infungibles o sobre fungibles; con ello, empero, define dos figuras diferentes: el usufructo y el cuasiusufructo, en modo que el primero solo puede recaer sobre infungibles.

b) La razón de la exigencia de infungibilidad e inconsumibilidad en el objeto de los actos indicados es siempre la misma: el que recibe una cosa en depósito, comodato, prenda, arrendamiento o usufructo la recibe en mera tenencia y no en dominio ni, por ende, en posesión, así que el receptor resulta obligado –él o su heredero– a restituir la misma cosa recibida. Pero si esta fuese fungible o consumible, el depositario, comodatario, pignoratario, arrendatario o usufructuario podrían disponerla física o jurídicamente (ejecutando, por ende, un acto de dueño) y después reponerla, vale decir, sustituirla por otra del mismo género al que pertenecía la dispuesta, y restituirla en la misma cantidad recibida; vale decir, podrían restituir una cosa diferente respecto de la cual el depositante, comodante, pignorante, arrendador o nudo propietario no tendrían cómo saber que es diferente. De esta manera, pues, el que recibió la cosa fungible y consumible en mera tenencia, en realidad la recibiría en dominio y posesión, porque pudo disponerla, en contra del régimen del respectivo acto que no admite la disposición. La consecuencia es que los actos en examen deban recaer necesariamente sobre infungibles. De otra forma se presentaría una contradicción dogmática muy notoria entre la disciplina general y abstracta del acto y su concreta celebración sobre fungibles.

III. HISTORIA DEL TÉRMINO "IRREGULAR"

Conviene decir un par de palabras sobre el uso del adjetivo "irregular".

Su empleo en esta materia no aparece en los juristas romanos[12]. A lo más, en Papiniano se encuentra la observación de que el caso de un depósito de dinero celebrado para que se devuelva no las mismas monedas, sino otro tanto de dinero

12 En un escolio de Stephanus a los Basílicos 13,2,26 (= Dig. 16,3,26), en donde se presenta un documento que contiene cierto depósito de dinero, el escoliastas lo califica de "no puro = impuro" (*μὴ καθαρόν*): todo citado por METRO, Antonino, *Locazione e acquisto della proprietà: la c. d. "locatio-conductio irregularis"*, en *Seminarios Complutenses de Derecho Romano*, 7, Madrid, 1995, 192 y nota 8.

"traspasa los conocidísimos términos [sc. límites] del depósito"[13]. Fue en la Edad Media cuando apareció la terminología. Por influencia de un autor alemán[14], suele repetirse que el introductor de la denominación "depósito irregular" fue el jurista medieval Jason del Maino (1435-1519)[15]. Pero hay alguna matización que imponer.

Un primer germen se debió al legista Jacopus Butrigarius (c. 1274-1348), cuando sostuvo que si se entrega dinero para tenerlo con facultad tácita de usarlo, eso es un depósito "*contra suam naturam*"[16]. En esta expresión, la voz "natura" nada tiene que ver con los futuros "naturalia contractum" y bien podemos traducirla por "esencia". También Baldus degli Ubaldis (1327-1400) habló de un acto según la

13 Dig. 16,2,24 (Pap., 9 *quaest.*): "*egreditur ea res depositi notissimos terminos*" ("El asunto sale de los conocidísimos términos del depósito"). Existe un texto de Paulo en Dig. 16,3,26,1 (4 *respon.*), que contiene la respuesta de ese jurista a una consulta sobre la posibilidad de cobrar intereses en el depósito de una cantidad de dinero, que habían sido expresa y detalladamente pactados. El jurista dice: "[...] *cum contractum, de quo quaeritur, depositae pecuniae modum excedere*" ("[...] como el contrato acerca del cual se pregunta excede la medida del dinero depositado"); y concluye: "*et ideo secundum conventionem usurae quoque actione depositi peti possunt*" ("y por esto según la convención los intereses también pueden ser pedidos con la acción del depósito"). El razonamiento expuesto es casi imposible de ser entendido con certeza, porque no se sabe qué mienta la palabra "medida" ("*modum*"), que, aplicada al dinero depositado, el contrato excedería; y porque se huele una contradicción entre la premisa de que el contrato excede la medida del dinero depositado y la conclusión de que se puede pedir los intereses con la acción del depósito, pues se esperaría que, merced a tal exceso, los intereses no se pudieran exigir. Para los diferentes problemas que ofrece el texto, v. VALMAÑA OCHAITA, Alicia, *El depósito irregular en la jurisprudencia romana*, Madrid, EDISOFER, s. d. [pero 1996], 98-105. Es interesante lo que conjetura NIEMEYER, Th., "*Dep. irreg.*", 43, en orden a que el negocio que Paulo tuvo históricamente a la vista no se diferenciaría del *foenus nauticum*, para el cual, como es sabido, no había límites al monto de los intereses. En un contexto así se explicaría que, pese a que el contrato del caso excedía el "*depositae pecuniae modum*", el jurista respondiera que se pueden cobrar los intereses. Solo que el texto habla de un "exceso del dinero depositado", no de un "exceso del interés pactado". Fuere como haya sido, el estado actual del texto no permite conseguir muchas conclusiones firmes. Pero es seguro, a mi juicio, que la frase "*depositae pecuniae modum excedere*" del texto nada tiene que ver con la frase "*egreditur ea res depositi notissimos terminos*" de Dig. 16,3,24, como a veces se ha solido decir; v. COPPA-ZUCCARI, Pasquale, *Il deposito irregolare*, Modena, Biblioteca dell'Archivio Giuridicio, 1901, 3.

14 NIEMEYER, Th., "*Dep. irreg.*", nota 21 de la pág. 110.

15 Así, entre otros, COPPA-ZUCCARI, P., *Il deposito irregolare* (n. 13), 2; SIMONE, M. de, *Neg. irreg.*, 31 [= 24 de la traducción]; FLORES MICHEO, Rafael, *El depósito irregular*, en *Revista de Derecho Privado*, 47, Madrid, 1963, 755.

16 BUTRIGARIUS, Jacopus, *In secundam Digesti Veteris partem commentari*, ad l. *die sponsaliorum*, § *qui pecuniam*, D. *depositi*; el texto visto es el transcrito por SANTARELLI, U., *Categoria*, 242.

"*natura depositi*" y contra la "*natura contractum*"[17]. El comentarista Paulo de Castro (c. 1360-1441) parece haber sido el primero en afirmar que el depósito de dinero "*habet irregularem naturam depositi*" ("tiene naturaleza irregular de depósito")[18]. También el comentarista Ludovicus Pontanus (1409-1439) usaba expresiones similares[19]. El mencionado Jason del Maino calificaba de "*proprius et regularis*" al depósito normal de infungibles[20]; y Francesco Mantica (1534-1614) completó la introducción del adjetivo al dividir el depósito en "regularis" e "irregularis", y entender por este último al de dinero no especificado[21]. En un momento que no podemos determinar, el adjetivo "irregularis" fue aplicado también a otros actos que de ordinario recaen sobre infungibles, cuando se los hace recaer sobre fungibles[22]. De 1676 es una tesis doctoral titulada *De irregularitate contractuum*, compuesta por un tal Johannes Paulus Fetzer y defendida en la Universidad de Altdorf[23]. En ella, el autor trata, por cierto, del *mutuum irregulare*[24], del *commodatum irregulare*[25], del *depositum irregulare*[26], pero también de la *emptio venditio irregularis*[27], de la *locatio conductio irregularis*[28] y del *feudus irregulare*[29].

---

17 Baldus, *Consilia*, V, 219 n. 1, el texto visto es el transcrito por Santarelli, U., *Categoria*, 247: las expresiones de Baldus son "*secundum naturam depositi*" y "*contra naturam contractus*" (en donde esta última palabra alude al depósito).

18 De Castro, Paulus, *Consilia*, III, 23, núms. 9-13, según transcripción de Santarelli, U., *Categoria*, 248.

19 Pontanus, Ludovicus, *Consilia*, 500 núm. 7, transcrito por Santarelli, U., *Categoria*, 249. Pontanus dice "*contra naturam depositi*" (dos veces en el texto) y "*secundum naturam mutui*".

20 Del Maino, Jason, *Lectura in Digestum*, ad l. *Ai quis nec causam*, Dig. *Si certum petatur*, núm. 1, transcrito por Santarelli, U., *Categoria*, 250-251.

21 Mantica, Franciscus, *Vaticanae lucubrationes de tacitis et ambiguis conventionibus*, lib. I, tít. 3°, núm. 10; lib. X, tít. 2°, núm. 10; lib. X, tít. 3°, núms. 11-15, transcritos por Santarelli, U., *Categoria*, 253-254

22 Mantica, F., *Vaticanae lucubrationis*, lib. X, tít. 2°, núm. 10, transcrito por Santarelli, U., *Categoria*, 254, ya había hablado de un "*commodatum irregulare*", si el dominio de la cosa prestada pasare al comodatario.

23 Sobre este escrito y su autor: Santarelli, U., *Categoria*, 186-200.

24 Fetzer, Johannes Paulus, *De irregularitate contractuum*, Altdorf, H. Meyer, 1676, párr. 30, 18-20.

25 Ibíd., párr. 31, 20-21

26 Ibíd., párr. 32, 21-22. Existe una *Commentatio iuridica de depositio irregulari*, Halae Magdeburgicae, In Officina Libraria Rengeriana, 1750, 138 págs., debida al importante jurista Daniel Nettelbladt.

27 Fetzer, J. P., *De irregularitate* (n. 24), párr. 33, 22-23.

28 Ibíd., párr. 34, 23-24.

29 Ibíd., párrs. 35-38, 24-27.

En la Época Moderna la nomenclatura se consolidó. A fines de ella, por ejemplo, Robert-Joseph Pothier (1699-1772) definió sin más el "dépôt irrégulier"[30] y en el arrendamiento ("louage") distinguió al "régulier" del "irrégulier"[31].

La terminología entró en el uso común de la doctrina civilística hasta el día de hoy. Pero solo en esta época puede darse por comenzada una reflexión sobre la irregularidad como categoría[32].

IV. "IRREGULARIDAD" Y "CRÉDITO"

En los casos que nos ocupan, la ausencia de infungibilidad siempre hace degenerar o transitar el acto a crédito[33]. El artículo 789 CC. lo dice directa y expresamente con respecto al cuasiusufructo o usufructo de fungibles: el usufructuario se hace dueño de los fungibles dados en usufructo y el nudo propietario es meramente un acreedor a la entrega de otras especies de igual calidad y cantidad. También el artículo 2221 CC. lo dice expresamente para el depósito de dinero, pues, en su caso, el depositario queda obligado a restituir otro tanto en la misma moneda, en lo que está implícito que el depositante deviene acreedor del *tantundem*, lo cual es típico de las relaciones crediticias. Pero estas declaraciones expresas formuladas para el cuasiusufructo y el depósito irregular las podemos generalizar para la prenda, el comodato y el arrendamiento de fungibles.

Este es un efecto normal de todo negocio irregular: sea cual fuere la base original tomada en cuenta, el negocio siempre transita a crédito.

---

30 POTHIER, Robert-Joseph, *Traité du contrat de dépôt*, 1766, cap. 3°, párr. 82, en *Œuvres de Pothier*, edición de B. Bugnet, Paris, Videcoq - Cosse et Delamotte, 1847, V, 154

31 Ibíd., 155.

32 Acerca del punto, v. sobre todo: SANTARELLI, U., *Categoria*; EL MISMO, *Qualche riflessione su "causa" e "irregularitas"* (n. 6), 163-173. En el derecho moderno hay escasos estudios dedicados a la irregularidad en general y a los negocios irregulares que no sea el depósito. Pero v. SIMONE, M. de, *Neg. irreg.*

33 Sobre el concepto de "crédito", v. el § 2.

V. COSAS FUNGIBLES E INFUNGIBLES Y CONSUMIBLES E INCONSUMIBLES

También conviene aclarar ya en este párrafo inicial los conceptos de cosa fungible e infungible y de consumible e inconsumible que usaremos profusamente, porque, como se ha visto, la intervención de unas u otras es la que determina la regularidad o irregularidad en ciertos actos y contratos.

a) Los conceptos de cosa fungible e infungible[34] se cimentan en la figura sensible de la especie de cosa de que se trate y, por lo tanto, no obedecen a una convención. Las hay cuya figura sensible es tan singular y particular de ellas, que no se repite en ninguna otra de su misma especie, de guisa que cada individuo constituye un ejemplar único e identificable por sí mismo; en consecuencia, no se confunden con otras, no pueden ser sustituidas por otras, no pueden ser intercambiadas por otras. Son las cosas infungibles y tal es el caso de los inmuebles (que quedan individualizados por el espacio, ya que el ocupado por ellos es único en el mundo, por iguales o en serie que sean sus construcciones, como acaece en las "viviendas sociales"), de las obras de arte originales, de los automóviles patentados[35], de los animales domésticos (sobre todo cuando obedecen a un nombre propio) y de muchas otras.

La figura de las cosas fungibles, en cambio, se reparte o distribuye en muchos individuos de una especie, de modo de repetirse en todos; en consecuencia, estos individuos se confunden con otros, pueden ser sustituidos por otros, pueden ser intercambiados por otros y, en fin, son inidentificables por sí mismos. Se trata de cosas que la naturaleza o la industria humana producen, pues, en serie[36]. Tal acaece con los animales cuadrúpedos destinados a la

34 Para la historia del dogma, v. RÜFNER, Thomas, *Vertretbare Sachen? Die Geschichte der "res quae ponderec numero mensura constant"*, Berlin, Duncker und Humblot, 2000. Frecuentemente se vincula estas nociones con la de "poder liberatorio"; pero ello es erróneo porque tal sirve solo cuando hay pagos de por medio; si alguien quiere saber si un montón de trigo es fungible o no, la idea de "poder liberatorio" no entra, por supuesto, en cuenta.

35 Los automóviles tienen un número de motor exclusivo, pero en el comercio no se lo suele tomar en cuenta, aunque se lo registra, lo mismo que la marca y el modelo y aun el color, a efecto de su patentación.

36 En rigor, no existe una cosa igual a otra; en un quintal de trigo, por ejemplo, difícilmente se hallará un grano de trigo igual a otro; pero en el comercio de trigo las diferencias que haya entre cada grano de una multitud no se toman en cuenta; y cuando se las atiende, la distinción se hace sobre la base de figuras convencionales que dan lugar a las distintas "calidades". Aun así, en el trigo definido como de "óptima calidad", por ejemplo, bajo ciertos conceptos preestablecidos, no es posible hallar dos granos iguales, por manera que

alimentación o a la venta, las frutas, los cereales, los líquidos envasados, muchos aparatos mecánicos, etcétera.

b) La división de las cosas en consumibles e inconsumibles es esta: Hay ciertas cosas cuyo primer uso o aplicación natural las destruye (o consume), de modo que no pueden volver a ser usadas del mismo modo, como los alimentos, que al darles una vez su aplicación o uso natural, que es ser comidos, se destruyen y ya no pueden volver a servir de comida; la leña, cuyo uso es ser cremada; un cigarrillo, destinado a ser fumado; la bencina, a ser quemada en los motores, etcétera. Es necesario tener presente que esta categoría de cosas no depende de la decisión particular de destruirlas, sino del efecto consuntivo causado por el uso natural; así que la acción de arrojar una mesa a la chimenea para atizar su fuego no hace consumible a la mesa, cuyo fin es otro que el de atizar el fuego; en tal caso se está en presencia simplemente de la consumición de una cosa inconsumible.

Hay otras cosas que, en cambio, se las puede aplicar reiteradamente a su uso natural sin que se destruyan, de modo de poder ser usadas muchas veces, como la mesa dicha recientemente, que se puede usar numerosas y repetidas veces como superficie para comer o trabajar sobre ella; un reloj, un automóvil, una cabalgadura, la vajilla, etcétera. Las llamamos cosas inconsumibles.

c) Las cosas fungibles pueden ser consumibles, como es el caso de los alimentos; o inconsumibles, como son las miles de baratijas industriales y aun artesanales que se encuentran en los supermercados y demás establecimientos de comercio y en los puestos de los vendedores ambulantes. Las cosas infungibles son inconsumibles[37], porque la economía no podría resistir el comercio fundado en especies únicas destinadas a ser destruidas por su primer uso.

---

las diferencias de hecho entre los granos de esa clase no se toman en cuenta en el comercio. En los fungibles industriales fabricados por las máquinas, las diferencias singulares son más escasas; pero el microscopio, por ejemplo, podrá siempre encontrarlas, lo que carece de importancia en el tráfico.

37 Al menos como regla casi absoluta, porque los ejemplos de cosas no fungibles pero consumibles que se ofrecen son falsos, aparte de rebuscados. Un vino embotellado que perteneció a la cava de Napoleón es ciertamente infungible, pero perdió su carácter consumible, porque su uso natural no consiste en ser bebido, de modo que perezca al usárselo por vez primera: cfr. DOCKÈS, Emmanuel, *Essai sur la notion d'usufruit*, en *Revue Trimestrielle de Droit Civil*, 94/3, julio-septiembre de 1995, 497: "Certaines liqueurs sont si anciennes qu'elles sont devenues impropres à la consommation".

Las cosas inconsumibles, ahora, pueden ser fungibles o infungibles, como ya quedó dicho; y las cosas consumibles son fungibles, por la misma razón dada antes, pero a la inversa, pues la economía no podría resistir el tráfico de cosas destinadas a desaparecer con su primer uso, que fueran, empero, especies únicas. Suele ofrecerse, a modo de excepción rebuscada, el ejemplo de la torta de novios del príncipe de Gales, que sería consumible en cuanto alimento, e infungible en cuanto especie única. Pero tal ejemplo corrobora lo dicho acerca de lo insoportable de una economía de consumibles infungibles, por el alto valor que tiene la dicha torta[38].

d) El *Código Civil* expresa algo sobre estas cosas en los incisos 1° y 2° del artículo 575, de manera un tanto desorientadora aunque no del todo inexacta: "[Inciso 1°] *Las cosas muebles se dividen en fungibles y no fungibles./* [Inciso 2°] *A las primeras pertenecen aquellas de que no puede hacerse el uso conveniente a su naturaleza sin que se destruyan./* [Inciso 3°] *Las especies monetarias en cuanto perecen para el que las emplea como tales, son cosas fungibles*". El inciso 1° proviene de Delvincourt[39]; el inciso 2°, de García Goyena[40]; y el 3°, nuevamente de Delvincourt[41]. El artículo 687 inciso 2° del "Proyecto de 1853", que identificaba totalmente las cosas fungibles con las consumibles, también provenía de este último autor; pero Bello lo modificó de la manera que vemos en el *Código* (ya en el "Pyto. Inédito") según lo que aquel leyó en el proyecto de García Goyena. Ciertamente la disposición es criticable en cuanto no define las categorías de cosas involucradas, y se limita a establecer la relación entre fungibilidad y consumibilidad. Tal relación es así: Las cosas muebles son fungibles o no fungibles; las fungibles pueden ser consumibles ("*aquellas de que no puede hacerse el uso conveniente a su naturaleza sin que se destruyan*"), pero no necesariamente, porque –dicho de manera implícita– hay fungibles inconsumibles. Sin embargo, de esto no resulta que la clasificación de cosas consumibles e inconsumibles sea una subclasificación de las cosas fungibles; lo único que resulta es que las

---

38 El artículo 575 CC., en síntesis y en otro lenguaje, manifiesta que las cosas consumibles pertenecen a la clase de las fungibles. Se observará, pues, que él no dice que las cosas fungibles sean "*aquellas de que no puede hacerse el uso conveniente a su naturaleza sin que se destruyan*"; y, por ende, es inadecuada la crítica que dirige Claro Solar al artículo 575 CC., como se verá.

39 Delvincourt, Claude, *Cours de Code civil*, Paris, Videcoq Librairie, 1834, I, 142.

40 García Goyena, Florencio, *Concordancias, motivos y comentarios del Código Civil español*, Madrid, Imprenta de la Sociedad Tipográfico Editorial, 1852, I, artículos 347 y 383.

41 V. la nota 39.

cosas consumibles son siempre fungibles, porque aquellas pertenecen, como dice el *Código*, a estas. Tal artículo 575, en síntesis y en otro lenguaje, manifiesta que las cosas consumibles pertenecen a la clase de las fungibles. Se observará, pues, que él no dice que las cosas fungibles sean "*aquellas de que no puede hacerse el uso conveniente a su naturaleza sin que se destruyan*"; y, por ende, es inadecuada la crítica que suele dirigirse al artículo 575 CC., según la cual la fungibilidad ahí "aparece confundida con la consumición o destrucción de las cosas por el uso natural de ella"[42]. La norma no confunde la fungibilidad con la consumición o destrucción de las cosas, ni con su consumibilidad; se limita a decir lo ya apuntado, en orden a que las cosas consumibles pertenecen a las fungibles, lo que es exacto. Por lo demás, el propio autor citado termina por confundirse él mismo cuando escribe: "En la práctica, las cosas que desde luego se presentan como fungibles son las que se consumen por el primer uso [...]"[43], incurriendo en el error que achaca indebidamente al *Código*, que no lo comete. En el actual mundo de baratijas industriales cada día más hay cosas fungibles no consumibles. Lo que sí es verdadero, en todo caso, es que el *Código* no define qué sean las cosas fungibles e infungibles.

VI. PROPIEDAD DE LOS FUNGIBLES

Los fenómenos jurídicos de la fungibilidad y la consumibilidad originan una interesante doctrina que suele pasar desapercibida

1. ¿A quién pertenecen los fungibles, sean o no consumibles? Esta pregunta tiene el presupuesto de que estas cosas de las que hablamos no estén guardadas en un recipiente identificable del que solo esté consentido extraerlas si se lo rompe o fractura, o cuando se lo abre con su llave, si tenía cerradura, porque, en el evento contrario, la infungibilidad e inconsumibilidad del continente infungibiliza y hace inconsumible al contenido[44]. El *Código* no lo dice de una manera general,

---

42 Claro Solar, Luis, *Explicaciones de derecho civil chileno y comparado*, VI: *Los bienes*, 1, 1930, reimpresión, Santiago, Editorial Jurídica de Chile, 1992, núm. 130, 152.

43 Ibíd., 156.

44 Acaece algo semejante a cuando se legan "las 30 fanegas de trigo que se hallarán en tal parte" (por ejemplo, en el silo N° 5), que no vale sino con respecto al trigo que se encontrare en el lugar señalado y que no pase de 30 fanegas (artículo 1112 inciso final CC.), porque

pero aplica la idea en su artículo 2221 con respecto al caso particular del depósito al disponer: "*En el depósito de dinero, si no es en arca cerrada cuya llave tiene el depositante, o con otras precauciones que hagan imposible tomarlo sin fractura, se presumirá que se permite emplearlo, y el depositario será obligado a restituir otro tanto en la misma moneda*". La norma describe al depósito irregular de dinero. Lo que nos interesa destacar ahora es que el depósito de dinero en arca cerrada cuya llave tiene el depositante o con otras precauciones que hagan imposible tomar el dinero sin fractura de su continente no es depósito de dinero, o sea, irregular, sino del continente, vale decir, regular. Como dijimos, la infungibilidad del continente infungibiliza al contenido[45]. Así, nuestro problema se circunscribe a los fungibles no desfungibilizados por el continente.

Tratándose, pues, de cosas fungibles no guardadas en un envase individualizable, su tenencia se confunde con su posesión y esta con su propiedad. La razón positiva de por qué aquello es así deriva de que solo se pueden reivindicar cosas identificables. Esto, empero, no está dicho directamente en el *Código Civil*, debido, tal vez, a su evidencia. Pero se desprende de importantes disposiciones.

a) La primera es el artículo 2466 CC.: "*Sobre las especies identificables que pertenezcan a otras personas por razón de dominio, y existan en poder del deudor insolvente, conservarán sus derechos los respectivos dueños, sin perjuicio de los derechos reales que sobre ellos competan al deudor, como usufructuario o prendario, o del derecho de retención que le concedan las leyes; en todos los cuales podrán subrogarse los acreedores*". La norma pertenece al título 41°: "De la prelación de créditos" del libro IV CC. Esta norma dice varias cosas; pero todas descansan sobre la base de que entre los bienes de un deudor insolvente al que se pretende ejecutar, existan "especies identificables". Este modo de decir equivale a "cosas infungibles", cuyo carácter radica precisamente en su identificabilidad. Si, pues, entre los bienes de un insolvente se encuentran infungibles ajenos, sus respectivos dueños siguen siendo tales, es decir, pueden reivindicarlos, sin perjuicio de que el insolvente sea su usufructuario, pignoratario o retencionario. Supongamos que se trate de objetos fungibles, o sea, inidentificables, y que un tercero alegue ser su dueño para sustraerlos a la ejecución. Si no es capaz de identificarlos, porque no puede, ¿cómo podría solicitar que se los apartara de la masa

"las 30 fanegas de trigo que se hallarán en tal parte" son cosas infungibles y su legado es, en consecuencia, de especie, no de género. El lugar, lo mismo que el recipiente y otras circunstancias, infungibilizan a una cosa naturalmente fungible, como el trigo.

45 Supuesto, por cierto, que el continente sea infungible él mismo.

ejecutable? No hay manera de probar que tales bienes le pertenecen y toda prueba que se fabrique al respecto es necesariamente falsa.

b) En seguida se presenta el artículo 2153 CC.: "*Las especies metálicas que el mandatario tiene en su poder por cuenta del mandante, perecen para el mandatario aun por fuerza mayor o caso fortuito, salvo que estén contenidas en cajas o sacos cerrados y sellados sobre los cuales recaiga el accidente o la fuerza, o que por otros medios inequívocos pueda probarse incontestablemente la identidad*". La disposición está montada sobre el hecho de que un mandatario tenga en su poder "especies metálicas", o sea, dinero en la actual realidad monetaria[46], por cuenta de su mandante; y que se pierdan, sea por culpa o dolo del mandatario o de un tercero, o por caso fortuito o fuerza mayor. La norma dice que en todo caso la pérdida es para el mandatario; con una excepción: que el dinero haya llegado al mandatario y permanecido encerrado en cajas o sacos cerrados en sus manos, o "*que por otros medios inequívocos pueda probarse incontestablemente la identidad*". En este caso, en realidad, se trató de una cosa identificable, vale decir, de un infungible; y entonces la pérdida fortuita del continente con su contenido, grava al mandante. Como se ve, lo decisivo es el carácter identificable o no identificable del dinero.

c) También comparece el artículo 2202 CC: "*Si hubiere prestado el que no tenía derecho de enajenar, se podrán reivindicar las especies, mientras conste su identidad.*/ [Inciso 2°] *Desapareciendo la identidad, el que las recibió de mala fe será obligado al pago inmediato con el máximum de los intereses que la ley permite estipular; pero el mutuario de buena fe solo será obligado al pago con los intereses estipulados y después del término concedido en el artículo 2200*". La norma fue escrita en tema de mutuo, y dice que si un préstamo mutuo hubiese sido ejecutado por quien no tenía derecho de enajenar los fungibles que de hecho prestó, su verdadero dueño los puede reivindicar; pero añade: "*mientras conste su identidad*". Esto es lógico, porque los fungibles, confundidos con otros, no admiten ser separados para devolverlos a su "dueño". De hecho, la norma contiene un homenaje a la idea de dominio de unos fungibles, pero sin efecto; porque una de dos: o aquellos estaban identificados desde el principio o no lo estaban; en el primer caso, no hubo mutuo (artículo 2196 CC.), porque lo prestado fue un infungible (por ejemplo, dinero encerrado en un arca, el trigo del silo N° 5, etcétera); en el segundo hubo

46 Pero no hay razón para fijar el alcance de la norma en el dinero, pues vale para cualquier otro fungible.

mutuo, y no puede constar ninguna identidad de los fungibles prestados, por definición inidentificables. La verdadera norma está en el segmento segundo: "*Desapareciendo la identidad*", en que se sanciona al mutuario de mala fe con el pago inmediato con el máximo de los intereses que la ley permite cobrar (se entiende que por el período completo en que tuvo los fungibles ajenos en su poder). La norma es asimismo más teórica que real: se supone que alguien prestó fungibles ajenos a otro y que el mutuario supo que eran ajenos los que recibió en préstamo. ¿Cómo puede alguien saber que unos infungibles recibidos de otro en préstamo no le pertenecen?

d) Todavía podemos presentar el artículo 291 CPC: "*Habrá lugar al secuestro judicial en el caso del artículo 901 del Código Civil, o cuando se entablen otras acciones con relación a cosa mueble determinada y haya motivo de temer que se pierda o deteriore en manos de la persona que, sin ser poseedora de dicha cosa, la tenga en su poder*". El artículo 901 CC. contiene la hipótesis de la reivindicación de una cosa corporal mueble con respecto a la cual haya motivo para temer su pérdida o deterioro en manos del poseedor. Esta norma, empero, no exige que el mueble sea identificable, determinado o cierto. Pero el artículo 291 CPC., en el fondo, lo interpreta bien, cuando, al extender la regla civil a otras acciones sobre cosa mueble, exige que se trate de "*cosa mueble determinada*", comprendiendo exactamente que, si no sea así, en realidad no podría haber una acción reivindicatoria.

Las normas examinadas dan el verdadero sentido de la ley: solo pueden ser reivindicadas las cosas infungibles o identificables; si no lo sean, no resulta posible que, en el conjunto de las existentes, sean señaladas por alguien para separarlas e indicarlas como propias a diferencia de las restantes, que son ajenas. Si son todas iguales, ¿cómo alguien podría ejecutar semejante operación discriminadora en un conjunto de cosas confundidas y no preidentificadas por algún signo exterior?

Cuando, en la realidad, los fungibles que estuvieron en el poder de uno, al que llamamos "dueño", pasan al de otro por hurto o un título no traslaticio de dominio, como por comodato, arrendamiento, prenda, depósito, usufructo, etcétera, el efecto no es, pues, la subsistencia de un "dominio" en favor del que dejó de tenerlos, sino solo la adquisición de una acción personal para cobrarlos.

2. Sin embargo, la ley y los juristas suelen hablar de dominio de los fungibles. Tal lenguaje debe atribuirse una abusión o catacresis, que son las denominaciones atribuidas a un frecuente fenómeno lingüístico consistente en que los hablantes apliquen a una cosa que carece de nombre propio el de otra por ser el más cercano

disponible, como cuando se habla de las patas de una mesa o de los brazos de un sillón, pese a que las mesas no tienen patas ni los sillones, brazos[47]. En nuestro caso, la abusión radica en hablar de dominio o propiedad y de dueño con respecto a los fungibles, a semejanza de como se habla de dominio o propiedad y de dueño en relación con los infungibles.

De acuerdo con lo dicho, cada vez que se celebra un acto jurídico recayente sobre fungibles con su tránsito de una parte a otra, en ningún caso el que los hace transitar puede ser considerado su dueño. Por lo que respecta a quien recibe los fungibles, en algunos casos empieza a deber su restitución, pero no los mismos individuos que recibió, sino otro "tanto idéntico" (*tantundem*), es decir, la misma cantidad de cosas de igual género y calidad a los de las recibidas. Entretanto, puede tener, usar, disfrutar y disponer de los individuos que recibió, lo cual permite catacréticamente sostener que es su dueño, pero solo mientras los tenga en su poder.

3. Mas, para que la tenencia de fungibles se confunda con su posesión y su propiedad, ¿acaso sea necesario autorizar el uso o disposición de los objetos al tenedor, de modo que si no se diera tal autorización, este no podría usarlos o disponerlos ni ser, por ende, "propietario"? Y ¿acaso baste convenir expresamente que la propiedad de los fungibles entregados pase al depositario? La respuesta es negativa; es decir, la entrega de dinero o fungibles expresamente en depósito, por ejemplo, permite sin más que el depositario use o disponga de los objetos, porque ella lo convierte en su dueño. Más aún, ello fuere así aun en la hipótesis de que el depositante prohibiera el uso o la disposición de los fungibles al depositario; o que se conviniera en que su propiedad no transitara al depositario, porque no habría modo de controlar la aplicación de esa prohibición o de ese convenio.

Como quedó dicho, ambas conclusiones son una aplicación de la doctrina sentada acerca de la propiedad de los fungibles. La entrega de ellos a otro convierte a este en su "dueño" y le da el poder de usarlos y disponerlos. Como no se trata de una donación ni de la contrapartida de algún acto oneroso, empero, el que las recibió comienza a deber la restitución de otro tanto de cosas del mismo género y calidad; eso significa que las tiene acreditadas[48]. El que entregó el dinero o los fungibles, por su lado, aunque no haya dado su autorización de uso o consumo,

47 V. el § 3, I, 3.

48 V. el § 1, IV.

o aunque hubiera prohibido lo uno o lo otro, no tiene forma de impedir que el recipiendario se los apropie ni que, de hecho, los use o consuma para después restituir el *tantundem*[49].

VII. RÉGIMEN JURÍDICO APLICABLE A LOS ACTOS IRREGULARES

Hemos dicho (v. el §1, IV) que los actos irregulares transitan siempre a crédito. Esta es la verdadera dificultad que ofrecen tales actos, consistente en determinar si el régimen que ha de aplicárseles sea precisamente el crediticio o el del acto básico u original.

La clave está en la voluntad expresada por las partes o el autor del acto: cuando unas u otro declararon su voluntad sobre un fungible, pero nominaron su declaración como depósito, comodato, prenda, arrendamiento de cosas o usufructo, quieren que el acto sea tratado según el régimen nominado. Ahora bien, esto no es posible a cabalidad por las razones indicadas y por ello el efecto principal del acto en realidad es crediticio, digan lo que hayan dicho las partes. Sin embargo, porque las partes o el autor lo quisieron, se debe aplicar al acto las reglas del negocio básico, en la medida en que sean compatibles con la naturaleza crediticia sobrevenida. Para explicarlo, tomemos el ejemplo del cuasiusufructo.

Esta especial relación crediticia admite ser constituida por testamento como todo usufructo (artículo 766 N° 2 CC.), y se extingue con la muerte del deudor o cuasiusufructuario (artículo 806 inciso 2° CC.), de modo que su heredero debe restituir de inmediato el *tantundem* al propietario o acreedor. El cuasiusufructuario siempre habrá debido otorgar caución de restitución, aunque el constituyente haya podido liberarlo de constituirla (artículo 775 CC.). Si son dos o más los cuasiusufructuarios hay derecho de acrecer entre ellos y la relación dura hasta que expire el derecho del último (artículo 780 CC.). El cuasiusufructuario no debe frutos-intereses por el tiempo de que disponga de los fungibles cuasiusufructuados, porque se hace dueño de ellos (artículo 790 CC.). Más en general,

---

49 La idea opuesta, en orden a que el depósito irregular se configure merced a una expresa autorización de uso o disposición de los fungibles dada por el depositante, que también puede ser tácita y aun presunta (como se ve en tantos de los códigos que se examinará en su lugar), arranca de una incorrecta interpretación de las fuentes romanas que hablan de autorización de uso, pero limitada al caso de la deposición de dinero especificado (que es regular), respecto del cual con posterioridad el depositante concede su uso al depositario, de modo de convertir el original depósito de un infungible en un mutuo de fungibles.

el cuasiusufructo no constituye operación de crédito de dinero regida por la Ley N° 18.010, porque el cuasiusufructo no se constituye por entrega, sino por un acto solemne como es el legado. Como se ve, estos efectos establecidos para el usufructo son perfectamente compatibles con el carácter crediticio de la relación cuasiusufructuaria.

Por el contrario, una relación crediticia normal, como es la surgida de un mutuo, no se puede constituir por testamento. El mutuo es un contrato entre vivos y se perfecciona por entrega; no se extingue por la muerte del mutuario y el heredero de este sucede –con el resto del plazo– en la obligación que tenía su causante. Una caución de restitución no está legalmente prevista en las relaciones mutuarias y, si se la desea, debe emanar de la convención; si son varios los mutuarios, no cabe hablar de acrecimiento entre ellos, pues la deuda o es parciaria o es solidaria; no se presume gratuita la relación y el mutuario debe pagar intereses, salvo si fue expresamente liberado de ellos (artículo 12 Ley N° 18.010).

Este contraste, pues, da enteramente su contenido a la idea central que gobierna el cuasiusufructo: es una relación crediticia que se rige por algunas reglas del usufructo y, por ende, no por algunas reglas del mutuo.

Pero esta fórmula puede ser generalizada para todos los actos irregulares, que aunque crediticios en sustancia, se rigen por algunas reglas del depósito, el comodato, la prenda, el arrendamiento de cosas y el usufructo, según sea el tipo básico al que las partes o el autor hayan querido sujetar la declaración de voluntad sobre fungibles que celebran, y que resulten compatibles.

VIII. ADMISIBILIDAD LEGAL DE LOS ACTOS IRREGULARES

El problema de la validez de semejante fórmula no se plantea para el cuasiusufructo ni el depósito irregular de dinero, porque es la propia ley la que acepta esas figuras. Esta verificación ya debería predisponernos a aceptar la misma validez para el caso del depósito de fungibles que no sean dinero, la prenda y el arrendamiento irregulares. El único límite, como en todo el derecho, es que la irregularidad no envuelva ilicitud. El otro límite es que no se trate de simulación. La simulación, sin embargo, en principio queda descartada por la naturaleza misma de la operación anómala. La irregularidad es muy diferente a que en una compraventa, por ejemplo, se prescinda del precio, lo que hace transitar el acto a donación sin que nada lo retenga bajo el régimen de la compraventa, aunque las partes lo quieran. El depósito de dinero, en cambio, no es un mutuo disimulado, aunque en realidad sea un crédito; y la voluntad de las partes en orden a regirlo por las reglas del depósito se respeta hasta donde sea posible. He ahí la diferencia con la simulación. Claro ello, no se ve por qué haya de impedirse producir efecto a las declaraciones de voluntad anómalas, no expresamente tipificadas.

IX. INTERÉS EN CELEBRAR ACTOS IRREGULARES

¿Cuál puede ser el interés de un autor o unas partes en constituir un acto irregular, que no sea el capricho? Puede haber muchas motivaciones que susciten semejante interés en correlación con circunstancias que excluyan el acto regular. El depósito de dinero se explica por el interés del depositante en la custodia y seguridad de sus caudales, que ofrecen instituciones profesionales como son, por ejemplo, los bancos; también la disponibilidad inmediata del dinero, sin sujeción a un plazo vinculante, como en el mutuo, lo puede explicar. La prenda de dinero presenta la ventaja de su ejecutoriedad directa, esto es, la omisión de una pública subasta, riesgosa y costosa. El usufructo irregular confiere una lucratividad de mayor intensidad al usufructuario a quien se quiere beneficiar, que un usufructo sobre infungibles. El arrendamiento irregular para la confección de una obra material se adapta mejor a las necesidades del trabajo artesano. Obsérvese cada caso, y siempre se descubrirá un interés importante que explica la decisión de unas partes de celebrar el acto irregular de que se trate.

§ 2. EL CONCEPTO DE CRÉDITO*

En el parágrafo anterior hemos enunciado que todo contrato irregular envuelve un crédito. Es por ello que seguidamente nos abocaremos el estudio del concepto mentado con esa palabra.

I. "CRÉDITO" EN EL CÓDIGO CIVIL

De acuerdo con el artículo 578 CC., el término "crédito" es sinónimo de la expresión "derecho personal"[1]. A lo largo del articulado de ese cuerpo legal, el vocablo "crédito" prácticamente no ofrece otro sentido que no sea el indicado por la disposición que se acaba de citar[2]; y con él, en síntesis, se alude a las obligaciones de cualquier clase miradas desde el punto de vista del acreedor. En el lenguaje comercial y en el común, la palabra "crédito" está vinculada con el "crédito mutuario" por medio de bancos y otras instituciones financieras, con el "crédito prendario" ejercido por la Caja de Crédito Popular, que no es otra cosa que un mutuo garantizado con prenda de muebles, generalmente valiosos como joyas y otros objetos preciosos, con la "compraventa a crédito" en

* Este parágrafo proviene de una ponencia sobre "El concepto de crédito en el derecho chileno", que presenté en el VIII Seminario de Derecho Civil: "El derecho privado ante los desafíos contemporáneos", organizado por Facultad de Ciencias Jurídicas y la Escuela de Derecho de la Universidad Católica del Norte, en Antofagasta, los días 27 a 29 de agosto de 2014. Con posterioridad ella fue publicada en *Revista de Derecho de la Universidad Católica del Norte*, 21/2, Coquimbo, 2014, 439-452.

1 Artículo 578 CC.: "*Derechos personales o créditos son los que solo pueden reclamarse de ciertas personas, que, por un hecho suyo o la sola disposición de la ley, han contraído las obligaciones correlativas; como el que tiene el prestamista contra su deudor por el dinero prestado, o el hijo contra el padre por alimentos. De estos derechos nacen las acciones personales*".

2 Si dejamos a un lado el artículo 2331 CC. en donde se habla de las "*imputaciones injuriosas contra el honor o el crédito de una persona*", pues ahí nuestro término está tomado en su sentido de (buena) "reputación", "fama" o "prestigio".

el comercio mayorista y detallista, con los títulos de crédito y con las "tarjetas de crédito".

La Ley N° 18.010 (D. O. de 27 de junio de 1981), que vino a reemplazar a un Decreto-ley N° 455 (D. O. de 25 de mayo de 1974), trata de las que denomina "operaciones de crédito de dinero". Según el inciso 1° de su artículo 1, por tales se entienden "*aquellas por las cuales una de las partes entrega o se obliga a entregar una cantidad de dinero y la otra a pagarla en un momento distinto de aquel en que se celebra la convención*". El inciso 2° también incluye dentro del concepto al descuento de documentos representativos de dinero, sea que la operación lleve o no envuelta la responsabilidad del cedente. Pero el inciso 4°, en cambio, excluye de la aplicación de la ley "*las operaciones de crédito de dinero correspondientes a contratos aleatorios, arbitrajes de monedas a futuro, préstamo marítimo o avío minero*". Como se ve, la norma no dice que estas últimas actuaciones no sean "operaciones de crédito de dinero", pues, por el contrario, las denomina expresamente así; solo, repetimos, las excluye del ámbito de vigencia de la ley[3].

II. "CRÉDITO" EN LA LEY N° 18.010

Interesa recalcar que las operaciones de crédito en el sentido de la Ley N° 18.010 son solo las de dinero. Pero los créditos en el sentido del artículo 578 CC. pueden ser de dinero o de cualquier otra cosa que no lo sea y desde luego de servicios y abstenciones. Sin embargo, tal cual concibe su objeto la Ley N° 18.010, hay un elemento en el concepto de "operación de crédito de dinero" que vale la pena rescatar. Ella exige que una cantidad de dinero sea entregada o prometida entregar por una parte a otra, y que esta última se obligue a pagarla en un momento posterior. Según esto, los tipos específicos de "operaciones de crédito de dinero" son dos y consisten en: *i*) entregar actualmente una cantidad de dinero con la obligación asumida por su receptor de pagarla después; *ii*) prometer actualmente una cantidad de dinero con la obligación asumida por el promitente de pagarla después[4]. El primer tipo constituye un acto real y obligacionalmente unilateral,

3 En realidad, del título 1° de la ley ("*No se aplicarán las disposiciones de este título a* [...]").

4 La dualidad "entregar/ obligarse a entregar" ya estaba presente en el antecedente del inciso 1° del artículo 1 de la Ley N° 18.010, que fue el inciso 1° del artículo 1 del Decreto-ley N° 455: *Fija normas respecto de las operaciones de crédito de dinero* (D. O. de 25 de mayo de 1974); el cual decía: "*Es operación de crédito de dinero todo acto o contrato en virtud del cual*

porque solo crea una obligación para el que recibió la cantidad, consistente en la de restituirla posteriormente, como acaece en el mutuo de dinero. El segundo, en cambio, constituye un acto consensual bilateralmente obligacional, pues para una parte crea la obligación de dar ulteriormente la cantidad prometida y para la otra, no la de recibirla, sino la de restituirla en un momento posterior. La ley no añade que esta segunda obligación, además, quede sometida a la condición positiva suspensiva de que la cantidad sea entregada y recibida; pero que sea así no es posible siquiera discutirlo, porque no resulta aceptable que alguien se obligue pura y simplemente a restituir una cosa que no ha recibido[5].

Tal es cuanto acontece, por ejemplo, en el "contrato de línea de crédito", merced al cual un banco se obliga a pagar los cheques girados por un cuentacorrentista suyo sin el respaldo de fondos en la cuenta propia, hasta cierto monto total acordado. El cuentacorrentista debe restituir las cantidades sobregiradas y pagar sus intereses, en determinados tiempos posteriores no merced al contrato, sino merced al mutuo real perfeccionado con el pago sobregirado. La obligación de restituir y de pagar intereses no nace, por ende, sino cuando el banco paga el cheque sobregirado. Pero el contrato es legalmente consensual y no real; además es unilateral. Con su celebración, el banco queda obligado a cubrir los cheques sobregirados y debe responder del perjuicio causado por la omisión injustificada de cobertura y del eventual protesto por falta de fondos. En último término, lo que el banco debe hacer es atender a la petición de crédito por parte del cliente, petición que se manifiesta con la presentación del cheque sobregirado por su beneficiario (que, por supuesto, puede ser el mismo cuentacorrentista) en caja, o por otro banco en el momento de la compensación bancaria, si el cheque fue depositado en él. El cliente se asegura, de esta manera, tener fondos para cuando los necesite. En este contrato, pues, una parte se obliga a entregar dinero; la otra debe pagarlo desde que lo reciba y no antes; y no merced al consenso, sino a la recepción.

El carácter condicional de la obligación de restituir cuando el contrato es consensual constituye solo la primera de las dificultades que asaltan a la creación de un tal contrato que obligue bilateralmente a dar y a restituir dinero, destinado a

---

una persona entrega o se obliga a entregar una cantidad de dinero a otra, quien se obliga a restituir el valor recibido, numérico o reajustado, con o sin intereses, sea bajo la forma de préstamo o mutuo, depósito, apertura de crédito, avances o préstamos contra suscripción de instrumentos o en cualquiera otra forma, incluyéndose especialmente el descuento. Para estos efectos, se entiende por dinero la moneda nacional o extranjera y los instrumentos negociables representativos de obligaciones en moneda nacional o extranjera".

5 V., más abajo, la nota 6.

sustituir al real que se perfecciona por la dación y que obliga unilateralmente a solo restituir lo recibido. Pero no nos ocuparemos de esta materia aquí[6].

III. EL "CRÉDITO" QUE TIENE POR BASE UNA "DACIÓN"

Dejaremos a un lado el tipo consistente en que una parte prometa dar y en obligarse a restituir lo recibido (y cuando lo sea) a la otra, para concentrarnos en el tipo real consistente en "entregar y obligarse a restituir". Es tal estructura la que queremos rescatar del concepto de "operación de crédito de dinero" que ofrece la Ley N° 18.010, porque ella contiene el concepto propio de crédito que deseamos exponer en este parágrafo.

La figura que, en efecto, nos interesa describir aquí consiste en un traspaso de cosas en propiedad de uno a otro, llamado "dación", que en principio obliga a quien recibió a restituirlas con posterioridad al que las dio, aunque no necesariamente, porque es admisible el caso de poder retenerlas el que las recibió[7].

Debemos destacar de inmediato algunos caracteres:

a) Por lo que atañe al objeto de la operación, no se trata solo de la dación de dinero y aquel puede consistir en cualquier cosa corporal o incorporal, mueble o inmueble, fungible o infungible, consumible o inconsumible. Se comprenderá, por consiguiente, que las operaciones de crédito de dinero son únicamente una especie de las operaciones, actuaciones o figuras crediticias.

b) Se excluyen todos los traspasos de cosas por entrega en mera tenencia, como el depósito y el secuestro, el comodato, la prenda, el usufructo, el uso y la habitación o el transporte de cosas. La razón deriva de la definición estipulativa del crédito, que debe consistir en una dación, vale decir, en un traslado del dominio y de la posesión de la cosa de que se trate, lo que no acontece en los actos que se mencionó precedentemente.

6 Lo hemos hecho en GUZMÁN BRITO, Alejandro, *La consensualización de los contratos reales*, en *Revista de Derecho de la Pontificia Universidad Católica de Valparaíso*, 29, Valparaíso, 2° semestre de 2007, 35-60 = AVENDAÑO VALDEZ, Jorge y otros (editores), *Homenaje a Fernando de Trazegnies Granda*, Lima, Fondo Editorial de la Pontificia Universidad Católica del Perú, 2009, II, 131-156.

7 Este concepto es diferente de aquel que describe SIMONETTO, Ernesto, *Los contratos de crédito*, 1953, traducción al castellano, Madrid, Bosch, 1958, limitado a los fungibles. Por lo demás, esta obra es fundamental para el estudio del crédito.

c) El crédito no se confunde con el mutuo o préstamo de fungibles[8], como ya debió de quedar claro con el enunciado de las cosas que pueden ser su objeto, sobre muchas de las cuales –como los inmuebles o los muebles infungibles– un mutuo no puede tener lugar.

d) La dación, traspaso o transferencia de dominio, que es la base de todo crédito, tiene lugar normalmente por la tradición de la cosa de que se trate, hecha de conformidad con alguno de los tipos de tal aceptados por la ley. Si, por alguna causa, la tradición no surtió el efecto dominical que le es propio, porque, por ejemplo, se dio una cosa ajena, no hay dación; pero, cuando sobrevenga la prescripción adquisitiva ordinaria o extraordinaria, adviene la dación, porque es entonces que se produce la adquisición del dominio. Esta observación nos da pie para describir la exacta naturaleza de la dación, a saber, no tratarse necesariamente de un acto, que puede ser operado por la tradición, sino al menos de un efecto, como la prescripción que no es un acto, sino precisamente un efecto del derecho.

e) El justo título traslaticio del dominio que debe operar en la tradición de que hablamos es el crédito mismo[9]; y decimos que se trata de una *traditio credendi causa* o *pro creditore*.

f) También puede tener lugar la dación mediante un legado de efectos reales, por el cual se atribuya el dominio de la cosa de que se trate al legatario, lo cual tiene lugar de acuerdo con las reglas generales que rigen en esta llamada "sucesión a título singular", que principalmente incluyen la muerte del testador y la aceptación del legado[10].

---

8 En Dig. 12,1,2,3 (Paul., 27 *ed.*) se encuentra una precisa diferenciación entre el crédito y el mutuo: "*Creditum ergo a mutuo differt qua genus a specie: nam creditum consistit extra eas res, quae pondere numero mensura continentur sic, ut, si eandem rem recepturi sumus, creditum est* [...]" ("Por consiguiente, el crédito difiere del mutuo en lo que el género de la especie: porque el crédito tiene consistencia [incluso] fuera de las cosas que se contienen en el peso, número o medida, así como [también] hay crédito si hemos de recibir la misma cosa [...]").

9 Sobre esta materia, v. GUZMÁN BRITO, Alejandro, *El justo título traslaticio del dominio de la tradición en el pago y en las operaciones crediticias*, en CORRAL TALCIANI, Hernán - RODRÍGUEZ PINTO, María Sara (coordinadores), *Estudios de Derecho Civil*, II: *Jornadas Nacionales de Derecho Civil*, Santiago de Chile, LexisNexis, 2007, 695-719. Especialmente el cap. III: "El título traslaticio de dominio en las operaciones crediticias", 711-719.

10 Sobre los legados de efecto real, vale decir, que confieren la propiedad de una cosa corporal o la titularidad de un derecho real, v. GUZMÁN BRITO, Alejandro, *La tipología de los legados en el Derecho civil chileno*, en *Revista de Derecho de la Pontificia Universidad Católica de Valparaíso*, 27, 2006, 2° semestre, cap. II: "Legado de efecto real", 57-62. = EL MISMO, *Estudios sobre los legados según el derecho civil chileno*, Santiago, AbeledoPerrot/ LegalPublishing Chile - Thomson Reuters, 2012, 51-58.

g) Por consiguiente, la idea de crédito supone la adquisición del dominio de una cosa, pero también la de empezar a estar obligado a su restitución: la cosa es de alguien, quien, sin embargo, la debe. Entre ambas situaciones no hay, por cierto, ninguna contradicción o incompatibilidad, como se demuestra, por ejemplo, en el mutuo, el más típico caso de crédito, en que el mutuario adquiere el dominio de los fungibles que recibió en préstamo (artículo 2197 CC: el mutuo se perfecciona por la tradición "*y la tradición transfiere el dominio*")[11] sin perjuicio de que deba restituir otro tanto del mismo género y calidad al mutuante (artículos 2196, 2198, 2200 CC.).

h) Finalmente, para evitar confusiones, conviene aclarar que el crédito no implica condicionalidad suspensiva ni resolutoria. No puede haber condición suspensiva, porque la transferencia es real y actual, sin que se suspenda hasta el cumplimiento de alguna condición. Tampoco se trata de que, ejecutada la transferencia, la cosa quede en quien la recibe bajo condición resolutoria, cuyo cumplimiento dé lugar a la devolución, porque en tal caso propiamente no habría obligación de restituir, sino lugar a una mera reivindicación por aquel en favor de quien operó la resolución.

IV. EL "PAGO INDEBIDO" COMO FIGURA CREDITICIA

Para captar mejor el diseño concreto de la figura en estudio recurriremos al ejemplo del pago de lo no debido.

a) La correcta comprensión de este ejemplo que, como es sabido, el *Código Civil* considera un caso específico del esquema general del cuasicontrato, supone aproximarlo al tipo de pago que él mismo describe como aquel "*en que se debe transferir la propiedad*" (artículo 1575 inciso 1°) y se diferencia, por ende, del que contiene la prestación de hacer o de no hacer y la de

11 Pese a los esfuerzos de algunas legislaciones por convertir al mutuo en consensual (lo que es imposible sin desfigurar su perfil dogmático); v., al respecto, GUZMÁN BRITO, Alejandro, *La consensualización de los contratos reales* (§ 2 nota 6). Sobre el punto en Hispanoamérica, v. SACCOCCIO, Antonio, *Mutuo reale e mutuo consensuale nel sistema giuridico latinoamericano*, en *Roma e America. Diritto romano comune. Rivista di Diritto dell'integrazione e unificazione del diritto in Europa e in America Latina*, 27, 2009, 101-132. V. también EL MISMO, *Mutuo reale, accordo di mutuo e promessa di mutuo in diritto romano*, en FIORE, Roberto, *Modelli teorici e metodologici nella storia del diritto privado*, 4, Napoli, Jovene, 2001, 346-418.

entregar cosas en mera tenencia (que, en realidad, también consiste en hacer)[12].

El pago de lo debido es, pues, un pago; o, lo que es lo mismo decir, un pago puede ser debido o no debido. En rigor el pago del que tratamos es la dación de una cosa en dominio dirigida a extinguir la obligación de dar esa cosa. Si la obligación existe, la dación alcanzó su objetivo y el que recibió la cosa en propiedad puede retenerla; pero si la obligación no existe, la dación no consiguió su fin, y el que recibió la cosa no puede retenerla, sino que debe restituirla. Tales efectos aparecen descritos por los artículos 1568 CC.: "*El pago efectivo es la prestación de lo que se debe*"; y 2295 inciso 1° CC.: "*Si el que por error ha hecho un pago, prueba que no lo debía tiene derecho para repetir lo pagado*". Por consiguiente, si alguien hizo un pago y no prueba que fue indebido, no puede repetirlo, porque se entiende haberse tratado de la prestación de lo debido.

b) Cuando el pago fue indebido, decimos que la cosa quedó acreditada en manos del que recibió la cosa. Si esta consistió en una cantidad de dinero o de otros fungibles, la situación en que ella queda en manos del que la recibió es la misma en que hubiera quedado si la cantidad le hubiese sido dada en mutuo; y a través de esta comparación se puede percibir muy bien el carácter de acreditada que atribuimos a la cosa pagada indebidamente[13].

De paso recordemos que el título traslaticio que opera en la tradición en que consiste el pago indebido es *pro soluto*, porque se trata de un pago; pero que se le añade el título *pro creditore*, por haber sido indebido; lo cual es perfectamente posible merced a la regla del artículo 701 CC. en orden a poder poseerse una cosa por varios títulos[14], lo cual implica poderla recibir de la misma manera.

La situación no varía si lo pagado es una especie no fungible, como cuando, por ejemplo, se haya prometido *donandi causa* cierta obra de arte, y el donante deudor pagara por error con otra. Entretanto la cosa inicialmente

12 El "pago" indebido de cosas que no implica el tránsito del dominio sobre lo pagado (como si se restituye otra cosa por la verdaderamente depositada, dada en comodato o pignorada) se rige por otras reglas y no nos interesa aquí.

13 Compárese la definición de mutuo contenida en el artículo 2196 CC., como contrato en que una de las partes entrega a la otra cierta cantidad de cosas fungibles "*con cargo de restituir otras tantas del mismo género y calidad*", con la definición del pago indebido contenida en el artículo 2300 CC., como haber alguien recibido dinero o cosa fungible que no se le debía, lo cual lo deja "*obligado a la restitución de otro tanto del mismo género y calidad*".

14 Guzmán Brito, A., *El justo título traslaticio* (n. 9), cap. II, 7 a), 707-708; y cap. III, 8, p. 718.

pagada permanece en el donatario *donandi* y *credendi causa*: es suya, pero la debe restituir al donante.

V. OTRAS FIGURAS CREDITICIAS

Después del mutuo, el pago de lo indebido es un señalado caso de crédito, pero ni el uno ni el otro son los únicos.

1. Desde luego se presentan todos los casos de negocios irregulares, que son aquellos recaídos sobre objetos fungibles en circunstancias de que su tipo esencial exige los caracteres contrarios en el objeto, como son la constitución de usufructo (artículo 789 CC.), el depósito (artículo 2221 CC.), la prenda y el arrendamiento para la confección de una obra material; discutiblemente el comodato cuando la cosa prestada se entrega evaluada.

La importancia de la teoría del crédito para los actos irregulares radica en que al adoptar estos la respectiva forma irregular dan lugar precisamente a una relación crediticia. Que no necesitemos sostener que lo acaecido entonces sea que el acto haya transitado a un mutuo es el margen explicativo que nos proporciona la teoría del crédito, porque si decimos que el depósito irregular, por ejemplo, es un crédito, pero no un mutuo, eso permite superar muchas discusiones y problemas que surgen cuando no se toma en cuenta el concepto abstracto de crédito.

2. Observemos el régimen que aparece en dos importantes códigos, uno del siglo XIX y otro del XX.

El § 959 del *Allgemeine Bürgerliche Gesetzbuch* austriaco de 1811 dispone:

> "Wird dem Verwahrer auf sein Verlangen, oder durch freiwilliges Anerbieten des Hinterlegers der Gebrauch gestattet; so hört im ersten Falle der Vertrag gleich nach der Verwilligung; im zweiten aber von dem Augenblicke, da das Anerbieten angenommen, oder von der hinterlegten Sache wirklich Gebrauch gemacht worden ist, auf, ein Verwahrungsvertrag zu sein; er wird bei verbrauchbaren Sachen in einen Darlehens-, bei unverbrauchbaren in einen Leihvertrag umgeändert, und es treten die damit verbundenen Rechte und Pflichten ein".

> "Si queda permitido el uso [de la cosa] al depositario, sea a petición suya, sea por libre ofrecimiento del depositante, el contrato cesa de ser un depósito, desde la convención [misma] en el primer caso, pero desde el momento en que la petición es aceptada o desde que realmente se ha hecho uso de la cosa depositada, en el segundo; tratándose de cosas fungibles, aquel se transforma en un mutuo; y de cosas no fungibles, en un comodato; y [entonces] tienen lugar los derechos y obligaciones correspondientes a uno u otro".

Para este cuerpo legal, pues, el depósito que recae sobre fungibles respecto de los cuales se conceda la facultad de usarlos al depositario, se convierte sin más en un mutuo, y entonces tienen lugar los derechos y obligaciones propios de este contrato.

Veamos ahora el artículo 1782 del *Codice Civile* de 1942:

"Deposito irregolare./ Se il deposito ha per oggetto una quantità di danaro o di altre cose fungibili, con facoltà per il depositario di servirsene, questi ne acquista la proprietà ed è tenuto a restituirne altrettante della stessa specie e qualità./ In tal caso si osservano, in quanto applicabili, le norme relative al mutuo".	"Depósito irregular./ Si el depósito tiene por objeto una cantidad de dinero o de otras cosas fungibles, con la facultad, para el depositario, de servirse de ellas, este adquiere la propiedad y es obligado a restituir otras tantas de la misma especie y calidad. En tal caso se observan, en cuanto aplicables, las normas relativas al mutuo".

La norma es más completa y descriptiva que la austriaca; pero la conclusión viene a ser la misma: al depósito de dinero u otros fungibles se aplican las normas del mutuo. Hay ciertamente un matiz de diferencia: para el código austriaco tal es así porque el depósito se transforma en mutuo. El italiano no da sus razones ni, en especial, no dice que el depósito transita a mutuo; además, tiene la precaución de advertir que deben observarse las normas del mutuo "en cuanto aplicables".

3. Examinemos ahora el contenido del artículo 2221 CCCh.: "*En el depósito de dinero, si no es en arca cerrada cuya llave tiene el depositante, o con otras precauciones que hagan imposible tomarlo sin fractura, se presumirá que se permite emplearlo, y el depositario será obligado a restituir otro tanto en la misma moneda*". Podemos preguntarnos si la figura tratada en esta disposición sea un mutuo o un depósito. Se observará que, a diferencia de los códigos antes presentados, el chileno no se pronuncia al respecto. Ahora bien, que no se trata del depósito propiamente dicho, como lo llama el *Código*, eso es algo seguro porque, de acuerdo con los artículos 2211 y 2215 CC., la cosa corporal depositada ha de ser restituida "en especie" por el depositario al depositante. Pero eso que mandan tales disposiciones solo puede ser cumplido si la cosa depositada ya era una especie (o cuerpo cierto) ella misma; y si es así, no pudo tratarse de fungibles[15]. Por lo demás, el

15 Cierto es que las nociones de cosa fungible y no fungible no son las mismas que las de cosas genéricas y específicas; como, empero, es verdadero que las cosas fungibles se designan genéricamente y específicamente las infungibles, en la práctica resultan coincidentes. Es por tal razón que, en el lenguaje del código, el término "especie" (o cuerpo cierto) mienta una cosa infungible (desde luego designada específicamente).

artículo 2228 CC. ordena: "*El depositario es obligado a la restitución de la misma cosa o cosas individuales que se le han confiado en depósito* [...]". La expresión "cosa o cosas individuales" está por "especie o especies" en la norma. Ahora bien, el artículo 2221 CCCh. dice que el depositario de dinero será obligado a restituir no el mismo dinero recibido sino "*otro tanto en la misma moneda*". En consecuencia, la figura de esa disposición no puede ser un depósito propiamente dicho. Ella recuerda bien al tipo descrito bajo el nombre de "mutuo" en el artículo 2196 CC. como un contrato en que una de las partes entrega a la otra cierta cantidad de cosas fungibles con cargo de restituir otras tantas del mismo género y calidad; ya que en el caso del artículo 2221 CCCh., en examen, precisamente se trata de una cantidad de dinero recibido cuyo receptor ha de restituir otro tanto en la misma moneda. Pero entonces, ¿por qué el *Código* no trató el caso en el título 21°: "Del mutuo o préstamo de consumo" del libro IV CC., sino en el § 1: "Del depósito propiamente dicho" del título 32°: "Del depósito" del libro IV CC.?

4. La respuesta es que el artículo 2221 CCCh. describe una figura crediticia, no un mutuo, que las partes, empero, quieren tratar de acuerdo con las reglas del depósito. El carácter crediticio viene de la estructura ya examinada consistente en la dación de una cosa –dinero en la hipótesis, pero que la analogía permite extender a los demás fungibles[16]–, la cual, pese a hacerse del que la recibió, debe restituirla. Pero como esta relación crediticia no es mutuaria, no se ve afectada por el artículo 2198 CC., que dice que en el mutuo de fungibles que no sean dinero se debe restituir igual cantidad de cosas del mismo género y calidad, sea que el precio de ellas haya bajado o subido en el intervalo; pero que si esa restitución no fuere posible o no lo exigiere el acreedor, podrá el mutuario pagar lo que los

16 La cual se ve apoyada por el artículo 2228 CC.: "*El depositario es obligado a la restitución de la misma cosa o cosas individuales que se le han confiado en depósito, aunque consistan en dinero o cosas fungibles; salvo el caso del artículo 2221*". La norma hace referencia a "*cosas que consistan en dinero o cosas fungibles*", que si fueron depositadas deben ser devueltas las mismas; pero impone la excepción del artículo 2221; lo cual significa que, cuando se depositó dinero o cosas fungibles no en arca cerrada cuya llave tenga el depositante, ni con otras precauciones que hagan imposible tomar ese dinero o cosas fungibles sin fractura del arca, entonces el depositario quedará en los términos de la última frase del citado artículo. Ahora bien, todo este discurre sobre la base de solo el depósito "de dinero"; mientras que el artículo 2228 lo hace sobre la base del depósito "de dinero o de cosas fungibles"; y entonces una de dos: o el artículo 2221 es inaplicable a la hipótesis del artículo 2228 pese a la remisión expresa de este a aquel en orden a aplicarlo; o es aplicable; y en este último caso, el artículo 2221 hay que entenderlo también referido a las cosas fungibles aunque no sean dinero.

fungibles valgan en el tiempo y lugar en que ha debido hacerse el pago; así que en el depósito de fungibles no cabe esta sustitución.

Tampoco es aplicable el artículo 2200 CC.: si no se hubiere fijado término para el pago de los fungibles dados en mutuo, no habrá derecho de exigirlos dentro de los diez días subsiguientes a la entrega; y, en cambio rige la regla del depósito dada en los artículos 2215 y 2226 CC. en orden a que la restitución de lo depositado es a voluntad del depositante.

Del mismo modo no es aplicable la regla del artículo 2203 CC. que hace responsable al mutuante por los perjuicios que experimente el mutuario por la mala calidad o los vicios ocultos de la cosa prestada, en los términos expresados por el artículo 2192.

De igual manera no resulta ajustable la regla del artículo 2204 merced a la cual el mutuario puede pagar la suma prestada antes del término estipulado, salvo que se haya pactado intereses, porque en el depósito rige el artículo 2226 inciso 2°, el cual prescribe que si se ha fijado un tiempo para la restitución, la cláusula solo obliga al depositario y en virtud de ella no podrá devolver la cosa depositada antes del tiempo establecido, salvo que las leyes lo autoricen expresamente, como en el caso del artículo 2216 inciso 2°[17].

5. El *Código* chileno no trata expresamente como un mutuo al depósito de dinero u otros fungibles, a diferencia de otros cuerpos legales; ni tácitamente lo reconduce a él, pese a consistir por su naturaleza en una figura crediticia, porque el mutuo no se confunde con el crédito. Lo único que podemos decir es que el depósito de dinero u otros fungibles –llamado irregular en la tradición romanística, como sabemos– es una figura crediticia que se rige por algunas reglas del depósito; y entre las principales: *i*) que la restitución sea a voluntad del depositante (artículos 2215 y 2226 inciso 1° CC.); *ii*) que el error en la identidad de los contratantes o en la sustancia, calidad o cantidad de la cosa depositada no invalide el contrato (artículo 2216 inciso 1° CC.); *iii*) que cuando se omitió extender el contrato por escrito debiéndose haberlo extendido así, según las reglas generales, se deba estar a la palabra del depositario en cuanto al hecho del depósito, a la cosa depositada y al hecho de la restitución (artículo 2217 CC.); *iv*) que la incapacidad de las partes no tenga el efecto ordinario que la incapacidad crea en la generalidad de los actos (artículo 2218 CC.); etcétera.

---

17 Artículo 2216 inciso 2° CC.: "*El depositario, sin embargo, habiendo padecido error acerca de la persona del depositante, o descubriendo que la guarda de la cosa depositada le acarrea peligro, podrá restituir inmediatamente el depósito*".

La fórmula que hemos planteado, según la cual el depósito irregular no es un mutuo ni un depósito sino un crédito, que se rige por algunas reglas del depósito, es superior, pues, a la que plantean algunos códigos en orden a que ese depósito sea un mutuo o se rija por las reglas del mutuo.

6. Todavía la ley conoce otras figuras que es posible reconducir al esquema del crédito. Tal acontece en materia de sociedad conyugal con los bienes y deudas que forman su haber o, respectivamente, su pasivo relativo o aparente.

El primer caso trata de bienes (dinero, fungibles, parte de un tesoro) que ingresan en el haber de la sociedad conyugal pero cuyo valor, al disolverse esta, debe ser restituido al cónyuge (o a sus herederos) por cuya vía el bien llegó al haber común. La restitución de valor toma el nombre de "recompensa". De ella tratan los artículos 1725 números 3 y 4[18] y 1731 CC.[19].

El segundo caso atañe a deudas personales de cada cónyuge que la ley imputa, sin embargo, a la sociedad conyugal, por cuyo pago, en contrapartida, el respectivo cónyuge debe el reembolso a la sociedad (la ley habla de "compensar" a esta). Las regula el artículo 1740 N° 3 CC.[20].

Como puede percibirse, en ambos casos se trata de bienes que la sociedad adquiere en dominio, pero cuyo valor debe corresponder al cónyuge; o de valores que este debe a la sociedad que pagó deudas suyas con subrogación legal. En ambos casos, pues, un valor ha quedado acreditado en favor del cónyuge o de la sociedad.

---

18 Artículo 1725 CC.: "*El haber de la sociedad conyugal se compone:* [...]/ 3. *Del dinero que cualquiera de los cónyuges aportare al matrimonio, o durante él adquiriere; obligándose la sociedad a pagar la correspondiente recompensa;* 4. *De las cosas fungibles y especies muebles que cualquiera de los cónyuges aportare al matrimonio, o durante él adquiriere; quedando obligada la sociedad a pagar la correspondiente recompensa* [...]".

19 Artículo 1731 CC.: "*La parte del tesoro, que según la ley pertenece al que lo encuentra, se agregará al haber de la sociedad, la que deberá al cónyuge que lo encuentre la correspondiente recompensa; y la parte del tesoro, que según la ley pertenece al dueño del terreno en que se encuentra, se agregará al haber de la sociedad, la que deberá recompensa al cónyuge que fuere dueño del terreno*".

20 Artículo 1740 N° 3 CC. "*La sociedad es obligada al pago:* [...]/ 3. *De las deudas personales de cada uno de los cónyuges, quedando el deudor obligado a compensar a la sociedad lo que esta invierta en ello* [...]".

VI. EL PROTOTIPO DEL "DARE OB REM" DEL DERECHO ROMANO CLÁSICO

Todas las figuras que podemos reconducir al esquema que los juristas romanos de la época clásica denominaban "*dare ob rem*" pertenecen también a la categoría que estudiamos.

1. Traducimos aquella expresión como "dación por un fin", y consiste en que alguien dé algo a otro, o sea, que le transfiera el dominio de una cosa corporal o incorporal, en espera de que algo siga o acaezca o tenga lugar, de modo que si sigue, el accipiente retenga lo recibido y si no sigue, lo restituya al que lo había dado. En espera de que el fin siga o llegue, la cosa dada pertenece al que la recibió, porque hubo dación; pero la empieza a deber al que se la dio; vale decir, se trata de una cosa acreditada. Insistimos[21] en que no interviene en esta figura ninguna condición, como alguien podría pensarlo al interpretar como tal el fin futuro que se acuerda. No hay condición suspensiva porque la dación es actual o de presente e inmediata y no se posterga; ni resolutoria, porque haciendo defecto el fin de la dación, esta no queda sin efecto de modo de hacer posible la acción reivindicatoria para recuperarla, y sigue siendo necesaria una acción personal (la antigua *condictio*) para tal función.

Supóngase que Ticio, deseoso de adquirir una pieza muy valiosa perteneciente a Cayo y que este se niega a vender, deposita una gran suma en la cuenta corriente de Cayo, vale decir, se la da, y le escribe: "a cambio de la suma que te he depositado envíame la pieza a tal domicilio". Todos ven que esto no constituye una compraventa, porque falta el consenso de Cayo en orden a vender. Pero es claro que si este opta por remitir la pieza como le indicó Ticio, se perfecciona a posteriori una compraventa. Ahora bien, ¿cómo describir la figura previa, entre el depósito y el envío de la pieza a Ticio? Los juristas romanos no hubieran titubeado en decir que se trata de un "*dare ob honestam rem ut res sequatur*" ("dar en razón de un fin lícito, para que ese fin siga"). Según ello, Ticio ha dado una cantidad de dinero para que Cayo le dé cierta pieza; el cual no está obligado a darla. Por cierto se hace dueño de la cantidad, pero la debe; y si da, a su vez, la pieza ahora puede retener la cantidad y lucrarla definitivamente; si opta por no dar la pieza ciertamente debe restituir la cantidad recibida y Ticio puede cobrársela. Decimos, pues, que la cantidad quedó acreditada en Cayo y es como si Ticio se la hubiera

21 V. el § 2, III, *h*).

dado en mutuo, lo cual solo constituye una comparación explicativa de la que no debemos extraer otras consecuencias.

Ahora bien el esquema antes descrito es negocial, que las partes pueden aplicar indefinidamente bajo el concepto de establecer el fin que quieran para dar, con tal que sea lícito. Si alguien, por ejemplo, desea contratar como doméstico al que lo sea de otro y da a este algo para que acepte liberar a su empleado, eso es un *dare ob rem*; si el beneficiado acepta liberarlo, puede retener lo que se le dio; si no lo acepta, debe devolverlo.

2. Pero el *Código* conoce algunas aplicaciones típicas del *dare ob rem*, aunque no las trata bajo ese concepto. Nos limitaremos a señalar dos ejemplos.

El primero es la *datio propter mortis causa donationem*, o sea, la dación de cosas merced a una donación por causa de muerte (o revocable). Alguien da una cosa a otro, actuando movido por la idea abstracta de que ha de morir (*cogitatio mortalitatis*) o concreta de estar amenazado cercanamente de muerte, como por una enfermedad letal. Con la dación, el donatario adquiere actualmente solo el usufructo de la cosa (artículo 1140 CC.), que sus herederos deben restituir al donante cuando aquel premuera (artículo 1143 CC.); y que se confirma como legado (artículo 1141 inciso 1° CC.) si el donante premuere al donatario, quien, por ende, ahora adquiere el dominio (artículo 1144 CC.). Hemos explicado el caso según los parámetros del derecho chileno, que a la donación por causa de muerte o revocable confiere un régimen muy especial en el § 7 del título 4° del libro III CC.

El segundo ejemplo es la dación de arras (*datio arrarum*), o entrega de una cosa en prenda de la celebración o ejecución de un contrato de compraventa aún no convenido. En tal caso, el artículo 1803 CC. dice que cada parte puede retractarse de celebrar el contrato, perdiendo las arras el que las dio y restituyéndolas dobladas el que las recibió. Ahora bien, si las partes celebran el contrato hasta ese momento meramente proyectado, aunque la ley nada diga, es claro que no las pierde el que dio arras y que quien las recibió debe restituirlas *in simplum*. La constitución de arras, por ende, es una *datio ob rem*: se las da para que se celebre un contrato aún no perfecto; perfeccionado el cual, deben ser devueltas.

Hay una figura no reconocida, al menos directamente en el *Código*, y que puede conducir a irregularidad. Consiste en la dación de cosas no fungibles que deben ser restituidas, cuando ellas fueron estimadas o evaluadas, porque si sostenemos que en tal caso el deudor puede a su arbitrio restituir el infungible recibido o su valor, querría decir que se hizo dueño de aquel, y el acto devino en irregular. Como al tema habremos de destinar el § 7, nada más adelantaremos aquí sobre el mismo.

3. Podríamos seguir esta tarea interesante de localizar figuras tipificadas por la ley, que pueden ser entendidas bajo la idea general de crédito o especial de *datio ob rem*. Con lo dicho, empero, es suficiente. Y terminamos declarando que ha sido un recurso inestimable haber recurrido a tal idea, prácticamente abandonada en la moderna doctrina, y redescubrirla como categoría dogmática del derecho positivo para explicar los actos irregulares, cuya amplia investigación hemos emprendido. Pero debemos reconocer que nada de ello hubiera sido posible sin el presupuesto del dato romanístico[22], que una vez más demuestra su poderosa virtud y presencia.

22 La noción de *creditum* fue rescatada por el gran romanista español Álvaro d'Ors (1915-2004) a través de numerosos escritos, de los cuales los principales y directos son los siguientes: *Observaciones sobre el "edictum de rebus creditis"*, en *Studia et Documenta Historiae et Iuris*, 19, Roma, 1953, 134-201; *"Creditum" y "contractum"*, en *Anuario de Historia del Derecho Español*, 26, Madrid, 1956, 5-29; *"Creditum"*, en *Anuario de Historia del Derecho Español*, 33, Madrid, 1963, 345-364; *Réplicas panormitanas*, I: *De nuevo sobre "creditum" (Réplica a la crítica de Albanese)*, en *Studia et Documenta Historiae et Iuris*, 41, Roma, 1975, 205-244; *Derecho privado romano*, 8ª edición, Pamplona, EUNSA, 1991. Las doctrinas de d'Ors sobre la materia han sido sistematizadas por García-Hervás, Dolores, *Teoría del "creditum"*, en *Cuadernos informativos de derecho histórico público, procesal y de la navegación*, 9-10, Málaga, 1989, 1.887-2.038. V. también Di Pietro, Alfredo, *La teoría del "creditum" en Álvaro d'Ors* (póstumo), en El mismo, *Imperio y derecho*, La Plata, Universidad Católica de La Plata, 2014, I, 515-530. He expuesto mi propia versión del *creditum* romano en Guzmán Brito, Alejandro, *"Dare ob rem"*, en Terrazas Ponce, Juan David (editor) *Caminos romanos. Viae Romanae. Estudios en homenaje a Francisco Samper Polo*, Santiago de Chile, Universidad Andrés Bello, 2006, 149-192.

§ 3. EL USUFRUCTO IRREGULAR O CUASIUSUFRUCTO*

I. CONCEPTO Y DENOMINACIONES DEL USUFRUCTO SOBRE FUNGIBLES

1. El artículo 789 CC. expresa: "*Si el usufructo se constituye sobre cosas fungibles, el usufructuario se hace dueño de ellas, y el propietario se hace meramente acreedor a la entrega de otras especies de igual cantidad y calidad, o del valor que estas tengan al tiempo de terminarse el usufructo*"[1]. Simultáneamente con describir su hipótesis de hecho esta norma ofrece la definición de una figura tradicionalmente denominada "cuasiusufructo" y "usufructo irregular"; y consiste, pues, en un usufructo constituido sobre cosas fungibles (consumibles o no), aunque la norma, como se ve, no le imponga ninguna de los nombres indicados[2].

2. La denominación de "cuasiusufructo" aparece en un texto de los *Digesta* justinianeos, perteneciente a Gayo (primera mitad del siglo II d.C.). El pasaje fue extraído del libro VII de su comentario *ad edictum provinciale* y reza así: "*Quo senatusconsulto non id effectum est, ut pecuniae ususfructus proprie esset, nec enim*

---

* Este parágrafo proviene de mi trabajo titulado: *El cuasiusufructo o usufructo irregular o anómalo*, publicado en Aedo, Cristián - Mondaca, Alexis (editores), *Nuevos horizontes del derecho privado*, Santiago, Librotecnia, 2013, 291-343.

1 El cotejo textual muestra que esta norma es el modelo seguido por el artículo 229 del *Código Civil* de Bolivia de 1975, en el cual se lee: "*Si el usufructo comprende cosas consumibles, el usufructuario se hace dueño de ellas quedando sujeto a restituir otras en igual cantidad y calidad o a pagar el valor que tengan a* [sic por al] *tiempo de terminar el usufructo*". Aparte de las evidentes semejanzas textuales, es decisiva la intervención de la idea de que el usufructuario se hace dueño de las cosas, que en la legislación comparada solo aparece en el *Código* chileno.

2 Un tratamiento tendencialmente exhaustivo del cuasiusufructo se ve en Torrelles Torrea, Esther, *El usufructo de cosas consumibles*, Madrid, Marcial Pons, 2000.

naturalis ratio auctoritate Senatus commutari potuit, sed remedio introducto coepit quasi usus fructus haberi"[3]. No existe ningún otro texto romano en el cual venga presentada la denominación bajo examen[4], así que podemos aceptar sin más que ella fue acuñada por Gayo.

3. El uso del adverbio "quasi", bien como prefijo unido a otra palabra, generalmente un sustantivo, bien libre en la oración, es muy recurrido en las fuentes jurídicas romanas, y lo hallamos profusamente en aquellas de época clásica[5] y postclásica. En el pasado, su presencia en las primeras a veces no dejó de ser considerada como una consecuencia de interpolaciones u otras intervenciones postclásicas en los textos clásicos. Etimológicamente deriva de "quam si" = "como si". Sirve para expresar equivalencias, analogías y aproximaciones. A nosotros nos interesa particularmente en cuanto también, según nos parece, cumple una función abusiva o de designación catacrética.

a) En el lenguaje de la retórica griega, la palabra *katáchresis* (Lat.: *abusio*) mienta el tropo que consiste en designar una cosa que carece de nombre propio con el nombre propio de otra. En la Antigüedad, algunos autores exigieron la existencia de cierta semejanza entre ambas cosas designadas; pero, en realidad, ello no es necesario. Ejemplos modernos de catacresis o abusión son denominar "patas" a las partes de una mesa intermediarias entre su tablero y el piso, que sostienen aquel; o denominar "cabeza" a la parte más voluminosa de un alfiler que se sitúa en el extremo opuesto a su parte aguda; lo cual también se aplica a la "cabeza de una cerilla" para designar la parte combustible al roce que la "encabeza"; o denominar "brazos" a las partes laterales del sillón, sobre las que se pueden apoyar los brazos de la persona que se sienta en él, etcétera. El punto de partida de la catacresis es la existencia de algo carente de nombre; y eso la diferencia de la metáfora, porque en esta a una cosa que tiene nombre propio se le impone el nombre de otra, como cuando se dice de alguien haber luchado como un

---

3 Dig. 7,5,2,1: "Por el cual senadoconsulto no es que se haya hecho que del dinero hubiera propiamente un usufructo, pues la autoridad del Senado no pudo mudar la razón natural; pero una vez introducido el remedio empezó a haber un cuasi usufructo".

4 También aparece recogida, en dependencia del texto de Gayo, por Iust. Inst. 2,4,2. En Dig. 43,18,1,6 (Ulp., 70 *ed.*), "*quasi usufructus*" está empleado en otro sentido, para decir que el derecho de superficie es parecido al de usufructo.

5 Sobre esto v. mi trabajo titulado *El significado de "quasi"en el vocabulario de los juristas romanos*, que aparecerá en la *Revista de Estudios Histórico-Jurídicos*, 38, Valparaíso, 2016, con la literatura disponible.

león, para significar su arrojo y valentía, en vez de expresar directamente que luchó con arrojo y valentía. Esquemáticamente, pues, esa diferencia se concentra en decir que la metáfora va de lo que tiene cierto nombre a lo que tiene otro, mientras que la catacresis va de lo que tiene nombre a lo que no lo tiene[6].

b) El empleo del adverbio "quasi" también sirve de indicio formal, por así decirlo, de la atribución de cierto nombre que es propio de alguna cosa a otra que carece de todo nombre[7]. En otras palabras, "quasi" puede actuar para anunciar que la denominación completa ha sido producto de una catacresis.

Gayo y Justiniano operaron dos célebres catacresis cuando introdujeron las *obligationes quasi ex contractu* y *quasi ex delicto*, para designar ciertas obligaciones cuya fuente, en el marco del sistema de fuentes que habían adoptado, carecía de un nombre propio, pero que presentaban ciertas similitudes con unos respectivos tipos contractuales, como se ve en el cuadro que sigue:

Contractus	Quasi ex contractu
Mandatum	Negotiorum gestio
Mandatum	Tutela
Societas	Communio
Stipulatio	Aditio hereditatis (con respecto a los legatarios)
Mutuum (de fungibles)	Solutio indebitum (de fungibles)
Dare ob rem (de no fungibles)	Solutio indebitum (de no fungibles)

El razonamiento que orienta en esta materia, aplicado, como ejemplo, al caso del contrato de mandato y al cuasicontrato de gestión de negocios, es este: En cuanto a las obligaciones emanadas de un mandato y aquellas emanadas de una gestión de negocios, no hay diferencias; pero ambas figuras no son lo mismo, porque el mandato supone un consenso entre

6 Las definiciones griegas de la catacresis están coleccionadas en: Ramos Jurado, Enrique Ángel - Sancho Royo, Antonio, *Léxico de terminología retórica griega: figuras y tropos*, Zaragoza, Libros Pórtico, s. d. [pero 2009], 222-226. Sobre este tropo, v. Lausberg, Heinrich, *Manual de retórica literaria. Fundamentos de una ciencia de la literatura*, traducción al castellano de Pérez Riesco, J., Madrid, Gredos, 1967, 3ª reimpresión, 1991, II, núm. 562, 66-69; núm. 577, 78-80.

7 O bien cuya posibilidad de ser designada es merced solo a perífrasis extensas y antieconómicas, como si en vez de "cabeza de alfiler" se dijera: "la parte abultada del alfiler que va dispuesta en el extremo opuesto a su parte aguda", de manera que cada vez que se necesitare mentar tal parte en el discurso se hiciere menester recurrir a esa perífrasis.

mandante y mandatario en orden a la gestión de cierto negocio, mientras que en la gestión de negocios no hay semejante consenso, pues el gestor asume espontáneamente y sin estar obligado la gestión de determinado negocio de otro. Ahora bien, la gestión de negocios convencional se llama *mandatum* y la gestión de negocios no convencional, *negotiorum gestio*. En este nivel no hay catacresis; y algo semejante acaece en los demás casos de la tabla. La catacresis opera en el nivel de las categorías, porque la designación genérica de los negocios convencionales que producen obligación es –para Gayo– "contractus"; mas, para el género de los negocios lícitos que producen obligación sin previa convención no existe en el lenguaje jurídico una denominación propia; de donde la de *quasi contractus*, porque se trata de figuras lícitas (lo que impide atribuir a un *delictum* sus efectos) que sin ser contratos (por falta de convencionalidad), generan obligaciones como los contratos. Esta conexión analógica permite a Gayo atribuirles el nombre propio genérico de "contractus", que el "quasi" añadido deja en claro que, empero, no se trata de contratos auténticos. El "quasi", en consecuencia, es el anuncio expreso y oficial de haber una catacresis en cada materia.

c) Con las precedentes explicaciones, se hace fácil entender el sentido de la expresión "*quasiusufructus*" introducida por Gayo. Un usufructo de fungibles ciertamente no es usufructo y, por consiguiente, no debe ser denominado con esta palabra. Ahora bien, no existe otro nombre en el lenguaje para designarlo que no sea alguna perífrasis. Pero como guarda algunas conexiones importantes con el verdadero *ususfructus*, que es aquel sobre infungibles, entonces catacréticamente se lo puede llamar "*quasiusufructus*".

II. RAZÓN DE QUEDAR LIMITADO EL VERDADERO USUFRUCTO A LAS COSAS INCONSUMIBLES E INFUNGIBLES

1. El verdadero usufructo (podemos denominarlo también "usufructo regular") exige inconsumibilidad en las cosas sometidas a él. La razón de semejante disciplina radica en que el usufructuario las recibe en mera tenencia[8] y no en dominio ni, por ende, en posesión, así que el receptor no puede disponer física ni jurídicamente de ellas, como lo hacen los dueños; su derecho se extiende solo

8 El usufructuario aparece expresamente designado en la lista de meros tenedores que ofrece el artículo 714 inciso 1° CC.

al uso y disfrute plenos. Por consiguiente, al término del usufructo debe restituir las mismas cosas inicialmente recibidas y no otras ("*salva rerum substantia*"[9]).

Ahora bien, si las cosas sometidas a usufructo fuesen consumibles –entendiendo por tales las que al ser aplicadas por primera vez a su destinación natural, vale decir, al ser usadas naturalmente, se destruyen–, el usufructuario podría disponerlas física o jurídicamente, con lo cual ejecutaría un acto de dueño; y, dado que los consumibles son siempre fungibles[10], podría después reponerlos, o sea, sustituirlos por otros pertenecientes al mismo género al que pertenecían los dispuestos, y restituirlos en la misma cantidad recibida; esto implica la facultad de restituir cosas diferentes a las recibidas, respecto de las cuales el nudo propietario no tendría cómo saber que son diferentes. De esta manera, pues, un usufructo sobre consumibles contradice triplemente la esencia del usufructo: En cuanto la mera tenencia usufructuaria de tales cosas se convierta en posesión y dominio; en cuanto dichas cosas puedan ser dispuestas; y en cuanto a que al término del usufructo se pueda restituir otras cosas distintas.

2. Pero decir que el usufructo no puede recaer sobre consumibles es insuficiente y resulta necesario añadir que tampoco puede recaer sobre fungibles. Porque, en efecto, si bien todo consumible es fungible, no todo fungible es consumible, como tantas cosas que se fabrican en serie y subsisten después de su primer uso natural (neumáticos de vehículos, aparatos de televisión, toda clase de máquinas, etcétera).

Ahora bien, cuando se constituye un usufructo sobre fungibles consumibles, es la consumibilidad la que lo impide, como quedó visto; pero si se constituye un usufructo sobre fungibles inconsumibles, la precedente argumentación no vale. Y, sin embargo, como adelantamos, tampoco un tal usufructo es admisible, pues el usufructuario de cosas fungibles inconsumibles igualmente podría disponer de tales cosas (física, pero, de manera especial, jurídicamente) para reponerlas después por otras semejantes y restituirlas, sin que esta conducta anti-usufructuaria pudiera ser controlada por el nudo propietario, quien no tendría modo de percatarse que lo restituido es algo distinto a lo constituido originalmente. Es, pues, por el peligro de producirse una situación de este género, que un usufructo de fungibles no consumibles tampoco es verdadero usufructo.

---

9 Esta expresión es usada en la definición del usufructo atribuida a Paulo en Dig. 7,1,1: "*Usus fructus est ius alienis rebus utendi fruendi salva rerum substantia*" ("El usufructo es el derecho del usar y disfrutar cosas ajenas dejando a salvo la substancia de las [sc. de esas] cosas").

10 V. el § 1, V, *c*).

La consecuencia es que el usufructo deba recaer necesariamente sobre infungibles e inconsumibles. De otra forma se presentaría una contradicción dogmática muy notoria entre la disciplina general y abstracta de ese derecho y su concreta celebración sobre fungibles y consumibles.

3. En sus artículos 764 y 789, el *Código Civil* de Chile distingue entre un usufructo que sea constituido sobre cosas no fungibles y otro que lo sea sobre cosas fungibles. Esta fórmula de definir el cuasiusufructo como un usufructo recaído sobre fungibles es muy correcta, porque bajo ella quedan abarcados los consumibles y los inconsumibles con tal que sean fungibles. Referida, en cambio, tan solo a los consumibles, deja afuera a todas las cosas inconsumibles pero fungibles, con respecto a las cuales un usufructo es también inviable.

Como veremos mejor en el capítulo VII de este párrafo, la fórmula recurrida por el *Código* chileno, consistente en referir nuestra figura a las cosas fungibles, se encuentra completamente aislada en el panorama internacional, pues la generalidad de los códigos suele describir la idea del cuasiusufructo con base en las cosas consumibles o que se consumen por el (primer) uso natural, reservando implícitamente el usufructo regular a aquel que tiene por objeto cosas no consumibles o que no se consumen por el (primer) uso natural. Esta referencia a los consumibles proviene del derecho romano[11]. Pero no cabe dudar que también es cuasiusufructo, como hemos visto, el que tiene fungibles por objeto, aunque no sean consumibles.

11 V. Dig. 7,51: "*ut earum rerum, quae usu tolluntur*" ("de aquellas cosas que desaparecen por el uso"); Dig, 7,5,5: "*aliarum rerum, quae in abusu consistunt*" ("de las demás cosas que consisten en un abuso"); Tit. Ulp. 24,26: "*earum rerum, quarum salva substantia utendi fruendi potest esse facultas*" ("de aquellas cosas de las cuales puede haber facultad de usar y disfrutar, quedando a salvo la sustancia"); Inst. Iust. 2,4,2: "*Constituitur autem usufructus in* [...] *rebus* [...], *exceptis his, quae ipso usu consumuntur*" ("El usufructo se constituye sobre [...] unas cosas [...], exceptuadas aquellas que son consumidas por el uso mismo").

III. ORIGEN HISTÓRICO DEL CUASIUSUFRUCTO

La práctica romana de legar un usufructo que incluyera consumibles, siempre fungibles, seguramente es muy antigua. Cicerón (106 a.C. - 43 a.C.) la conocía[12]. Pero aquello debió de significar más bien un problema; y por ello un senadoconsulto de época incierta, pero posiblemente de la primera época imperial[13], validó el usufructo de toda cosa que constase "estar entre los bienes de alguien"[14]. La jurisprudencia dedujo con naturalidad que esta fórmula había hecho posible el usufructo de cosas consumibles[15].

---

12 CICERO, *pro Caecina* 4,11: "[...] *Moritur Fulcinius* [...] *testamento facit heredem quem habebat e Caesennia filium; usum et fructum omnium bonorum suorum Caesenniae legat ut frueretur una cum filio*" ("Murió Fulcinio [...] y en el testamento hizo heredero al hijo que tenía de Cesenia; lega el usufructo de todos sus bienes a Cesenia para que los disfrutase conjuntamente con el hijo"); *topic.* 3,17: "*Ex contrario autem sic: Non debet ea mulier cui vir bonorum suorum usum fructum legavit cellis vinariis et oleariis plenis relictis, putare id ad se pertinere. Usus enim, non abusus, legatus est. Ea sunt inter se contraria*" ("El argumento a partir de los contrarios es así: La mujer, a quien su marido legó el usufructo de sus bienes, habiendo dejado llenas las bodegas de vino y aceite, no debe pensar que eso le pertenece. Pues fue legado el uso, no la disposición"). No es que se hubiera admitido un usufructo exclusivamente sobre fungibles. La práctica, generalmente a favor de la cónyuge para cuando enviudare, como se ve en ambos textos, consistía en legar un conjunto ("todos sus bienes"), entre los cuales, por cierto, había inconsumibles, pero también consumibles (como el vino o el aceite guardado en las bodegas). Y con respecto a estos últimos se presentaba el problema de si el usufructo pudiera funcionar.

13 Por más que CRIFÒ, Giuliano, *Studi su quasi-usufrutto romano*, Padova, CEDAM, 1977, I: "Problemi di datazione", quiera situarlo en época republicana. Antes, EL MISMO, *Il suicidio di Coccecio Nerva "pater" e i suoi reflessi sul problema del quasi usufrutto*, en AA. VV., *Studi in onore di Gaetano Scherillo*, Milano, Istituto Editoriale Cisalpino - La Goliardica, s. d. [pero 1972], I, 427-432; pero solo crítico de la generalizada datación bajo Tiberio. Que el senadoconsulto del que hablamos hubiera sido emitido durante la República, eso habría sido un hecho extraordinario, pues, en tal época, el Senado no solía ocuparse en asuntos concernientes al *ius*, práctica esta que se inició en época imperial como contrapartida de la decadencia de las leyes y los plebiscitos. En el completo elenco de senadoconsultos debido a VOLTERRA, Edoardo, s. v. "Senatus consulta", en *Novissimo Digesto Italiano*, Torino, Unione Tipografica-Editrice Torinese, 1969, XVI, este senadoconsulto es citado bajo el núm. 71, y de él se dice ser: "[...] di época incerta, probabilmente non posteriore al regno di Tiberio, dato que era noto al giurista Nerva (vedi D. 7,5,3), morto nel 33 d. C. e ignoto a Cicerone, il quale in pro Caecina 4,11 e Topica 3,17, ricorda casi di costituzione in dote [legados] del usufrutto di un patrimonio, senza menzionare il sc.".

14 Se invoca una tal fórmula o una semejante en varios pasajes: Dig. 7,5,1; 33,2,1; 35,2,69.

15 Dig. 7,5,1: "*Senatus censuit, ut omnium rerum, quas in cuiusque patrimonio esse constaret, usus fructus legari possit; quo senatus consulto inductum videtur, ut earum rerum, quae usu tolluntur* [*vel minuuntur*], *possit usus fructus legari*" ("El Senado consideró que puede ser legado el usufructo de todas las cosas que constaren estar en el patrimonio de cualquiera; por cuyo

La organización dogmática conferida por los juristas a la nueva figura fue esta[16]: *i*) el usufructuario adquiere el dominio de los consumibles de que se tratase (dinero, vino, grano, aceite) y puede, por ende, disponerlos física y jurídicamente; pero *ii*) queda obligado, al término del usufructo, a devolver un tanto idéntico de cosas del mismo género y calidad a los de las recibidas inicialmente ("*tantundem eiusdem generis et qualitatis*"); *iii*) tal obligación normalmente recae sobre los herederos del usufructuario, por cuya muerte se había acabado el derecho; eventualmente sobre el usufructuario mismo, si aquel se extinguió por otra causa, como por el cumplimiento, anterior a esa muerte, de un día cierto (plazo) o incierto (condición) preestablecido para la vigencia del derecho o por la renuncia a este.

En el derecho regulador del usufructo existía una antigua creación pretoria que recibía el nombre de "caución usufructuaria"[17]. Merced a ella, el usufructuario prometía con fiadores al nudo propietario gestionar la cosa sobre que recaería su derecho conforme con el arbitrio de un buen varón ("*boni viri arbitratu*") y

---

senadoconsulto parece haberse admitido que pueda ser legado el usufructo de aquellas cosas que se pierden [o se disminuyen] por el uso"). Lo transcrito entre corchetes está interpolado.

16 Sobre el cuasiusufructo romano, v. LONGO, Sara, *Alle radici dell'usufrutto di "res quae usu consumuntur"*, en *Studi per G. Nicosia*, Milano, Giuffrè, 2007, IV, 477-530; LA ROSA, Renato, *Ricerche sul quasi-usufrutto nel diritto romano*, Torino, Giappichelli, 2012; LONGO, Sara, *Sul "legatum ususfructus" di cose consumabili: "cautio senatusconsulti"*, en *Index. Quaderni Camerti di Studi Romanistici*, 42, 2014, 261-298.

17 En el edicto del pretor urbano, la caución usufructuaria comparecía conectada con el legado de usufructo. El comienzo del comentario de Ulpiano al libro CXXIX *ad edictum* (lugar en que se trataba de la caución), que se conserva en Dig. 7,8,1 pr., se lee en efecto: "*Si cuius rei ususfructus legatus sit, aequissimum praetori visum est* [...] *legatarium cavere* [...]" ("Si se haya legado el usufructo de una cosa, pareció muy equitativo al pretor que el legatario caucionara [...]"): como esta conexión aún se encontraba en la redacción de Salvio Juliano, es forzoso presumir que era más antigua, pues aquel jurista no la hubiera restringido él mismo al solo legado de usufructo. Tal conexión original solo puede ser explicada cuando se suponga haber sido introducida la caución en una época en que el legado era la única manera de constituir usufructos, como de hecho ocurrió al principio de su historia (primera mitad del siglo II a. C.). En la época en que trabajó Juliano en la redacción del edicto por orden de Adriano (emp. 117-138 d. C.), todavía, pero de hecho, la constitución de usufructos provendría preferentemente de legados, como es que no creyó necesario innovar el tenor de la cláusula en que se hablaba de la caución y se la vinculaba al legado, para extenderla a modos de constitución entre vivos. La jurisprudencia se encargó de aclarar que la caución era exigible fuere cual fuere el modo de constituirse un usufructo (Dig. 7,9,2: "*sed et si ex alia quacumque causa constitutus fuerit ususfructus, idem dicendum est*" ["pero también si el usufructo se hubiera constituido por otra causa cualquiera, se ha de decir lo mismo"], esto es, que el usufructuario debe constituir la caución.

restituir sin dolo dicha cosa al término del usufructo[18]. De esa manera se introducían ciertos elementos obligacionales en el interior de una figura estrictamente real; y el nudo propietario adquiría artificialmente una acción *in personam* que se agregaba a la acción *in rem* de que disponía naturalmente (*ususfructus vindicatio*).

El propio senadoconsulto había hecho referencia a la caución usufructuaria[19] para adaptarla a las exigencias de la nueva figura. La principal adaptación consistía en no exigir al usufructuario mantener "a salvo la sustancia de la cosa" ("*salva rerum substantia*"). Esto significaba que el usufructuario debía conferir una promesa con fiadores de dar (devolver) la cantidad sobre que recayese el derecho al cuasi-nudo propietario, en función restitutoria al término del mismo. El cuasi-nudo propietario quedaba entonces legitimado para entablar en contra del cuasiusufructuario una *condictio certi* para recuperar la cantidad. Pero los juristas estaban de acuerdo en que, si por cualquier causa, no se hubiera conferido la caución, el cuasi-nudo propietario igualmente disponía de la *condictio certi*[20] fundada, no ya, por cierto, en la inexistente *promissio*, sino en la efectiva *datio* de la cantidad que de todos modos hubo de tener lugar. La diferencia radicaba en que esta *condictio ex datione* el acreedor la tenía solo contra el cuasiusufructuario o su heredero, mientras que la *condictio ex promissione* también la podía entablar contra los fiadores (y sus herederos).

La conclusión última es que para los juristas romanos el usufructo de consumibles no era un verdadero y propio derecho real de usufructo, sino una relación merced a la cual el nudo propietario es en realidad un acreedor y el usufructuario, un deudor.

---

18 V. Dig. 7,9,1 pr. y 7,9,6. Lenel, Otto, *Das Edictum perpetuum*, Leipzig, 3ª edición, Leipzig, Tauchnitz, 1927, § 286, reconstruyó así el tenor de la caución: "*Cuius rei usus fructus testamento Lucii Titii tibi legatus est, ea re boni uiri arbitratu usurum fruiturum te et, cum usus fructus ad te pertineret desinet, id quod inde extabit restitutum iri dolumque malum abesse afuturumque esse spondesne? Spondeo*" ("¿Prometes que habrás de usar y disfrutar según el arbitrio de un buen varón la cosa, cuyo usufructo te fue legado por el testamento de Lucio Ticio, y que, cuando el usufructo te deje de pertenecer, aquello que desde ese momento quedase de la cosa lo restituirás sin que exista ni haya de existir dolo malo? ¡Prometo!").

19 V. Dig. 7,5,11; 7,9,12; Cod. Iust. 3,33,1; Inst. Iust. 2,4,2.

20 Dig. 7,5,51 (Papin., 17 *quaest.*). La opinión remonta a Sabino (siglo I d. C.), fue aprobada por Celso (siglo II d. C.) y no pareció infundada a Papiniano (siglo III d. C.).

Gayo aclaró bien la fuente de tal construcción en el texto de Dig. 7,5,2,1, que antes invocamos y ahora transcribimos de nuevo:

"Quo senatusconsulto non id effectum est, ut pecuniae ususfructus proprie esset, nec enim naturalis ratio auctoritate Senatus commutari potuit, sed remedio introducto coepit quasi ususfructus haberi".	"Por el cual senadoconsulto no se hizo que del dinero hubiera propiamente un usufructo, pues la razón natural no pudo ser mudada por la autoridad del Senado; pero, una vez introducido el remedio, empezó a tenerse un cuasiusufructo".

La autoridad del Senado no alcanzaba hasta poder alterar la razón natural, que en esta materia exigía la infungibilidad e inconsumibilidad del objeto del usufructo, de manera de no poder hacer que el usufructo de dinero fuese en realidad un usufructo[21]; lo cual, empero, no significó que le hubiera estado vedado estatuir el remedio estatuido, que vino a ser como un usufructo paralelo (cuasiusufructo).

IV. EL CUASIUSUFRUCTO COMO MANIFESTACIÓN DE IRREGULARIDAD NEGOCIAL

El cuasiusufructo, por su propia definición, es una manifestación de irregularidad negocial[22], junto al depósito, a la prenda y al arrendamiento irregulares.

V. EL USUFRUCTO DE FUNGIBLES EN EL DERECHO CHILENO

1. El artículo 764 CC. define que: "*El derecho de usufructo es un derecho real que consiste en la facultad de gozar de una cosa con cargo de conservar su forma y substancia, y de restituirla a su dueño, si la cosa no es fungible; o con cargo de volver igual*

---

21 Cfr. Frag. Vat. 46 (Paul, 1 *manual.*): "*Pecuniae quoque ususfructus legatus per annum non utendo non perit, quia nec usus fructus est et pecuniae dominium fructuarii, non heredis est*" ("Tampoco perece por el no uso el usufructo de dinero legado por anualidades, porque no es usufructo y el dominio del dinero es del usufructuario, no del heredero"); Dig. 7,5,11 (Ulp., 18 Sab.): "*Si lanae alicui legatus sit usufructus, vel odorum, vel aromatum nullus videtur usufructus in istis iure constitutum* [...]" ("Si a alguno le hubiera sido legado el usufructo de lana, o de perfumes o de aromas, por derecho no parece haberse constituido ningún usufructo sobre estas cosas [...]").

22 Así expresamente considerado por SIMONE, M. de, *Neg. irreg.*, 90-94.

cantidad y calidad del mismo género, o de pagar su valor, si la cosa es fungible". Para el *Código*, pues, el "derecho real que consiste en la facultad de gozar de una cosa fungible con cargo de volver igual cantidad y calidad del mismo género, o de pagar su valor" aparenta ser tan usufructo como el "derecho real que consiste en la facultad de gozar de una cosa infungible con cargo de conservar su forma y substancia y de restituirla a su dueño". De esta manera, para ese cuerpo legal, el usufructo puede recaer indistintamente sobre infungibles o sobre fungibles.

Pero esto no puede ser así. La unificación del usufructo y del cuasiusufructo en una definición común es resultado de una operación codificadora[23] consistente precisamente en reunir bajo un mismo género instituciones naturalmente diferentes, por economía legislativa. Bello la ejecutó en varias oportunidades, como vemos en los siguientes casos:

a) El artículo 894 CC. concede la acción reivindicatoria o de dominio al que perdió la posesión regular de una cosa y se hallaba en el caso de poder ganarla por prescripción, aunque no pruebe dominio. En realidad, la acción concedida en esta norma es la acción Publiciana, que el edicto del pretor urbano confería al no-dueño de una cosa cuya posesión perdió, para que la recuperara como hubiera podido hacerlo con la reivindicatoria de haber sido su dueño, si tenía cumplidos cuatro de los cinco requisitos de la usucapión, a saber: La usucapibilidad de la cosa de que se tratare, su anterior posesión, la buena fe de esta y el justo título; y consistía en fingir que en el momento de la *litis contestatio* ya había transcurrido el plazo legal de la usucapión (un año de posesión para muebles y dos para inmuebles)[24]. Fue en atención a la unidad de funciones de la reivindicatoria y la Publiciana romanas que Bello consideró a esta última como forma de la primera, evitando, así, tener que repetir dos veces una similar disciplina jurídica, por más que la acción reivindicatoria venga definida como "acción de dominio"

23 Acerca del concepto de "operación codificadora", v. GUZMÁN BRITO, Alejandro, *Andrés Bello codificador. Historia de la fijación y codificación del Derecho civil en* Chile, Santiago, Ediciones de la Universidad de Chile, 1982, I, 432-454.

24 Si alguien que perdió la posesión de una cosa demuestra haber sido esta usucapible y haberla poseído de buena fe y con justo título, pero no que transcurrió el tiempo legal exigido para su prescripción, en el derecho romano tal situación admitía ser muy bien descrita con la fórmula empleada por el artículo 894 CC.: el "*que ha perdido la posesión regular de la cosa, y se hallaba en el caso de poder ganarla por prescripción*". El edicto del pretor urbano fingía a favor de este poseedor que el tiempo legal había transcurrido, de modo de no poder abrirse discusión sobre si efectivamente transcurrió o no; el artículo 894 CC., en cambio, no finge nada, sino que, sobre los hechos que supone, concede directamente la acción reivindicatoria.

en el artículo 889 CC. y que cuando se ejerce la Publiciana no se la funde en ningún dominio, que no existe.

b) El artículo 891 CC. dice que otros derechos reales distintos al dominio pueden reivindicarse como el dominio, excepto el de herencia. En el derecho romano, cada derecho real gozaba de su propia *vindicatio*; así que junto a la *rei vindicatio* estaban la *ususfructus vindicatio*[25], la *servitutis vindicatio*[26], la *pignoris vindicatio*[27] y la *hereditatis vindicatio* más frecuentemente denominada *petitio hereditatis*. Bello prefirió superar la pluralidad de acciones con un nombre propio para cada cual, pero sometidas a reglas muy similares; y las unificó (con excepción de la petición de herencia) bajo el nombre de "acción reivindicatoria", por más que cuando se vindica una servidumbre o un usufructo, lo vindicado no sea una *res* sino el respectivo *ius*.

c) Otro caso de aplicación de la operación codificadora de que tratamos se tiene en la concentración bajo el concepto de servidumbres legales relativas a la utilidad de los particulares, de verdaderas servidumbres, como las de tránsito, acueducto, luz y vista, con figuras que no son ni siquiera servidumbres, como la demarcación, el cerramiento y la medianería (artículos 830 y 841, con las demás normas del § 2 del título 11° del libro CC.).

d) La unificación del usufructo sobre infungibles y de aquel sobre fungibles bajo el concepto de usufructo –pese a las diferencias muy profundas existentes entre ambas figuras– es, pues, otra manifestación de esta operación codificadora[28].

2. El *Código* no empleó las denominaciones tradicionales de "cuasiusufructo" y "usufructo irregular" para el usufructo de fungibles.

Por lo que toca a la primera, pese a que Bello la conocía[29], hubo una razón precisa para evitarla: En el *Proyecto de Código Civil* de 1853, el vocablo "cuasiusufructo"

25 Dig. 44,2,21,3.

26 Dig. 39,1,9; 43,27,1,5.

27 Dig. 20,1,16,3; 20,1,18.

28 Otros casos en GUZMÁN BRITO, A., *Andrés Bello codificador* (n. 23), I, 435-436.

29 En sus *Instituciones de derecho romano*, libro II, tít. 4°, en BELLO, Andrés, *Obras completas de* [...], 2ª edición, Caracas, La Casa de Bello, 1981, XVII: "Derecho romano", 61, después de dejar sentada la regla romana de no poderse constituir usufructos sobre fungibles, añade Bello: "*Establecióse sin embargo por un senadoconsulto de los primeros tiempos del imperio que se pudiese constituir en ellas un cuasi-usufructo, mediante la fianza de restituir igual cantidad de cosas de la misma especie y calidad o su valor, terminado que fuese el usufructo por muerte o disminución de cabeza*".

fue empleado para designar al usufructo sobre cosas incorporales[30], de acuerdo con el uso medieval, que en el vocabulario del derecho de bienes reservaba el prefijo "quasi-" precisamente para distinguir los derechos y los actos sobre tales cosas (cuasidominio, cuasiposesión, cuasitradición)[31]. Y aunque en el texto final la expresión "cuasiusufructo", con dicho sentido, desapareció –igual que las demás con "cuasi-"–, Bello habrá considerado asistemático reintroducirla esta vez para designar al usufructo de fungibles; en la cual abstención se veía apoyado por la legislación comparada de su época, como veremos.

Por lo demás, aquella misma legislación autorizaba para prescindir de la segunda designación.

VI. UN CUASIUSUFRUCTO ESPECIAL: EL LLAMADO DERECHO LEGAL DE GOCE SOBRE LOS BIENES FUNGIBLES DEL HIJO, CONTENIDO EN LA PATRIA POTESTAD

El artículo 252 inciso 1° CC. expresa: "*El derecho legal de goce es un derecho personalísimo que consiste en la facultad de usar los bienes del hijo y percibir sus frutos, con cargo de conservar la forma y sustancia de dichos bienes y de restituirlos, si no son fungibles; o con cargo de volver igual cantidad y calidad del mismo género, o de pagar su valor, si son fungibles*". Este derecho legal de goce, introducido por el artículo 1 N° 24 de la Ley N° 19.585 (D. O. de 26 de octubre de 1998), es el sucedáneo del antiguo usufructo legal del padre de familia, contenido en el hoy derogado título 10° del libro I CC.[32].

---

30 "Pyto. de 1853", artículo 924: "*El usufructo puede constituirse sobre cosas singulares i corporales, i sobre una herencia o sobre una cuota hereditaria./ Las cosas incorporales son susceptibles de un cuasiusufructo, que se sujetará a las reglas de este título, en cuanto le sean aplicables*".

31 Sobre el punto, v. Guzmán Brito, Alejandro, *Las cosas incorporales en la doctrina y en el derecho positivo*, 2ª edición, Santiago, Editorial Jurídica de Chile, 2006, 119-136, 153-159,188-189. Cfr. Bello, A., *Instituciones de Derecho romano*, libro II, tít. 2°, edición cit. (n. 29), 57: "*Como las cosas incorporales no pueden tocarse, tampoco pueden propiamente entregarse ni poseerse, ni constituir dominio, y solo son susceptibles, según el lenguaje de los jurisconsultos, de cuasiposesión, cuasitradición y cuasidominio* [...]".

32 La denominación "derecho legal de goce" (seguramente tomada del *Code Civil*, que habla de un "droit (légale) de jouissance": v. el lib. I, tít. 9°, cap. 2°, artículos 382-387) es original en el proyecto del Ejecutivo. La Comisión de Constitución, Legislación y Justicia de la Cámara de Diputados en "[Primer] Informe de la Comisión de Constitución, Legislación y Justicia [de la Cámara de Diputados] sobre el proyecto de ley que modifica el Código Civil y otros cuerpos legales en materia de filiación", de 9 de agosto de 1994, en *Boletín*

Pese al cambio de nombre, por lo demás relativo[33], se sigue tratando de un derecho de usufructo en cuanto al contenido. El derecho parental se extiende al uso y disfrute, como lo pone en evidencia su definición misma contenida en el artículo 252 CC., cuando dice tratarse de un derecho que consiste en la "*facultad de usar los bienes del hijo y percibir sus frutos*"[34]. Estriba, pues, en un uso de cosas y en un goce de sus frutos (que se ejecuta merced a la percepción de los mismos); y en eso es en lo que cabalmente radica el contenido del usufructo[35].

La disposición legal empleó la misma técnica que el *Código* modificado por aquella, porque definió un único derecho legal de goce, pero distinguió dos tipos de cosas –fungibles y no fungibles– sobre las que puede recaer, atribuyendo diversos efectos a cada caso. Por lo demás, el cotejo muestra que se recurrió a la planta de la definición del usufructo contenida en el artículo 764 CC. para construir la definición del nuevo artículo 252 CC.[36]. Pero, igual que en el caso del modelo, son dos derechos diferentes según el objeto fungible o infungible en que recaen. Cuando se trata de infungibles, el derecho legal de goce se resuelve en un usufructo legal; si, en cambio, el objeto es fungible, se forma un cuasiusufructo legal.

N° 1060-07-1, en Biblioteca del Congreso Nacional, *Historia de la Ley N° 19.585*, 90, la explicó así: "*Las únicas enmiendas dignas de destacar son dos./ El cambio de la expresión usufructo por la de 'derecho legal de goce', término en el cual la doctrina nacional está conteste por avenirse mejor con la naturaleza jurídica de la institución. El usufructo legal del padre de familia presenta ciertas características especiales que lo hacen diferir del usufructo. Por ejemplo, el padre no goza del derecho de persecución; es un derecho personalísimo, por lo que no puede enajenarse, renunciarse, transmitirse, hipotecarse ni embargarse; el padre no está obligado a rendir la fianza y caución que deben dar los usufructuarios, y dura solo hasta la emancipación del hijo*".

33 Porque el inciso final del actual artículo 252 CC. expresa que el derecho legal de goce recibe también la denominación de "usufructo legal del padre o madre sobre los bienes del hijo". De hecho, la citada norma hace supletoriamente aplicables las reglas del usufructo al derecho legal de que tratamos.

34 En el *Código Civil*, la palabra "goce" puede involucrar al uso y al disfrute, según se ve en la definición del dominio, contenida en el artículo 582, como derecho para "gozar [= usar y disfrutar] y disponer". "Gozar", pues, no es sinónimo de "disfrutar".

35 Las diferencias que anotó la Comisión de Constitución, Legislación y Justicia de la Cámara de Diputados entre el antiguo usufructo legal de los bienes del hijo y el derecho de usufructo (v. la nota 32), aunque verdaderas, no son esenciales, salvo en cuanto a que el primero no da derecho de persecución sobre los bienes en que se ejerce, lo cual suprime el carácter real del derecho parental. Así que con razón puede negarse que el antiguo usufructo legal y también el nuevo derecho de goce sean verdaderos usufructos. Pero en cuanto al contenido, ambos son idénticos al usufructo. En fin, se recordará que a veces el uso puede atribuir el goce o disfrute del bien usado, pero en formas muy limitadas: v. los artículos 811, 814, 815, 816 y 817 CC.

36 Por lo demás, eso fue dicho expresamente, como se lee en el "[Primer] informe" (n. 32), p. 418: "*A la vez, como se incorpora el concepto de 'derecho legal de goce', prefirió la Comisión definirlo, sobre la base de la noción del usufructo*".

VII. LEGISLACIÓN COMPARADA SOBRE EL CUASIUSUFRUCTO

Conviene dar una mirada a la legislación comparada sobre el cuasiusufructo, que la haremos representar por los códigos más importantes de Europa y América. Al presentar las disposiciones pertinentes, haremos algún breve comentario, si es necesario; y reservaremos para el final del presente capítulo el examen de las líneas generales de similitud y diferencia.

1. "*Code civil*" (*Francia, 1804*).
El artículo 587 CCFr. expresa: "*Si l'usufruit comprend des choses dont on ne peut faire usage sans les consommer, comme l'argent, les grains, les liqueurs, l'usufruitier à le droit de s'en servir, mais à la charge de rendre à la fin de l'usufruit, soit des choses de même quantité et qualité soit leur valeur estimée à la date de la restitution*"[37].

Este cuerpo legal, como se observa, parte de la idea –más conforme con la práctica romana– de un usufructo que comprende cosas cuyo uso las consume (no tanto que recae exclusivamente sobre ellas), y ofrece ejemplos –dinero, granos, licores–. El verbo "se servir", empleado en la norma, involucra "usar" y "disponer".

2. "*Allgemeines Bürgerliches Gesetzbuch*" (*Austria, 1811*).
El § 510 CCAustr. establece:

> "Verbrauchbare Sachen sind an sich selbst kein Gegenstand des Gebrauches oder der Fruchtnießung, sondern nur ihr Werth. Mit dem baren Gelde kann der Berechtigte nach Belieben verfugen. Wird aber ein bereits anliegendes Capital zum Fruchtgenusse oder Gebrauche bewilliget; so kann der Berechtigte nur die Zinsen fordern".

> "En sí mismas, sino solo su valor, las cosas consumibles no son objeto de uso o usufructo. El legitimado puede disponer a su arbitrio del dinero contante. Pero si un capital ya colocado es concedido en usufructo o en uso, el legitimado solo puede exigir los intereses".

Este cuerpo legal introduce una variante dogmática: Si bien las cosas consumibles no son susceptibles de usufructo, sí lo es su valor.

---

[37] CCFr., artículo 587: "Si el usufructo comprende cosas de las cuales no se puede hacer uso sin consumirlas, como el dinero, los granos, los licores, el usufructuario tiene el derecho de servirse de ellas, pero con cargo de devolver al fin del usufructo sean cosas de la misma cantidad y calidad, sea su valor estimado a la fecha de la restitución".

3. *"Código Civil" I de la Argentina (1869).*
El artículo 2871 CCArg. de 1869 expresaba: "*El usufructuario de cosas que se consumen con el primer uso, puede usar y gozar libremente de ellas, con el cargo de restituir otro tanto de la misma especie o calidad, o el valor estimativo que se les haya dado en el inventario*". En esta norma, el verbo "gozar" incluye la disposición.

4. *"Código Civil" de España (1889).*
El artículo 482 CCEsp. manifiesta: "*Si el usufructo comprendiera cosas que no se puedan usar sin consumirlas, el usufructuario tendrá derecho a servirse de ellas con la obligación de pagar el importe de su avalúo al terminar el usufructo, si se hubiesen dado estimadas. Cuando no se hubiesen estimado, tendrá el derecho de restituirlas en igual cantidad y calidad, o pagar su precio corriente al tiempo de cesar el usufructo*". Hasta "*de ellas con la obligación*", la norma sigue el modelo del artículo 587 CCFr. casi al pie de la letra. Por lo mismo, véase lo dicho a propósito del empleo por este del verbo "servirse". A partir de esa expresión, el *Código* español establece un régimen distinto. Según él, debe distinguirse entre que las cosas consumibles objeto de la operación se hayan dado estimadas en el momento de constituirse el cuasiusufructo o no. En el primer caso, al terminar el cuasiusufructo el cuasiusufructuario debe restituir la estimación. En el segundo, su obligación es alternativa: O restituye otras cosas pero en igual cantidad y calidad a las de las recibidas; o restituye el precio corriente que estas tuvieren al tiempo de cesar el usufructo. Se observará que el valor estimado de las cosas (que va referido al momento de la constitución) no necesariamente coincide con su precio corriente (que va referido al momento de la terminación).

5. *"Bürgerliches Gesetzbuch" (Alemania, 1896/1900).*
El § 1067 BGB. dice:

"(1) Sind verbrauchbare Sachen Gegenstand des Nießbrauchs, so wird des Nie braucher Eigentümer der Sachen; nach der Beendigung des Nießbrauchs hat er dem Besteller den Wert zu ersertzen, den die Sachen zur Zeit der Bestellung hatten. Sowohl der Besteller als der Nießbraucher kann der Wert auf seine Kosten durch Sachverständige feststellen lassen./ (2) Der Besteller kann Sicherheitsleistung verlangen, wenn der Anspruch auf Ersatz des Wertes gefährdet ist".

"Si el objeto de un usufructo está constituido por cosas consumibles, el usufructuario se hace dueño de tales cosas; después de la extinción del usufructo, aquel debe reponer al constituyente el valor que las cosas tuvieron en el momento de la constitución. Tanto el constituyente como el usufructuario pueden, a su costa, hacer verificar el valor por peritos./ (2) El constituyente puede exigir garantías cuando peligra la pretensión del valor de reposición".

Obsérvese que la norma no contiene la idea de restitución del *tantundem*.

6. *"Code Civil" de la Suisse (1907, con vigencia desde 1912).*
El artículo 772 del *Code civil de la Suisse* establece: "1. *Les choses qui se consomment par l'usage deviennent, sauf disposition contraire, la propriété de l'usufruitier, qui demeure comptable de leur valeur au début de l'usufruit. 2. [...]. 3. L'usufruitier peut rendre au propriétaire des choses de même espèce et qualité, s'il s'agit d'un matériel d'exploitation agricole, d'un troupeau, d'un fonds de marchandises ou d'autres choses semblables*". La disposición es muy imperfecta. El N° 1 permite que se pueda estipular en contrario a que el usufructuario de cosas que se consumen por el uso devenga en su propietario; y no se alcanza a entender cómo semejante cláusula pueda tener eficacia. El N° 3 autoriza el pago del *tandundem* en ciertos casos (material de explotación agrícola, ganado, establecimiento de mercaderías), aunque agrega "o de otras cosas semejantes".

7. *"Código Civil" de México (1928).*
El artículo 994 CCMéx. prescribe: "*Si el usufructo comprende cosas que no pueden usarse sin consumirse, el usufructuario tendrá el derecho de consumirlas, pero está obligado a restituirlas, al terminar el usufructo, en igual género, cantidad y calidad. No siendo posible hacer la restitución, está obligado a pagar su valor, si se hubiesen dado estimadas. O su precio corriente al tiempo de cesar el usufructo, si no fueron estimadas*".

Las similitudes de fondo y forma entre esta norma y el artículo 482 CCEsp. hacen pensar en haber sido tomado este último como modelo, si bien con una diferente exposición formal del régimen de restitución.

8. *"Codice Civile" italiano (1942).*
El artículo 995 CCIt. dice:

"Se l'usufrutto comprende cose consumabili, l'usufruttuario ha diritto de servirsene e ha l'obbligo di pagarne il valore al termino dell'usufrutto secondo la stima convenuta./ Mancando la stima, è in facoltà dell'usufruttuario di pagare le cose secondo il valore che hanno al tempo in cui finisce l'usufrutto o de restituirne altre in eguale qualità e quantita".

Si el usufructo comprende cosas consumibles, el usufructuario tiene el derecho de servirse de ellas y la obligación de pagar su valor al término del usufructo, según la estimación convenida./ Faltando tal estimación, está en la facultad del usufructuario pagar las cosas según el valor que tengan al tiempo en que termina el usufructo o de restituir otras de igual calidad y cantidad".

La norma es muy similar a la del artículo 482 CCEsp. El verbo "servire" (que en último término proviene del *Código* francés) significa el uso y la disposición.

9. *"Código Civil" de Portugal (1966)*.
El artículo 1451 CCPort. expresa:

> "1. Quando o usufruto tiver per objecto coisas consumíveis, pode o usufrutuário servir-se delas ou aliená-las, mas é obrigado a restituir o seu valor, findo usufruto, no caso de as coisas terem sido estimadas; se o não foram, a restituição será feita pela entrega de outras do mesmo género, qualidade ou quantidade, ou do valor destas na conjuntura em que findar o usufruto./ 2. O usufruto de coisas consumíveis não importa transferência da propiedades para o usufrutuário".

> "1. Cuando el usufructo tiene por objeto cosas consumibles[38], el usufructuario puede servirse de ellas o enajenarlas, pero está obligado a restituir su valor, al fin del usufructo, en el caso en que las cosas hayan sido estimadas; si no lo hubieran sido, la restitución será hecha por la entrega de otras del mismo género, calidad o cantidad, o de su valor en el momento de término del usufructo./ 2. El usufructo de cosas consumibles no importa transferencia de propiedad para el usufructuario".

El inciso 1° de la disposición coincide con los artículos 482 CCEsp. y 995 CCIt. El inciso 2° contiene una norma contraria el régimen del cuasiusufructo tal cual ha sido tradicionalmente entendido, por lo cual constituye una singularidad.

10. *"Código Civil" del Perú (1984)*.
En el libro V, sec. 3ª, tít. 3° del vigente *Código Civil* peruano hay un capítulo 3° rubricado: *Cuasiusufructo*, desarrollado en tres artículos. El artículo 1018 dice: "*El usufructo de dinero solo da derecho a percibir la renta*", vale decir, los intereses. Los artículos 1019 y 1020 tratan del usufructo de créditos; y dicen que el usufructuario tiene las acciones destinadas a cobrar la renta (intereses) del crédito en usufructo; que debe ejercer las acciones necesarias para evitar que el crédito se extinga; y que puede cobrar el capital conjuntamente con el propietario; caso en el cual el usufructo empieza a recaer sobre el dinero cobrado (de modo de tener que aplicarse el artículo 1018).

Como se ve, bajo la rúbrica de "cuasiusufructo", este cuerpo legal comprende algo que no suele venir comprendido bajo ella, como es el usufructo de créditos. Cierto es que la jurisprudencia romana diseñó esa figura al amparo del mismo senadoconsulto a partir del cual configuró el usufructo de consumibles[39];

---

38 Cfr. con el artículo 208 CCPort.: "*São consumíveis as coisas cujo uso regular importa a sua destruição ou a sua alenação*" ("Son consumibles las cosas cuyo uso regular importa su destrucción o enajenación").

39 Dig. 7,5,3 (Ulp., 18 *Sab.*): "*Post quod omnium rerum ususfructus legari poterit, an et nominum?*" ("Después de que pudo legarse el usufructo de todas las cosas, ¿acaso también el de los créditos?"). El "después de" (*post*) alude, por cierto a "después del senadoconsulto"

pero nadie impuso la denominación de "cuasiusufructo" al usufructo de créditos.

11. "*Code Civil*" *du Québec (1991).*

El artículo 1127 CCQuébec declara: "*L'usufruitier peut disposer, comme s'il était propriétaire, des biens compris dans l'usufruit dont on ne peut faire usage sans les consommer, à charge d'en rendre de semblables en pareille quantité et qualité à la fin de l'usufruit./ S'il ne peut en rendre de semblables, il doit en payer la valeur en numéraire*"[40].

Obsérvese la fórmula empleada por este cuerpo legal para atañer la dominicalidad sobre las cosas consumibles ("*comme s'il était propriétaire*").

12. "*Burgerlijk Wetboek*" (*Holanda, 1992*).

En el artículo 212 del libro III del nuevo *Código Civil* de Holanda encontramos una disposición que en su traducción al inglés suena así:

> "Right of the usufructuary to dispose of the assets subject to usufruct./ 1. As far as the encumbered assets have the function to be alienated, the usufructuary is entitled to dispose of them in accordance with their function./ 2. At the establishment of the usufruct the usufructuary may have obtained the right to dispose of other assets subject to usufruct then those meant in the previous paragraph [...]".

> "Derecho del usufructuario para disponer de los bienes sujetos a usufructo./ 1. En cuanto los bienes gravados tengan como función la de ser enajenados, el usufructuario está legitimado para disponer de ellos de acuerdo con su función./ 2. En la constitución del usufructo se puede conferir al usufructuario el derecho de disponer de otros bienes que los mencionados en el parágrafo anterior [...]".

---

en cuya virtud se hizo posible legar el usufructo de todas las cosas. Los juristas, pues, se preguntaron si en la dicción "todas las cosas" estaban comprendidos los créditos. Nerva dio una respuesta negativa; pero Casio y Próculo dieron la positiva; y esta opinión prevaleció; como se ve en Dig. 35,2,69 (Pomp., 5 *Sab.*): "*Usu fructu bonorum legato, aes alienum ex omnibus rebus deducendum* <non> *est, quoniam post senatus consultum nulla res est, quae non cadit in usus fructus legatum*" ("Legado el usufructo de los bienes, de todas las cosas <no> se han de deducir las deudas de dinero, porque después del senadoconsulto no hay ninguna cosa que no quepa dentro del legado de usufructo"). El "non" original cayó, porque en derecho justinianeo las deudas se deducen. Sin él, el pasaje recientemente transcrito resulta contradictorio. V. también Dig. 33,2.24 (Papin., 7 *resp.*), en donde el tardío Papiniano da por sentado sin más que puede haber un usufructo de créditos.

40 CCQeb., artículo 1127: "El usufructuario puede disponer, como si fuese propietario, de los bienes comprendidos en el usufructo si de ellos no puede hacerse uso sin consumirlos, con la carga de devolver otros semejantes en igual cantidad y calidad al término del usufructo./ Si no se pueden devolver otros semejantes, se debe pagar el valor en numerario".

Como se observa, la norma no recurre a las nociones tradicionales de cosas consumibles ni fungibles, y se limita a emplear la idea de cosas "que tengan como función ser enajenadas" (concepto este, por lo demás, que solo coincide con el de cosa jurídicamente consumible). De esta manera, el *Código* holandés restringe demasiado la figura del cuasiusufructo.

Pero este cuerpo legal contiene en su libro III un artículo 207 que dispone:

"Right to use or to use up the property subject to usufruct./ 1. A usufructuary may use or use up the property that is encumbered with usufruct in accordance with what is agreed upon at the establishment of the usufruct or, if such an arrangement has not been made, with due observance of the nature of the property subject to usufruct and of local practice with respect to the use or using up of these kind of assets if they are encumbered with a usufruct".

"Derecho de usar o disponer propiedades sujetas a usufructo./ 1. Un usufructuario puede usar o disponer la propiedad gravada con usufructo de acuerdo con lo que fue convenido en la constitución del usufructo o, en defecto de provisión al respecto, con la debida observancia de la naturaleza de la propiedad sujeta al usufructo y la práctica local relativa al uso o disposición de esta clase de bienes cuando ellos han sido gravados con un usufructo".

Esta norma desarrolla lo establecido en el inciso 2° del artículo 212 antes transcrito. La posibilidad planteada como regla general por esta norma, en orden a que el usufructuario pueda consumir los bienes usufructuados, que tan brutalmente contradice el dogma romano contrario, está, sin embargo, de acuerdo con algunos derechos consuetudinarios españoles e incluso es posible en el mismo *Código Civil* de España[41].

41 Sobre el punto véase el panorama que traza SÁNCHEZ CALERO, Francisco Javier, *El usufructo con facultad de disponer*, en *La Ley. Revista jurídica española de doctrina, jurisprudencia y bibliografía*, 3, 1981, 809-818 = *Revista de Derecho Privado*, 66/1, marzo de 1982, 215-242.

El artículo 215 del lib. III contiene la norma de cierre:

"Right to dispose of and to consume the property subject to usufruct./ 1. Where the usufructuary, either at the establishment of the usufruct or afterwards, has been granted the right to dispose of and to consume (use up) the encumbered assets entirely or partially, the main proprietor may demand at the end of the usufruct that the encumbered assets and their replacements are supplied to him, as far as the usufructuary or his legal successors cannot prove that these assets are either consumed (used up) or destroyed by mischance. [...]".

"Derecho de disponer y consumir la propiedad sujeta a usufructo./ 1. Cuando se ha concedido al usufructuario, ya sea en la constitución del usufructo o después, el derecho de disponer y de consumir total o parcialmente los bienes gravados, el cuasinudo propietario puede demandar, al término del usufructo, que los bienes gravados y sus sustitutos le sean restituidos, en tanto el usufructuario o sus sucesores no puedan probar que tales bienes fueron consumidos o se destruyeron por caso fortuito. [...]".

Como el derecho de disponer puede formar parte de un usufructo sobre cualquier tipo de cosas y, por ende, formar parte de este, la restitución de los bienes dados en usufructo solo puede ser exigida si ellos subsisten, vale decir, si no fueron consumidos o si se destruyeron por culpa o dolo del usufructuario; se excluye, pues, si tales bienes fueron consumidos o perecieron por caso fortuito.

En realidad, lo que el *Código* holandés hace es disolver el perfil del usufructo mismo, constantemente definido como un derecho de uso y disfrute sobre cosas ajenas sin su disposición. Aquel, como hemos visto, autoriza al usufructuario la disposición cuando esta le es concedida en el acto de constitución o, en defecto de concesión, si la naturaleza de la cosa sujeta a usufructo o las prácticas locales la permiten. Hay la tentación de decir que para este cuerpo legal el régimen del cuasiusufructo es la regla general y excepcional el del usufructo.

13. "*Código Civil*" *brasileño* (*2002*).
Leemos en el artículo 1392 CCBras.:

"Salvo disposição em contrário, o usufruto estende-se aos acessórios da coisa e seus acrescidos./ § 1o Se, entre os acessórios e os acrescidos, houver coisas consumíveis, terá o usufrutuário o dever de restituir, findo o usufruto, as que ainda houver e, das outras, o equivalente em gênero, qualidade e quantidade, ou, não sendo possível, o seu valor, estimado ao tempo da restituição".

"Salvo disposición en contrario, el usufructo se extiende a los accesorios de la cosa y a sus acrecimientos./ § 1° Si entre los accesorios y los acrecimientos hubiera cosas consumibles, el usufructuario tendrá el deber de restituir, al fin del usufructo, las que aún existieran y, de las otras, el equivalente en género, calidad y cantidad, o, no siendo posible, su valor estimado al tiempo de la restitución".

Este *Código*, como puede observarse, considera a los consumibles cuasiusufructuados no como constituidos inicial ni exclusivamente como tales, sino en cuanto mezclados accesoriamente con inconsumibles o llegados a estos por vía posterior de acrecimiento.

14. "*Código Civil y Comercial de la Nación*" (*Argentina*). El artículo 2130 del nuevo *Código Civil y Comercial* argentino, aprobado en 2014 y entrado en vigencia en 2015, dice: "*Objeto. El usufructo puede ejercerse sobre la totalidad, sobre una parte material o por una parte indivisa de los siguientes objetos*: a) *una cosa no fungible;/* b) *un derecho, solo en los casos en que la ley lo* prevé;/ c) *una cosa fungible cuando recae sobre un conjunto de animales;/* d) *el todo o una parte indivisa de una herencia cuando el usufructo es de origen testamentario*". Así que este cuerpo legal solo acepta el usufructo irregular de un rebaño.

15. *Conclusión*: *Las líneas constantes en la legislación comparada sobre el cuasiusufructo y sus discordancias*.

El examen comparado de la legislación sobre el cuasiusufructo en los códigos precedentemente colacionados –entre los cuales habremos de incluir por cierto al chileno– revela algunas constantes, pero también ciertas divergencias:

a) Ningún código emplea las denominaciones de "cuasiusufructo" ni de "usufructo irregular" en su dispositivo. El del Perú usa la primera como rúbrica del tít. 3° de la sec. 3ª del libro V, pero no en su articulado componente. El antiguo *Código* argentino la empleaba en la nota a su artículo 2871.

b) En todos los códigos vistos, para describir la figura en examen se usa como punto de referencia la noción de cosa consumible, expresamente denominada así o merced a una definición de la noción misma. Solo hace excepción a esta regla el *Código* chileno, cuyo punto de referencia es el concepto de cosa fungible; y muy limitadamente el del Perú, que termina por considerar forma del cuasiusufructo al usufructo de dinero, el cual, como se sabe, resulta ser cosa tanto fungible como jurídicamente consumible. El artículo 212 del libro III del *Código* de Holanda usa como referencia el concepto de cosa jurídicamente consumible ("*As far as the encumbered assets have the function to be alienated*") ("En cuanto los bienes gravados tengan como función la de ser enajenados"), que, como se comprende fácilmente, es con evidencia más restringido que el de cosa consumible, porque excluye las que lo sean físicamente y puede incluir fungibles[42]. Es probable que este código haya

42 Para el dueño de una galería de pinturas, todas y cada una infungibles, son jurídicamente consumibles, porque su función es ser enajenadas.

considerado que el cuasiusufructo de cosas consumibles físicamente es algo pasado de moda y que la atención deba ser puesta en las jurídicamente consumibles, tal vez con la mente puesta en los valores. Fuera como haya sido, lo cierto es que no cabe sino deplorar esta forma de legislar.

c) Casi comparten las preferencias la consideración del usufructo como derecho posible de ser directa y aisladamente constituido sobre consumibles (o fungibles), o bien de manera combinada porque se constituyó el cuasiusufructo sobre un conjunto de bienes, algunos de los cuales resultaron ser consumibles (o fungibles)[43]. La fórmula, después varias veces repetida, la ofreció el *Código* francés en su artículo 587: "*Si l'usufruit comprend des choses dont on ne peut faire usage sans les consommer*", con la cual se deja en claro que se trata de un usufructo constituido sobre cosas entre las cuales hay inconsumibles y algunas consumibles. Esta fórmula, con expreso uso del verbo "comprender", la hallamos posteriormente en los códigos de España, México, Italia y Quebec, pero también en el de Brasil, aunque expresada de manera especial, puesto que ese cuerpo legal supone la posibilidad de que la cosa usufructuada tenga cosas consumibles como accesorios o las reciba como acrecimientos, lo cual supone que el punto de partida fue el de un usufructo sobre inconsumibles. En cambio, aceptan la exclusividad de inconsumibles (o fungibles), sin exigirla, por cierto, de modo que igualmente les es aceptable la combinación, los códigos de Austria, Chile, Argentina, Portugal, Perú (en cuanto habla del usufructo de dinero) y Holanda.

El *Código* alemán es ambiguo. Su § 1067 dice: "(1) *Sind verbrauchbare Sachen Gegenstand des Nießbrauchs, so wird des Nießbraucher Eigentümer der Sachen* [...]" ("Si el objeto de un usufructo está constituido por cosas

43 Los textos romanos discurren sobre la base tanto de la constitución de un usufructo (generalmente por legado) sobre un conjunto de inconsumibles, entre los cuales, sin embargo, hay consumibles (como la casa doméstica para la viuda, si en la despensa hay víveres o en la bodega, vinos, etcétera), cuanto de la constitución exclusivamente de consumibles (dinero, trigo, vino, aceite). Otra cosa es que el senadoconsulto merced al cual pudo introducirse nuestra figura haya sido elaborado sobre la base de la primera posibilidad (v., más arriba, el capítulo III). Planiol, Marcel, *Traité élémentaire de droit civil*. Paris, Librairie Générale de Droit et de Jurisprudence, 1900, I, núm. 1.630, 544, pensaba que: "le quasi-usufruit ne se rencontre jamais à l'état isolé", porque "il est toujours l'accessoire d'un droit d'usufruit plus étendu, établi à titre universel sur un ensemble de biens". En todo caso, este punto es de hecho y se conecta con prácticas, hábitos y costumbres, y no hace a la cuestión dogmática de nuestra figura. En realidad, un cuasiusufructo bien puede ser desglosado, por así decirlo, de un usufructo verdadero, constituido sobre inconsumibles, entre los cuales se hallan consumibles; o bien puede recaer exclusivamente sobre consumibles.

consumibles [...]") Que unas cosas consumibles sean "objeto" o "materia" ("Gegenstand") de un usufructo, ello puede ser debido tanto a que el usufructo fue constituido directamente y solo sobre tales cosas, como también a que se lo constituyó sobre un conjunto principalmente inconsumible, que comprende o incluye algunos consumibles.

d) Los códigos no suelen pronunciarse sobre si el cuasiusufructuario se hace o no dueño de los consumibles (o fungibles) sobre los cuales recae cierto usufructo que lo favorece, de modo que callan sobre el punto de tal propiedad. Tal es el caso de los cuerpos legales de Francia, Argentina de 1869[44], España, México, Italia, Holanda y Brasil. Hacen excepción a esta constante, en orden a afirmar la propiedad, los códigos de Chile (artículo 789: "[...] *el usufructuario se hace dueño de ellas*") y Alemania (§ 1067 BGB.: "(1) [...] *so wird des Nießbraucher Eigentümer der Sachen*" ("[...] el usufructuario se hace dueño de tales cosas").

El *Código* de Austria, en cuanto expresa que el titular puede disponer a su arbitrio del dinero (se entiende, por el contexto, que cuando es dado en usufructo), con ello acepta que aquel sea un propietario. Eso, sobre todo porque añade que cuando un capital previamente colocado a intereses es dado en usufructo, el titular solo puede exigir los intereses, lo cual implica que no tiene la propiedad del capital. El de Quebec expresa en su artículo 1127: "*L'usufruitier peut disposer, comme s'il était propriétaire*" de las cosas consumibles comprendidas en un usufructo. Esta manera de decir al menos permite establecer una mera aproximación analógica del cuasiusufructuario al propietario; pero tal vez no sea sino una manera de decir que el primero es el segundo, porque como lo decidido en la disposición es que el cuasiusufructuario pueda disponer de las cosas consumibles, ¿de qué otra manera que no sea como propietario podría disponerlas?

La regla de que el cuasiusufructuario no adquiere la propiedad de los consumibles en usufructo, que, como acabamos de ver, aparece fulminada en el *Código* austríaco para el caso de los capitales primeramente colocados a interés y después dados en usufructo, también aparece para un caso en el *Código* del Perú, cuyo artículo 1018 dice: "*El usufructo de dinero solo da*

44 En la nota al artículo 2871 de este *Código* se lee: "*El propietario no conserva ningún derecho real sobre el objeto del cuasi-usufructo*". Vale decir, aquella no dice que el cuasiusufructuario sea dueño de los consumibles de que se trate; pero niega que el cuasi-nudo propietario tenga algún derecho real (entre los cuales se encuentra el dominio) sobre ellos. Ahora bien, ¿no es esta una manera de decir que el usufructuario es el dueño de dichas cosas?

derecho a percibir la renta", lo cual parece implicar que ese cuasiusufructo no da la propiedad del dinero. En el *Código* de Portugal, en cambio, la misma regla comparece con carácter general en su artículo 1451 inciso 2°: "*O usufruto de coisas consumíveis não importa transferência da propiedades para o usufrutuário*"[45].

e) Salvo en los códigos de Austria, Perú y Holanda, en los restantes hay una expresión alusiva al punto de haber una relación personal u obligacional entre el cuasi-nudo propietario y el cuasiusufructuario.
El artículo 789 del *Código* de Chile lo dice de manera que no deja lugar a dudas cuando define que: "[...] *el propietario se hace meramente acreedor a la entrega de otras especies* [...], *o del valor* [...]". Según esta norma, pues, el (nudo) propietario es un acreedor y el cuasiusufructuario un deudor.
El antiguo *Código* argentino aludía al tema en su artículo 2871, donde decía que el usufructuario tiene el "cargo" de restituir el *tantundem* o el valor, cuando interpretamos, como debe hacerse, que el sustantivo "cargo" está por el de "obligación". Pero en la nota a ese mismo artículo dijo sin mayores ambages que el propietario "*No tiene sino un derecho de obligación para obtener una cosa igual acabado el usufructo* [...]".
En el resto, una alusión a la relación puramente obligacional que liga al cuasi-nudo propietario y al cuasiusufructuario, por más que la juzgaríamos débil si no supiéramos, por la historia del dogma, que resulta suficiente y eficaz, hallamos en las normas que se indican de los cuerpos legales que se señalan: Artículos 587 CCFr. ("*charge*") y 482 CCEsp. ("*obligación*"), § 1067 BGB. ["*nach der Beendigung des Nießbrauchs hat er dem Besteller den Wert zu ersertzen*" ("Después de la extinción del usufructo, aquel debe reponer al constituyente el valor")], artículos 994 CCCMéx. ("*está obligado a*"), 995 CCIt. ("*ha l'obbligo*"), 1451 CCPort. ("*é obrigado a*"), 1127 CCQuebec ("*à charge*"), artículo 1392 CCBras. ("*o dever de*").
Como quedó adelantado, ni una alusión siquiera al tema se encuentra en el § 510 CCAustr., en el artículo 1018 CCPer. ni en los artículos 207, 212 y 215 del libro III del *Código* de Holanda

f) Es curioso que sea solamente en los mismos dos códigos de Austria y Perú que se guarde silencio acerca de alguna restitución que pese sobre el cuasiusufructuario al término del cuasiusufructo.

---

45 CCPort., artículo 1451: "2. El usufructo de cosas consumibles no importa transferencia de propiedad para el usufructuario".

Con respecto al primero, sin embargo, como consecuencia de afirmar él mismo que sobre las cosas consumibles no cabe un usufructo, el cual sí cabe sobre su valor (§ 510: "*Verbrauchbare Sachen sind an sich selbst kein Gegenstand des Gebrauches oder der Fruchtnießung, sondern nur ihr Werth*" ("En sí mismas, sino solo su valor, las cosas consumibles no son objeto de uso o usufructo"), se podría sostener que el usufructuario del valor de unas cosas consumibles debe restituir precisamente ese valor al término del usufructo. Pero ese cuerpo legal no impone ninguna disciplina acerca del punto, como sí lo hacen otros, según veremos.

En lo concerniente al segundo, el artículo 1018 CCPer. dice: "*El usufructo de dinero solo da derecho a percibir la renta*", sin añadir que al término del cuasiusufructo haya de restituirse el dinero, como es del todo lógico pensar. Aunque se tratare de explicar este silencio merced a la consideración de que como el cuasiusufructo de dinero solo da derecho a percibir los intereses, según acabamos de recordar, eso significa que no se tiene la tenencia del dinero y que, por consiguiente, nada del mismo hay que restituir después. Esa justificación es solo verbal, porque el hecho es que no se acierta a concebir que el cuasiusufructuario pueda exigir intereses si no coloca él mismo a intereses el dinero de que se trate, a menos que ya estuviese en ese estado al constituirse el cuasiusufructo. Y si es así, resulta claro que aquel debe adquirir la tenencia del dinero para poder colocarlo a intereses, caso en el cual la obligación de restituir al terminarse el cuasiusufructo es ineludible.

g) Entre los cuerpos legales que sí tratan el tema de la restitución, hay una notable variedad en torno al punto de qué es lo que debe restituirse al término del cuasiusufructo.

  i) Solo el valor de las cosas. El § 1067 del *Código* alemán impone al cuasiusufructuario la restitución del valor de las cosas cuasiusufructuadas ("[...] *nach der Beendigung des Nießbrauchs hat er dem Besteller den Wert zu ersetzen*" ("[...] después de la extinción del usufructo, aquel debe reponer al constituyente el valor que las cosas tuvieron en el momento de la constitución"), y nada más. Se observará, pues, que la obligación no es restituir otro *tantundem* de las cosas; y por eso la norma emplea el verbo "ersetzen" ("sustituir"). Esta configuración alemana resulta un caso aislado en la legislación comparada.

  ii) Principalmente restitución del *tantundem* y subsidiariamente del valor. Tienen establecida la regla de que al término del cuasiusufructo se deba restituir otro tanto de cosas del mismo género y cualidad sin alternativa alguna los códigos de México, de Quebec y de Brasil, los cuales añaden que solo en el caso de no ser posible devolver el *tantundem*, entonces el cuasiusufructuario (o su heredero) queda obligado a responder con el valor de las cosas. El pago del valor de estas, es, pues, subsidiario, no alternativo.

Para la sustanciación de esta obligación subsidiaria, estos cuerpos legales siguen diferentes esquemas.

Según el artículo 994 CCMéx., no siendo posible la restitución del *tantundem*, se "*está obligado a pagar su valor, si se hubiesen dado estimadas. O su precio corriente al tiempo de cesar el usufructo, si no fueron estimadas*".

En el mismo caso, el artículo 1127 del *Code Civil* de Quebec declara: "[...]/ *S'il ne peut en rendre de semblables, il doit en payer la valeur en numéraire*"[46].

Para la misma hipótesis el artículo 1392 CCBras. dispone que "[...], *não sendo possível*" la restitución del *tantundem*, se deberá restituir "[...] *seu valor, estimado ao tempo da restituição*"[47].

iii) Alternativa de restitución del *tantundem* o del valor. Un grupo de códigos ofrece una elección libre entre la restitución bien del *tantundem*, bien del valor de las cosas. De acuerdo con las reglas generales, la elección entonces es del deudor, o sea, del cuasiusufructuario. Tal es el caso de los de Francia, Argentina y Chile.

El artículo 587 CCFr. expresa, en efecto, que al fin del usufructo se debe restituir "*soit des choses de même quantité et qualité soit leur valeur estimée à la date de la restitution*" ("[...] sea cosas de la misma cantidad y calidad, sea su valor estimado a la fecha de la restitución").

El artículo 764 CCCh. declara que el cuasiusufructuario "[...] *se hace meramente acreedor a la entrega de otras especies de igual cantidad y calidad, o del valor que estas tengan al tiempo de terminarse el usufructo*".

En fin, el artículo 2871 CCArg. de 1869 disponía que el cuasiusufructuario puede consumir las cosas, pero "[...] *con el cargo de restituir otro tanto de la misma especie o calidad, o el valor estimativo que se les haya dado en el inventario*".

---

46 CCQeb., artículo 1127: "[...]/ Si no se pueden devolver otros semejantes, se debe pagar el valor en numerario".

47 CCBras., artículo 1392: "[...]./ § 1° [...] el usufructuario tendrá el deber de restituir, al fin del usufructo, [...], o, no siendo posible, su valor estimado al tiempo de la restitución".

Se observará que estos códigos difieren en cuanto a qué momento debe tenerse en consideración para fijar el valor por restituir: Mientras el *Código* francés atiende a la "fecha de restitución", el chileno a la fecha en que el cuasiusufructo hubiera terminado; y obviamente ambos momentos son diferentes. Por su parte, el antiguo *Código* argentino dejaba librada a las partes la estimación del valor por restituir, siempre que él quedara establecido en el inventario.

iv) Diverso régimen según que las cosas hayan sido estimadas o no lo hayan sido. Los códigos de España, Italia y Portugal distinguen entre que las cosas consumibles sobre que recayó el cuasiusufructo hayan sido estimadas al constituirse aquel o que no lo hayan sido. Para el caso de terminarse el cuasiusufructo, primariamente establecen la obligación de devolver el valor estimado; solo si no hubiera habido estimación, dan la alternativa de restituir a elección (del cuasiusufructuario) el *tantundem* o el valor que las cosas tuvieren al momento de terminado el cuasiusufructo.

De esta forma, el artículo 482 CCEsp. expresa: "[...] *con la obligación de pagar el importe de su avalúo al terminar el usufructo, si se hubiesen dado estimadas. Cuando no se hubiesen estimado, tendrá el derecho de restituirlas en igual cantidad y calidad, o pagar su precio corriente al tiempo de cesar el usufructo*".

El artículo 995 CCIt. dice por su parte:

"[...] e ha l'obbligo di pagarne il valore al termino dell'usufrutto secondo la stima convenuta./ Mancando la stima, è in facoltà dell'usufruttuario di pagare le cose secondo il valore che hanno al tempo in cui finisce l'usufrutto o de restituirne altre in eguale qualità e quantita".

"[...] y tiene [el usufructuario] la obligación de pagar su valor al término del usufructo, según la estimación convenida./ Faltando tal estimación, está en la facultad del usufructuario pagar las cosas según el valor que tengan al tiempo en que termina el usufructo o de restituir otras de igual calidad y cantidad".

En fin, el artículo 1451 CCPort. expresa:

"1. [...] mas é obrigado a restituir o seu valor, findo usufruto, no caso de as coisas terem sido estimadas; se o não foram, a restituição será feita pela entrega de outras do mesmo género, qualidade ou quantidade, ou do valor destas na conjuntura em que findar o usufruto./ [...]".

"1. [...] pero está obligado a restituir su valor, al fin del usufructo, en el caso en que las cosas hayan sido estimadas; si no lo hubieran sido, la restitución será hecha por la entrega de otras del mismo género, calidad o cantidad, o de su valor en el momento de término del usufructo./ [...]".

v) Una solución aislada es la del *Código* de Holanda, a la que ya se hizo mención. Según el artículo 215 de su libro III, el cuasi-nudo propietario puede exigir la restitución de las cosas de que pudo disponer el cuasiusufructuario solo si este no puede probar haberlas consumido o que perecieron por caso fortuito.

VIII. LA POSIBILIDAD DE RESTITUIR EL VALOR

1. Como habrá podido comprobarse, casi todos los códigos modernos, pero en diferente oportunidad y circunstancias, conceden al cuasiusufructuario, una vez terminado el cuasiusufructo, la posibilidad de restituir otras cosas del mismo género que el de las recibidas y en su misma cantidad al cuasi-nudo propietario, o bien de pagarle el valor de tales cosas. En el caso chileno, la alternativa es directa e inmediata: Habiendo sido constituido un usufructo de fungibles el cuasi-nudo propietario se hace meramente acreedor "*a la entrega de otras especies de igual cantidad y calidad, o del valor que estas tengan al tiempo de terminarse el usufructo*". El *Código*, pues, no exige primariamente que se restituyan las cosas, o que se pague su valor, ni atiende a si las cosas hayan sido estimadas en el acto de constitución o no lo hayan sido; simplemente da la alternativa de restituir el *tantundem* o de pagar el valor que tenga al tiempo de terminarse el usufructo. La figura, pues, ofrece un ejemplo de obligación alternativa, cuya fuente, empero, es legal –y está precisamente en los artículos 789 y 764 CC., en el caso de Chile– y no contractual. De ello se sigue que le son aplicables todas las normas del título 6°: *De las obligaciones alternativas*, del libro IV CC.; y particularmente el artículo 1500 inciso 2° CC.: "*La elección es del deudor, a menos que se haya pactado lo contrario*"; así que la elección de restituir las cosas o de pagar su valor pertenece al cuasiusufructuario. No es necesario que este promueva ningún juicio o gestión judicial al respecto; y es suficiente que ofrezca el pago de la cantidad que él estima valen las cosas al tiempo en que terminó el usufructo al cuasi-nudo propietario en la forma legal o que pague por consignación si aquel se rehusó a recibir lo ofrecido.

2. Históricamente esta alternativa deriva de un texto de Gayo extraído de su comentario *ad edictum provinciale* y conservado en Dig. 7,5,7 (Gai., 7 *ed. prov.*), que reza así:

"Si vini olei frumenti usus fructus legatus erit, proprietas ad legatarium transferri debet et ab eo cautio desideranda est, ut, quandoque is mortuus aut capite deminutus sit, eiusdem qualitatis res restituatur, [aut aestimatis rebus certae pecuniae nomine cavendum est, quid et commodius est]. Idem scilicet de ceteris quoque rebus, quae usu continentur, intellegimus".	"Si se hubiese legado el usufructo de vino, aceite o trigo, debe transferirse la propiedad al legatario, y ha de exigírsele caución de que cuando haya muerto o sufrido *capitisdeminutio* será restituida una cosa de la misma cualidad; [o, habiendo sido estimadas las cosas, se ha de dar caución por razón de la cantidad cierta de dinero; lo cual es más cómodo]. Lo mismo entenderemos, por supuesto, también de las demás cosas que se contienen en el uso".

En su primera parte ("*Si vini - res restituatur*"), el texto expresa que cuando se haya legado cosas como vino, trigo o aceite, cumple ejecutar dos operaciones: *i*) transferir esas cosas al legatario –a lo cual nos referiremos después–; y *ii*) exigirle una caución, o promesa con fiadores, en orden a que se haya de restituir otras cosas de la misma calidad cuando muera o si sufre *capitis deminutio*[48]. La segunda parte del texto, que en la transcripción ha sido puesta entre corchetes ("*aut aestimatis - commodius est*"), contiene, como alternativa a lo anterior, la posibilidad de que, en vez de prometer la cantidad de cosas, se prometa su estimación dineraria, de modo que lo caucionado sea el pago de la cantidad cierta de dinero prometido, se entiende que para ser restituida en sustitución de las cosas, con el comentario de que esta alternativa es más ventajosa ("*commodius est*"). La última parte ("*idem - intellegimus*") generaliza lo dicho para el vino, el grano o el aceite a las demás cosas "*quae usu continentur*", forma de decir esta alusiva de las cosas que al ser usadas naturalmente se consumen.

El texto que ocupa el segundo lugar tiene todo el aspecto de ser una interpolación. Desde luego, la idea que contiene no aparece en ningún otro pasaje, lo cual ya es sospechoso. Por lo demás, el inciso habla de "cosas" en plural ("*aestimatis rebus*"), mientras que se venía hablando de "la cosa" en singular ("*res restituatur*"). En fin, más apropiadamente redactado hubiera quedado el texto en examen si dijera: "[...] *eiusdem qualitatis res aut aestimata certae pecuniae nomine*

48 En el Derecho romano, la *capitis deminutio* o pasaje del estado de libertad al de esclavitud equivalía a la muerte, por lo cual el afectado perdía todas sus titularidades jurídicas. Con respecto a nuestro tema, se extinguía el cuasiusufructo de que gozaba.

restituatur" ("[...] sea restituida una cosa de la misma cualidad o, estimada, una cantidad cierta de dinero"): La verdadera alternativa es restituir otra cosa pero del mismo género y cantidad o una suma cierta de dinero; no restituir otra cosa del mismo género y cantidad o caucionar una cantidad cierta de dinero, como dice actualmente el pasaje.

Sin embargo, esta discusión romanística no toca más que indirectamente nuestro tema. La alternativa de restituir un valor cierto estimado fue un aporte de Gayo (ya que nadie más que él lo ofrece), o de un postclásico que intervino el texto de Gayo que originalmente no contenía el punto. Los juristas medievales y modernos tuvieron el pasaje a la vista tal cual se nos presenta a nosotros, y al menos a los primeros no interesaba en absoluto la discusión sobre su autenticidad. Fuera como haya sido, la alternativa de restituir el valor estimado de las cosas tiene su origen en Dig. 7,5,7.

IX. NATURALEZA JURÍDICA DEL CUASIUSUFRUCTO

Un punto interesante del cuasiusufructo consiste en determinar su naturaleza jurídica. Al respecto se puede adoptar dos posturas:

a) La primera consiste en sostener que el cuasiusufructo es una especie del usufructo; ella, como vimos es la postura formal adoptada por el *Código Civil* en su artículo 764: "*El derecho de usufructo es un derecho real que consiste en la facultad de gozar de una cosa con cargo de conservar su forma y substancia, y de restituirla a su dueño, si la cosa no es fungible; o con cargo de volver igual cantidad y calidad del mismo género, o de pagar su valor, si la cosa es fungible*"; y también en su artículo 789: "*Si el usufructo se constituye sobre cosas fungibles, el usufructuario se hace dueño de ellas, y el propietario se hace meramente acreedor a la entrega de otras especies de igual cantidad y calidad, o del valor que estas tengan al tiempo de terminarse el usufructo*". Por lo demás, casi todas las legislaciones examinadas en el capítulo VII adoptan idéntica actitud, cuando hablan de "usufructo" o de "usufructuario" con respecto a una figura que recae sobre consumibles. Así el artículo 587 CCFr.: "*Si l'usufruit comprend*"); el artículo 2871 CCArg. de 1869 ("*El usufructuario de cosas que se consumen*"); el artículo 482 CCEsp. ("*Si el usufructo comprendiera*"); el § 1067 BGB. ("*Sind verbrauchbare Sachen Gegenstand des Nießbrauchs*"[49]);

49 BGB., § 1067: "Si el objeto de un usufructo está constituido por cosas consumibles [...]".

el artículo 994 CCMéx. ("*Si el usufructo comprende cosas*"); el artículo 995 CCIt. ("*Se l'usufrutto comprende*"); el artículo 1451 CCPort. ("*Quando o usufruto tiver per objecto*"); el artículo 1018 CCPer. ("*El usufructo de dinero*"); el artículo 1127 CCQuebec ("*L'usufruitier peut disposer*"); el artículo 215 del lib. III CCHol. ("*Right to dispose of and to consume the property subject to usufruct*"[50]); el artículo 1392 CCBras.:

"§ 1° Se, entre os acessórios e os acrescidos, houver coisas consumíveis, terá o usufrutuário dever de restituir, findo o usufruto, as que ainda houver e, das outras, o equivalente em gênero, qualidade e quantidade, ou, não sendo possível, o seu valor, estimado ao tempo da restituição".

"§ 1° Si entre los accesorios y los acrecimientos hubiera cosas consumibles, terminado el usufructo, el usufructuario tendrá el deber de restituir las que subsistieren aún, y de las otras, el equivalente en género, cualidad y cantidad o, no siendo ello posible, su valor estimado al tiempo de la restitución".

Tan solo el § 510 CCAustr. parece pensar en que el cuasiusufructo no es usufructo: "*Verbrauchbare Sachen sind an sich selbst kein Gegenstand des Gebrauches oder der Fruchtnießung, sondern nur ihr Werth* [...]" ("En sí mismas, sino solo su valor, las cosas consumibles no son objeto de uso o usufructo. [...]"); lo cual es una apariencia, porque hacer posible un usufructo sobre el valor de cierta cosa es una manera de permitirlo sobre fungibles (dinero, en que se expresa el valor).

El testimonio de los textos legales, empero, no es decisivo. El legislador pudo legítimamente renunciar a emplear las expresiones catacréticas de "cuasiusufructo" y "usufructo irregular" y optar por emplear otras del mismo género, como son "usufructo" y "usufructuario" de consumibles, debido a que favorecen la operación codificadora a que nos referimos en el capítulo V,1, cuya eficacia económica de lenguaje jurídico es ostensible. Por lo demás, en la regulación misma de este aparente usufructo, la ley acepta la verdadera naturaleza de la figura, de donde que hayamos hablado de tratarse nada más que de una "postura formal" del *Código*.

50 CCHol., lib. III, artículo 215: "Derecho de disponer y consumir la propiedad sujeta a usufructo".

Sin embargo, alguna doctrina ha tratado de dar veste dogmática a la insinuación de las leyes, y ha sustentado que el usufructo de fungibles es un verdadero usufructo, con una argumentación verbalista que no convence y que amenaza diluir los confines dogmáticos de las figuras del derecho[51].

b) La segunda postura sostiene que el cuasiusufructo da lugar a una transferencia de la propiedad de las cosas del cuasi-nudo propietario al cuasiusufructuario y a un crédito del primero contra el segundo para la restitución del *tantundem* o de su valor. Esta es la visión romana, materialmente aceptada por el *Código* chileno y generalmente adoptada por su doctrina[52]. Nosotros también aceptamos los puntos básicos de esta doctrina, por ser más acorde con la naturaleza de las cosas y porque más se adapta al tipo de efectos que genera el cuasiusufructo.

c) Pero nosotros completamos esta doctrina con un añadido de importancia: El cuasiusufructo es una figura crediticia que, sin embargo, se rige por algunas reglas propias del usufructo; y esto último es lo que explica que la figura no sea tratada en el título de las obligaciones, y concretamente en el del mutuo, sino precisamente en el del usufructo[53].

---

51 Para España, v. Jordano Barea, Juan, *El cuasi-usufructo como derecho de goce sobre cosa ajena*, en *Anuario de Derecho Civil*, 1/3, 1948, 980-1023; para Francia: Zénati, Frédéric, *La nature juridique du quasi-usufruit (ou la métempsycose de la valeur)*, en *Études offertes à Pierre Catala. Le droit prive Français a la fin du xx siècle*, Paris, Litec, 2001, 605-639. Estas explicaciones se acercan mucho a lo que pretende el § 510 CCAustr.: "*Verbrauchbare Sachen sind an sich selbst kein Gegenstand des Gebrauches oder der Fruchtnießung, sondern nur ihr Werth*" ("En sí mismas, sino solo su valor, las cosas consumibles no son objeto de uso o usufructo"), de modo que el cuasiusufructo, a partir del momento en que las cosas sobre que recae van consumidas o enajenadas, se convierte en usufructo del valor. Pero esto es puro verbalismo; el valor ciertamente tiene parte en este asunto, pero como objeto de una obligación, no de un derecho real.

52 Fue el parecer de Claro Solar, Luis, *Explicaciones de derecho civil chileno y comparado*, VIII: *De los bienes*, 3, 1933, reimpresión, Santiago, Editorial Jurídica de Chile, 1992, V, números 1.089-1.091, 256-258. Para el presente, por todos: Peñailillo Arévalo, Daniel, *Los bienes. La propiedad y otros derechos reales*, Santiago, Editorial Jurídica de Chile, 2006, números 232-233, 457-458.

53 La explicación, pues, no radica en que el cuasiusufructo sea un verdadero usufructo. Por lo demás, esta tradición sistemática viene de los juristas romanos, para los cuales no cabía ni siquiera pensar en que el cuasiusufructo fuera un auténtico usufructo.

Las reglas del usufructo que se aplican al cuasiusufructo, y que al mismo tiempo diferencian a este del mutuo[54], son las siguientes:

1° El cuasiusufructo se extingue por la muerte del cuasiusufructuario, así que su heredero no es cuasiusufructuario y la muerte de aquel inmediatamente lo pone en el evento de tener que restituir –al menos en el caso de Chile– el *tantundem* o el valor. El mutuo, en cambio, no se extingue por la muerte del mutuario, cuyo heredero sucede en tal calidad y hereda la obligación, que ha de pagar cuando venza el plazo concedido en su momento al fallecido.

2° El cuasiusufructo se puede disponer por legado, lo que es al menos inusual en el mutuo[55].

3° En el cuasiusufructo no se devengan intereses que deba pagar el cuasiusufructuario al cuasi-nudo propietario o a sus herederos, como sí pueden devengarse en el mutuo a cargo del mutuario y a favor del mutuante. Más en general, el cuasiusufructo no constituye operación de crédito de dinero regida por la Ley N° 18.010. La razón es que, en el derecho chileno, los intereses son frutos civiles del capital[56]. Pero está en la naturaleza del usufructo que los frutos civiles (en realidad todos los frutos, pero ahora nos interesan los nombrados) pertenezcan

---

54 Alguna doctrina ve esta diferencia de fondo entre el mutuo y el cuasiusufructo: en que mientras la facultad de disposición de los fungibles es plena e ilimitada en el mutuo, en el cuasiusufructo sufre esta limitación: el cuasiusufructuario debe tener siempre disponible en su patrimonio el equivalente por restituir, ante la posibilidad de que el derecho se extinga en cualquier momento (por su muerte); así SIMONE, M. de, *Neg. irreg.*, 92. Pero no es así. Basta considerar que el cuasiusufructuario puede escoger libremente restituir el valor del *tantundem* para que pueda despreocuparse de tener su equivalente siempre disponible en función de ser restituido en cualquier momento. En realidad, las facultades de disposición de ambos sobre los fungibles son las mismas y tan ilimitadas como se quiera.

55 Decimos "inusual" y no "imposible", porque un testador podría disponer así: "Ordeno a mi heredero Ticio que dé en préstamo mutuo la cantidad de 1.000 a Cayo (en tales y cuales condiciones de plazo, intereses y garantías, etcétera)". Un legado así, cuya validez no sabríamos cómo objetar, impone al heredero la obligación de hacer la tradición *pro creditore* de 1.000 al legatario entre vivos, y daría lugar, por ende, a un mutuo. Pero es digno de observarse que este no queda constituido por causa de muerte por el legado, sino entre vivos, por la tradición del gravado al favorecido.

56 Artículo 647 inciso 1° CC.: "*Se llaman frutos civiles* [...] *los intereses de capitales exigibles o impuestos a fondo* perdido". Amplia información en JIMÉNEZ MUÑOZ, Francisco Javier, *Sobre la naturaleza de los intereses*, en *Revista de Derecho Bancario y Bursátil*, 113, año 28, enero-marzo de 2009, 171-202. V. también: FERNÁNDEZ CRUZ, Gastón, *La naturaleza jurídica de los intereses: Punto de conexión entre derecho y economía*, en *Revista de Derecho de la Pontificia Universidad Católica del Perú*, 45, 1991, 177-213.

al usufructuario[57]; y, por consiguiente, fuere contrario a aquella que se los atribuyeren al nudo propietario. Ahora bien, si en un cuasiusufructo se entendiere o estableciere por el testador o por sus partes entre vivos que el cuasiusufructuario deberá pagar intereses al cuasi-nudo propietario, con ello se incurriría en la contradicción anotada, que impediría reconocer la calidad de cuasiusufructo a la figura y obligaría a reputarla como mutuo verdadero, regido por las reglas de este y no por las del usufructo.

Esto no significa que la adquisición del cuasiusufructo deba ser necesariamente gratuita. Así como la de un verdadero usufructo puede ser, en efecto, onerosa o gratuita, así también puede ser de una u otra calidad la de un cuasiusufructo[58].

4° En el cuasiusufructo procede, por exigencia legal, el otorgamiento de caución por el cuasiusufructuario al cuasi-nudo propietario, salvo que se le dispense (artículos 775-777 CC.); en el mutuo puede haber caución, pero su exigencia deriva, normalmente, de la convención de las partes.

5° En el cuasiusufructo menester es confeccionar inventario solemne de las cosas objeto del derecho, salvo remisión de tal carga por el constituyente (artículos 775-776 y 778 CC.); la cual carga no existe en el mutuo.

6° Si son dos o más los cuasiusufructuarios, hay derecho de acrecer entre ellos y el derecho permanece hasta que expire el del último, salvo disposición contraria del constituyente (artículo 780 CC.); mientras que en la pluralidad de mutuarios no hay tal acrecimiento.

7° En el cuasiusufructo se genera una obligación alternativa legal de restituir el *tantundem* de lo recibido o su valor (artículos 764 y 789 CC. y v., más arriba, el capítulo VIII, 1 de este parágrafo); y tal alternatividad no existe en el mutuo.

8° En concordancia con que el usufructo pueda ser constituido por la ley (artículo 766 N° 1 CC.), hay cuasiusufructos legales, como el llamado

---

57 Artículo 790 CC.: "*Los frutos civiles pertenecen al usufructuario día por día*".

58 Alguien, por ejemplo, puede pedir cierto precio en dinero a cambio de la constitución de un usufructo sobre tal fundo, y el justo título de esa constitución sería la compraventa; si lo constituye gratuitamente, ahora el título es la donación. Del mismo modo, se puede cobrar algún precio (por ejemplo, la prestación de un servicio) por la constitución de un cuasiusufructo, que entonces será onerosa, o bien constituirlo gratuitamente. Lo que decimos es que la onerosidad no puede consistir en el cobro de intereses al cuasiusufructuario.

derecho legal de goce de los padres sobre los fungibles de sus hijos (artículo 252 CC. y v., más arriba, el capítulo VI de este parágrafo); y no conocemos casos de mutuos legales.

Estas son las principales reglas del usufructo que se aplican a la figura crediticia y no usufructuaria del cuasiusufructo. Como se ve, son todas compatibles con dicho carácter. Ahora bien, esta aplicabilidad justifica que sistemáticamente la figura permanezca bajo la dependencia del usufructo.

d) Atendida la regla establecida por el artículo 789 CC., en orden a que, al término del cuasiusufructo, el cuasiusufructuario debe entregar al cuasinudo propietario otras especies de igual cantidad y calidad o el valor que ellas tengan al tiempo de acabarse el usufructo, se podría tal vez sostener que, en la segunda hipótesis de devolución, esta figura equivale a una compraventa, en que lo vendido son los fungibles entregados al comienzo y el precio, su valor pagado al final. Esta construcción recibe algunas objeciones. En primer lugar, ella contradice la ley, que no habla en absoluto de compraventa, sino de usufructo; y también contradice la historia del dogma, según la cual jamás se ha pensado en haber alguna suerte de compraventa operante en la figura. En seguida, un testador que lega el (cuasi) usufructo de fungibles o las partes que lo constituyen entre vivos tiene voluntad dirigida a establecer precisamente un (cuasi)usufructo y no una compraventa. Por cierto, dos partes, por ejemplo, podrían convenir en tener por vendida y comprada cierta cosa (por lo demás no necesariamente fungible) cuyo precio haya de pagarse al morir el comprador, con facultad de devolver la misma cosa si es infungible o el *tantundem* si es fungible, y tener por resuelta entonces la compraventa. Eso se puede hacer y nada de ilícito o irregular tiene; y será verdadera compraventa, que se rige por las reglas de esta. Pero se trata de una operación completamente diferente a la constitución de un cuasiusufructo. Por otro lado, como la posibilidad de pagar el valor es algo que solo se actualiza al término de la relación, cuando el cuasiusufructuario, llegada la extinción del derecho, decida devolver precisamente el valor, durante la vigencia de la relación nunca se podría decir que ella consista en una compraventa, porque entonces no se sabe qué habrá de ser restituido. En fin, sin más compraventa no habrá habido si el cuasiusufructuario decide restituir las cosas.

Por todas estas razones, desechamos la posibilidad de interpretar el cuasiusufructo como compraventa en los términos expresados al principiar este punto.

X. CONSTITUCIÓN DEL CUASIUSUFRUCTO

1. Es claro que merced a un legado se puede disponer la constitución de un cuasiusufructo (artículo 766 N° 2 CC., en donde "*por testamento*" significa "por legado")[59]; pero el legado mismo no lo puede constituir directamente, porque, recayendo sobre cantidades de fungibles, aquel es incapaz de dar por sí mismo la propiedad de estas al legatario; y se hace menester la intervención de un modo de adquirir, que en el caso no puede ser otro que la tradición de los fungibles ejecutada por todos los herederos, o por uno de ellos o por un legatario especialmente gravado con el cumplimiento del legado, según lo haya dispuesto el testador (artículo 1360 CC.). Por consiguiente, la asignación únicamente convierte a tales asignatarios en deudores de la cantidad de fungibles legada en cuasiusufructo y al legatario en su acreedor[60]. Solo una vez que opere la tradición del encargado de cumplir el legado en favor del legatario, el cuasiusufructo queda constituido, porque solo entonces se convierte en dueño de los fungibles el legatario y en acreedor el cuasi-nudo propietario, que pueden ser todos los herederos, o algunos de ellos o un legatario. Se observará, pues, que la constitución del cuasiusufructo legado adviene entre vivos, porque es entre vivos que tiene lugar la tradición que lo ejecuta. Se tendrá en cuenta, además, que el justo título traslaticio del dominio de las cantidades es *pro soluto*[61], porque el encargado de cumplir el legado lo que hace es precisamente pagar aquellas[62]; pero quedan acreditadas en el cuasiusufructuario, porque junto con adquirirlas, empieza a deberlas.

Este régimen que se deduce con toda naturalidad de las estructuras involucradas y de las reglas generales, proviene, por lo demás, del derecho romano, del cual tenemos textos que afirman la necesidad de una tradición[63].

---

59 Sería el caso en que un testador dispusiere, por ejemplo, así: "Lego el usufructo de $1.000.000 a Ticio y ordeno que esta disposición sea cumplida por mi heredero Cayo".

60 En el ejemplo ofrecido en la nota anterior, mientras el legatario del usufructo de $1.000.000 no reciba ese dinero de parte del heredero Cayo, es un mero acreedor de esa suma y dicho heredero, su deudor.

61 Sobre esta materia, v. Guzmán Brito, Alejandro, *El justo título traslaticio del dominio de la tradición en el pago y en las operaciones crediticias*, en Corral Talciani, Hernán - Rodríguez Pinto, María Sara (coordinadores), *Estudios de Derecho Civil*, II: *Jornadas Nacionales de Derecho Civil*, Santiago de Chile, LexisNexis, 2007, 695-719.

62 Alguien podría decir que la obligación es de hacer; pero claramente es de dar, consistente en la tradición.

63 Dig. 7,5,7 (Gai., 7 *ed. prov.*): "Si se hubiese legado el usufructo de vino, aceite o trigo debe transferirse la propiedad al legatario, y ha de exigírsele caución de que cuando haya muerto o sufrido capitisdiminución será restituida una cosa de la misma cualidad; [o, habiendo

2. Entre vivos sin previo legado, el cuasiusufructo puede ser acordado merced a una "convención cuasiusufructuaria" (onerosa o gratuita[64]), de carácter meramente consensual, que sirve de justo título traslaticio del dominio de la posterior tradición de las cantidades, que también debe operar entre las partes. La naturaleza de esa convención es crediticia, porque deja obligado al cuasiusufructuario a restituir.

XI. TRES REGLAS DEL RÉGIMEN QUE GOBIERNA EL CUASIUSUFRUCTO

Conviene examinar algunos efectos especiales a que puede verse sometido el cuasiusufructo.

1. En el usufructo regular, puede acaecer que caigan en régimen de reorganización (antigua quiebra) el nudo propietario o el usufructuario. En el primer caso, el fenómeno afecta a la nuda propiedad, que ingresa en el activo del concurso, puede ser enajenada en la correspondiente licitación (artículo 773 CC.) y el precio que se obtenga por ella contribuye al pago de los acreedores del nudo propietario fallido. En el segundo caso el fenómeno afecta al usufructo como cosa incorporal, que también ingresa en el activo del concurso, puede ser enajenado (artículo 793 CC.) y contribuye al pago de los acreedores (artículo 803 CC.). Esa reorganización, por cierto, no afecta a la cosa objeto del usufructo, pues no pertenece al usufructuario, así que el nudo propietario conserva todos sus derechos sobre ella (artículo 2466 CC.).

---

sido estimadas las cosas, se ha de dar caución por razón de la cantidad cierta de dinero; lo cual es más cómodo]. Lo mismo entenderemos, por supuesto, también de las demás cosas que se contienen en el uso". La única manera de transferir la propiedad de cosas como vino, aceite o trigo era merced a una tradición de las mismas (teóricamente, también por medio de una *in iure cessio*, lo que no hace cambiar nuestras conclusiones). Del anterior texto depende el siguiente elaborado en época postclásica, pero, por lo mismo, sustancialmente adherente al derecho clásico y en todo caso, por lo demás, válido para el postclásico: Tit. Ulp. 24,27: "*Senatus consulto cautum est, ut etiamsi earum rerum, quae in abusu continentur, ut puta vini, olei, tritici, ususfructus legatus sit, legatario res tradantur, cautionibus interpositis de restituendis eis, cum ususfructus ad legatarium pertinere desierit*" ("Por un senadoconsulto, sin embargo, se previó que si se legara el usufructo de aquellas cosas que se consumen por el uso, como vino, aceite, trigo, se haga la tradición de las cosas al legatario con interposición de cauciones de restituirlas cuando el usufructo deje de pertenecer al legatario").

64 V. la nota 58.

Se trata ahora de ver si este esquema es aplicable al cuasiusufructo. La respuesta es negativa.

Producida la reorganización del cuasi-nudo propietario, ella no afecta a los fungibles objetos del derecho, porque no le pertenecen, y sobre ellos solo tiene un crédito (artículo 789 CC.); pero este último, como cosa incorporal que es, sí que se ve afectado por la reorganización, empieza a ser parte de la masa activa de bienes del afectado por el procedimiento[65] y puede ser subastado (artículos 109 y 120 Ley N° 20.720), de guisa que el precio obtenido sirve para pagar a los acreedores del fallido.

Si quien cae en reorganización es el cuasiusufructuario, los fungibles objeto del cuasiusufructo que existan en su poder se ven afectados por el procedimiento, porque son suyos y el cuasi-nudo propietario, que no es su dueño, nada puede reclamar en virtud del artículo 2466 CC. Así que esos bienes integran la masa concursal, pueden ser subastados y su precio contribuye al pago de las deudas del reorganizado. Claro que el cuasi-nudo propietario puede verificar su crédito nacido del cuasiusufructo en la reorganización y participar en el pago como cualquier otro acreedor no preferido.

La consideración de que en caso de reorganización del cuasiusufructuario el cuasi-nudo propietario no pueda separar los fungibles objetos del cuasiusufructo que aún estén en poder del reorganizado –lo que es considerado como algo injusto– ha sido el motivo que incitó a algunos autores[66] a trastornar la dogmática tradicional del cuasiusufructo y a sustituir el efecto puramente obligacional de esa figura, por un verdadero usufructo de efecto real, de modo que, en el caso bajo examen, el "nudo propietario" pueda separar los fungibles en poder del "usufructuario" y salvarlos de su ingreso en la masa activa del reorganizado. Por nuestra parte, nada de injusto vemos en la situación descrita bajo los cánones tradicionales y por ello no sentimos la necesidad de pervertir la dogmática que siempre ha regido al cuasiusufructo.

2. Puede proponerse el caso de que los fungibles objetos del cuasiusufructo perezcan por caso fortuito o fuerza mayor acaecido después de haber ingresado aquellos en el poder del cuasiusufructuario. Puesto que este último es su dueño y no pertenecen al cuasi-nudo propietario, es visible que esa pérdida la debe soportar él mismo (artículo 1510 CC.), lo cual significa que, una vez finalizado

65 Si es el caso, el síndico puede cobrarlo (artículo 27 N° 10 Ley N° 20.720).

66 V. Jordano Barea, J., *El cuasi-usufructo* (n. 51), 1.020-1.023.

el derecho, igual deba restituir el *tantundem* o su valor al cuasi-nudo propietario en calidad de acreedor[67]. En otras palabras, el cuasiusufructo no se extingue por la destrucción completa de la cosa sobre que recae. Cuando, en cambio, de un verdadero usufructo se trata, la destrucción fortuita del infungible sobre el que recaía aquel lo extingue (artículo 807 inciso 1° CC.), esa pérdida la soporta el nudo propietario y el usufructuario nada tiene que indemnizarle.

No podemos dejar de advertir, con todo, que el problema en examen es teórico: Si de fungibles se trata, hay escasas posibilidades de que, producido un siniestro que afecte a unas especies del mismo género y calidad, se pueda de seguro sostener que las afectadas fueron precisamente aquellas que estaban en cuasiusufructo. Esto llega al máximo en el caso del dinero; pero igual se da con respecto a otras cosas que no lo sean.

3. En un usufructo normal, el nudo propietario tiene la acción reivindicatoria contra el actual poseedor del infungible en usufructo, si salió de las manos del usufructuario y también contra el usufructuario cuando se niega a restituírselo una vez acabado el derecho. ¿Puede el cuasi-nudo propietario ejercer la acción reivindicatoria en los mismos casos? La respuesta es evidente, a la luz de todo cuanto se ha sostenido precedentemente: El cuasi-nudo propietario no es dueño de los fungibles; y por ende no puede ejercer una acción que, por definición, se funda en el derecho de dominio. Hay otra razón que la impide: Aquella acción es totalmente inepta para exigir la devolución de cosas fungibles. Del cuasiusufructo emana solo una acción personal para exigir el *tantundem* o su valor al cuasiusufructuario o a su heredero; y por supuesto esta acción no es dirigible contra terceros bajo el pretexto de poseer ellos los fungibles, porque tal sería dar carácter real a la acción o pretender que los deben.

XII. MOTIVOS PARA CONSTITUIR CUASIUSUFRUCTOS

¿Se justifica la existencia legal del cuasiusufructo o se trata de una reliquia histórica que más valdría desterrar de la legislación? Verdad es que existen situaciones que hacen ventajoso recurrir a la figura, que no al mutuo. Por ejemplo, para aportar a

---

67 De otra opinión, nuevamente, JORDANO BAREA, J., *El cuasi-usufructo* (n. 51), 1.018-1.020, en atención a su idea de que el dueño de los objetos es el cuasi-nudo propietario, de modo que, perecidos por acaso, él soporta la pérdida y el cuasiusufructuario nada tiene que restituirle.

una sociedad de personas valores o cosas en cuasiusufructo[68], como de hecho está previsto por el artículo 2084 incisos 3° y 4° CC: "[inciso 3°] *Si este* [sc. el aporte] *consiste en cosas fungibles, en cosas que se deterioran por el uso, en cosas tasadas, o cuyo precio se ha fijado de común acuerdo, en materiales de fábrica o artículos de venta pertenecientes al negocio o giro de la sociedad, pertenecerá la propiedad a esta con la obligación de restituir al socio su valor./* [Inciso 4°] *Este valor será el que tuvieron las mismas cosas al tiempo del aporte; pero de las cosas que se hayan aportado apreciadas, se deberá la apreciación*". Estas reglas modifican un tanto las de cuasiusufructo, porque no comparece la alternativa de devolver el *tantundem* al socio aportante. El cual tiene derecho solo al valor que lo aportado haya tenido al tiempo del aporte; o a la apreciación o estimación, si hubo cosas aportadas bajo apreciación o estimación. No se ve objeción, empero, a que las partes convengan en que se pueda (o deba) restituir el *tantundem* al socio aportante. Ciertamente, algo parecido es posible lograr recurriendo al mutuo; con esta desventaja sin embargo: El mutuario no es socio de la compañía a la que prestó su dinero u otros fungibles.

El cuasiusufructo permite repartir las ventajas de una cosa de un modo que el mutuo no lo consigue. Las variantes, como es natural, pueden ser muchas; pero en esquema se trata de lo siguiente: Un testador, la mayor parte de cuya fortuna se compone de valores (que suelen ser fungibles), puede legar su cuasi-nuda propiedad a uno y su cuasiusufructo a otro, por un cierto tiempo, de modo de permitir que el cuasiusufructuario aproveche los dividendos (que no se restituyen) y enajene los valores, mientras que el nudo propietario conseguirá al cabo del tiempo prefijado, esos mismos valores en dominio pleno o su importe.

Todavía el cuasiusufructo permite cumplir de modo más completo la función alimenticia que quiera atribuirse al usufructo, si es que en el interior del conjunto de infungibles sobre los cuales se constituye aquel derecho hay fungibles entremezclados, como acaece cuando se quiera asignar la casa "a puertas cerradas" a la viuda o al viudo.

Sea como fuere, el cuasiusufructo puede cumplir funciones muy eficaces para la acertada gestión de un patrimonio que esté integrado también por fungibles; y los abogados y administradores no deberían pasar por alto su existencia.

68 Cuando el artículo 2082 CC. permite aportes en usufructo al fondo social, incluye, por cierto, al de fungibles.

§ 4. EL DEPÓSITO IRREGULAR*

Se denomina "depósito irregular" al contrato de depósito que sus partes, sin error[1] ni simulación y con deliberación, hacen recaer sobre fungibles, sean o no consumibles. La irregularidad estriba en que el depósito debe tener por objeto a cosas infungibles e inconsumibles (y entonces se le da el nombre contrario de "regular"); en el entendido de que depositar un cofre, arca, caja o cualquier otro recipiente[2] en donde se contengan fungibles, pero de tal modo encerrados ahí con llave o de otra manera, que no puedan ser extraídos sin fracturar el recipiente, es sin más un depósito del todo regular, porque en tal caso el continente –que es lo depositado– infungibiliza al contenido.

I. EL DEPÓSITO REGULAR EN EL CÓDIGO CIVIL

El depósito regular, que el *Código* identifica con el que denomina "propiamente dicho" en el artículo introductorio 2214 y en la rúbrica del § 1 del título 32° de su libro IV, es, pues, aquel que tiene infungibles e inconsumibles por objeto.

1 Con todo, esta exigencia de infungibilidad e inconsumibilidad no ha sido formulada de manera directa por la ley; pero sí indirectamente, pues los artículos 2211 y 2215 CC. expresan que la cosa corporal depositada ha de ser restituida "en especie" por el depositario al depositante. Ahora bien, eso que mandan tales

* Este parágrafo se funda principalmente en mi artículo titulado *El depósito irregular en el derecho chileno*, que se publicó en la *Revista Chilena de Derecho Privado "Fernando Fueyo Laneri"*, 23, diciembre de 2014, 87-137.

1 Si hay error, la operación ingresa en el campo de los vicios del consentimiento y, por ende, de la nulidad.

2 Si tiene cerradura, basta que se la haya accionado para evitar la apertura y la llave la tenga el depositante, que es un caso ejemplar ofrecido por el propio artículo 2221 CC.

disposiciones solo puede ser cumplido si la cosa depositada ya era una especie (o cuerpo cierto) ella misma; y si es así, no pudo tratarse de fungible[3]. Por lo demás, el artículo 2228 CC. ordena: "*El depositario es obligado a la restitución de la misma cosa o cosas individuales que se le han confiado en depósito* [...]". La expresión "cosa o cosas individuales" está por "especie o especies" en la norma.

El artículo 2228 continua así: "*aunque consistan en dinero o cosas fungibles; salvo el caso del artículo 2221*". Según esto, no bien las cosas depositadas hayan consistido en dinero o cosas fungibles, aun así el depositario debe restituir el "mismo" dinero o los "mismos" fungibles que recibió en guarda. Pero la referencia al artículo 2221 permite comprender el verdadero alcance de la aparente excepción contenida en el artículo 2228: se trata de dinero o fungibles colocados en arca cerrada cuya llave tiene el depositante o con otras precauciones que hagan imposible tomarlos sin fractura. En tal caso, viene a decir el último artículo citado, el depositario debe restituir el recipiente intacto que encierra el dinero o los fungibles –porque el artículo 2223 CC. dispone que la obligación de guardar la cosa depositada comprende la de respetar los sellos y cerraduras del bulto que la contiene–, salvo que se haya configurado precisamente un depósito irregular por no haber envase cerrado.

2. Dogmática, ya no legislativamente, la exigencia de infungibilidad e inconsumibilidad en la cosa depositada en realidad deriva de la configuración del depósito como contrato no traslaticio de dominio y de mera tenencia sin aprovechamiento de uso, disfrute ni disposición.

Que el depósito sea un contrato no traslaticio de dominio, sino de mera tenencia se deduce del artículo 714 CC., que aunque no menciona al depositario, sí menciona al secuestre como mero tenedor. Ahora bien, dado que el secuestre es un depositario más vigoroso que el depositario propiamente tal, se sigue que este último *a fortiori* es también un mero tenedor.

En lo que respecta al uso, el artículo 2220 inciso 1° CC. establece que, por el mero depósito, no se confiere al depositante la facultad de usar la cosa depositada.

---

3 Cierto es que las nociones de cosa fungible y no fungible no son las mismas que las de cosas genéricas y específicas; como, empero, sí es cierto que las cosas fungibles se designan genéricamente y específicamente las infungibles, en la práctica resultan coincidentes. Es por tal razón que, en el lenguaje del código, el término "especie" (o cuerpo cierto) mienta una cosa infungible (desde luego designada específicamente).

En lo concerniente al disfrute, el artículo 2229 CC. ordena que la cosa depositada deba restituirse con sus frutos, los cuales, por ende, o no pertenecen al depositario o los debe, y es por ello que debe restituirlos[4].

Y en lo tocante a la disposición, sea material, sea jurídica, un acto deliberado de dicha significación necesariamente sería doloso o culpable de culpa lata o grave, que equivale al dolo (artículo 44 inciso 2° CC.), lo cual tornaría en responsable al depositario (artículo 2222 inciso 2° CC.); y esto es índice de que, merced al contrato, tal acto no le compete[5].

3. En un concreto depósito, empero, el depositante puede conferir permiso de usar la cosa al depositario. Es una posibilidad tratada por el artículo 2220 inciso 1° CC., que no aclara si en tal caso el contrato se convierte en comodato, cuando lo depositado son especies no fungibles, o si persevera en su naturaleza de depósito, modificado empero con la facultad de usar[6]. Es más correcto concluir esto último, porque el artículo 2222 N° 2 CC. establece que el depositario responde de la culpa leve si tiene interés personal en el depósito, de lo cual es ejemplo legal que se le haya permitido usar la cosa en ciertos casos. Ahora bien, si entonces el contrato cambiara a comodato, la responsabilidad del autorizado para usar la cosa tendría que llegar a la culpa levísima, como, en materia de ese contrato, dispone el artículo 2178 inciso 1° CC. Que el contrato mantenga su naturaleza de depósito se explica porque en él no se ausenta la función de guarda y custodia que en este último contrato constituye el interés del depositante, y solo se le agrega el permiso de usar, que ahora, por cierto, interesa al depositario, con lo cual la operación empieza a pertenecer a la categoría de las que se celebran para beneficio recíproco de las partes. Pero en ellas se responde precisamente de la culpa leve (artículo 1547 CC.).

---

4 Como de hecho lo normal es que los frutos consistan en cosas fungibles y hasta consumibles (como dinero o frutas), ellos pertenecerán al depositario, aunque deba restituirlos sin poder, por ende, lucrarlos.

5 La consumición fortuita de la cosa, como si la pieza de cristal depositada y esmeradamente guarecida se destruye, pese a todo, por causa de un terremoto, y la consumición no imputable a la culpa grave del depositario, como si la misma pieza se destruye por un traspié del que la trasladaba con todo cuidado y precaución, sufrido cuando una rata se le atravesó en su camino, no son actos de consumición permitidos al depositario, sino accidentes acaecidos a la cosa depositada de los que aquel no responde.

6 En el caso del depósito mercantil, que puede ser oneroso, vale decir, con remuneración para el depositario (artículo 809 CCom.), el permiso de usar la cosa lo mudaría a un arrendamiento de esta. Si fuera civil, que es gratuito y se convierte en arrendamiento de servicios si es con remuneración (artículo 2219 CC.), el permiso de usar la cosa lo cambiaría también a arrendamiento de esa cosa.

La ley no trata el caso de que el depositante autorizare a lucrar los frutos de la cosa en custodia al depositario; pero es evidente que tal figura, de suyo lícita y legalmente posible, implicaría una donación de los frutos.

En fin, nos resta el caso de que el depositante autorizare la disposición de la cosa en guarda al depositario. A priori podemos concluir que eso no es posible, porque tal implicaría transferir su dominio al depositario, y el depósito dejaría de ser un contrato de mera tenencia de la cosa sin su aprovechamiento; en otras palabras, la entrega que constituye el negocio importaría una tradición y el convenio de depósito, un título traslaticio de dominio. Pero como con esta hipótesis ya empezamos a adentrarnos en el campo propio al cual se destina el presente parágrafo, dejaremos hasta aquí el punto por el momento.

4. Ahora bien, si el depósito pudiere tener por objeto cosas fungibles, el depositante no podría controlar que la cosa que se le restituye es la misma que depositó; ni que el depositario se limitó a tenerla sin aprovecharla de otro modo, como exige la ley. El depositario, en efecto, podría disponer, física o jurídicamente, las cosas recibidas en custodia y después reponerlas con otras especies distintas aunque del mismo género y calidad a los de aquellas y restituirlas en la misma cantidad al depositante. En tal caso, las normas legales destinadas a configurar el depósito como un contrato de mera tenencia sin aprovechamiento y sin adquisición de la propiedad ni de la posesión serían nada más que meras declaraciones de un derecho ilusorio y fantástico sin posibilidad alguna de verdadera aplicación.

II. EL DEPÓSITO IRREGULAR EN EL CÓDIGO CIVIL

1. Con todo, en el interior del título 2°: "Del depósito" del libro IV CC., su artículo 2221 dispone: "*En el depósito de dinero, si no es en arca cerrada cuya llave tiene el depositante, o con otras precauciones que hagan imposible tomarlo sin fractura, se presumirá que se permite emplearlo, y el depositario será obligado a restituir otro tanto en la misma moneda*". La norma, pues, contradice llanamente la doctrina que venimos de exponer en orden a la infungibilidad e inconsumibilidad del objeto del depósito, pues regula un "depósito de dinero" y habla de un "depositario" con referencia a aquel. De paso, comentemos algo preanunciado, en orden a que la deposición de dinero en arca cerrada con llave, que conserva el depositante, o con otras precauciones que hagan imposible tomar sin fractura el dinero, no contiene la aludida contradicción y es verdadero y normal depósito (regular). Esta figura no constituye el tema del artículo 2221 CC. La hipótesis del mismo es que se deposite

dinero contante, vale decir, que se entreguen billetes o monedas físicamente en descubierto por uno que entiende ser su depositante a otro que entiende recibirlos como depositario. Si tal es el caso, dice la norma, se presumirá que se permite emplear el dinero al depositario; lo cual significa que este puede disponerlo físicamente, como destruirlo, o jurídicamente, como gastarlo. En todo caso –añade la disposición– el depositario contrae la obligación de restituir otro tanto en la misma moneda, es decir, la misma cantidad de dinero que le fue entregada. Aunque la norma presuma el permiso de emplear el dinero, la obligación de restituir otro tanto es independiente de que se haya hecho o no uso de tal autorización. Esto es así porque, tratándose de un fungible absoluto como es el dinero, nunca resulta posible conocer si el dinero devuelto sea el mismo que el entregado o que no lo sea. Si el depositario, pues, empleó el dinero recibido o si no lo empleó, eso aparece como una situación privada suya, que no influye en los efectos de la operación.

2. El dispositivo del artículo 2221 CC. se entiende bien en el contexto en que aparece localizado, vale decir, a continuación del artículo 2220 CCCh., el cual dice: "[Inciso 1°] *Por el mero depósito no se confiere al depositario la facultad de usar la cosa depositada sin el permiso del depositante.*/ [Inciso 2°] *Este permiso podrá a veces presumirse, y queda al arbitrio del juez calificar las circunstancias que justifiquen la presunción, como las relaciones de amistad y confianza entre las partes.*/ [Inciso 3°] *Se presume más fácilmente este permiso en las cosas que no se deterioran sensiblemente por el uso*".

En síntesis, la norma viene a expresar que el depositante puede dar su permiso para usar la cosa depositada al depositario; que tal permiso puede ser expreso o presumido por un juez; en cuyo arbitrio queda calificar si los hechos justifican o no una presunción de permiso de empleo de la cosa en custodia dado por el depositante al depositario; y que, no obstante, cuando lo depositado son cosas que no se deterioran sensiblemente por el uso, el juez puede hacer la presunción de permiso con menos exigencias ("más fácilmente") que si sean cosas que se deterioran sensiblemente por el uso[7].

Sobre estas bases sentadas por el artículo 2220 CC., el siguiente dispone que "en el depósito de dinero" se presuma estar permitido emplearlo por el depositario. Aunque la norma aparentemente contiene una orden dada al juez de

---

7 Obsérvese que la ley no habla de las cosas consumibles, sino de las que suelen denominarse "deteriorables" o que se desgastan poco a poco en la medida de su uso a través del tiempo, como los zapatos o la ropa en general. En rigor estas cosas son inconsumibles, porque subsisten después de su primer uso natural, y es solo por su uso reiterado que se corrompen.

presumir un permiso él mismo, en realidad más que de una presunción judicial parece tratarse de una simplemente legal: el depositario está eximido de probar que se le confirió un permiso de empleo y toca al depositante demostrar que no lo confirió o que prohibió el empleo del dinero; a falta de esta última prueba, el juez ha de decidir que hubo permiso.

De la presunción de permiso de empleo del dinero depositado, la ley extrae la natural consecuencia de que, con independencia de su efectivo empleo, el depositario está obligado a devolver otro tanto del dinero recibido.

3. Atendida la estructura legal de la noción de depósito de dinero que acabamos de considerar, cabe indagar las consecuencias de que el depositante destruya la presunción legal de permiso de uso de aquel. Si el depositante, en efecto, lograra demostrar que, por ejemplo, prohibió el empleo del dinero, ¿qué se seguiría de ello? Creemos que nada diferente al estado regido por la presunción; vale decir, igual podría el depositario emplear el dinero, o sea, por ejemplo, gastarlo o destruirlo, y después reponerlo, restituyendo otro tanto del mismo recibido. El depositante no tendría cómo demostrar que este último es otro dinero que el entregado, a menos que lo hubiera desfungibilizado, por ejemplo, anotando la serie individual de cada billete (lo cual equivaldría a la consideración legal de haber guardado el dinero en arca cerrada cuya llave conserve el depositante, o con otras precauciones que hagan imposible tomarlo sin fractura), en el cual caso ya estaríamos fuera del ámbito que constituye el objeto propio de la regulación del artículo 2221 CC.

La anterior observación nos permite criticar la dicción legal concerniente a la presunción: si se trata de dinero depositado, da exactamente lo mismo que se conceda o no permiso para su empleo; y entonces la presunción de autorización de tal empleo es inútil y superflua. Pero veremos pronto que la idea de un permiso proviene de la historia del dogma y ha perseverado en las codificaciones.

4. En fin, cabe observar que la letra del artículo 2221 CC. atañe únicamente al depósito de dinero; no, pues, al depósito de fungibles en general. Pero que ese artículo se extiende a toda clase de fungibles (sean o no consumibles) es apoyado desde luego por la analogía que permite la extensión fundada en la identidad de la razón que rige al dicho artículo y a una norma que dijera lo mismo que él con reemplazo de "dinero" por "fungibles" y "en la misma moneda" por "del mismo género y calidad", con las debidas adaptaciones gramaticales derivadas del número[8].

---

8 "Tomarlo" por "tomarlos y "emplearlo" por "emplearlos".

Dicha extensión además se ve apoyada por el dispositivo del artículo 2228 CC.: "*El depositario es obligado a la restitución de la misma cosa o cosas individuales que se le han confiado en depósito, aunque consistan en dinero o cosas fungibles; salvo el caso del artículo 2221*". La norma hace referencia a "cosas que consistan en dinero o cosas fungibles", que si fueron depositadas deben ser devueltas las mismas; pero impone la excepción del artículo 2221; lo cual significa que, cuando se depositó dinero o cosas fungibles no en arca cerrada cuya llave tenga el depositante, ni con otras precauciones que hagan imposible tomar ese dinero o cosas fungibles sin fractura del arca, entonces el depositario quedará en los términos de la última frase del citado artículo. Ahora bien, todo este discurre sobre la base de solo el depósito "de dinero"; mientras que el artículo 2228 lo hace sobre la base del depósito "de dinero o de cosas fungibles"; y entonces una de dos: o el artículo 2221 es inaplicable a la hipótesis del artículo 2228 pese a la remisión expresa de este a aquel en orden a aplicarlo; o es aplicable; y en este último caso, el artículo 2221 hay que entenderlo también referido a las cosas fungibles aunque no sean dinero.

Tal conclusión es, por cierto, la correcta; y, de acuerdo con ella, sin mayor dificultad entenderemos el dispositivo del artículo 2221 CC. como referido no solo al dinero, al que literalmente atañe, sino a las cosas fungibles en general –incluido desde luego el dinero, que es un tipo de las mismas–, porque ellas están contenidas en el sentido de la citada disposición.

III. EL ORIGEN DE LA FIGURA DEL DEPÓSITO LLAMADO IRREGULAR

1. El depósito de cosas fungibles es una figura que los juristas romanos conocieron muy bien y de la cual dejaron no pocos testimonios en sus escritos[9]. La

9 La literatura más antigua sobre el depósito irregular en el derecho romano es esta: Longo, Carlo, *Appunti sul deposito irregolare*, en *Bullettino dell'Istituto di Diritto Romano*, 18, Roma, 1906, 121-156; El mismo, *Corso di diritto romano. Il deposito*, Milano, Giuffrè, 1964, 59-81; Segrè, Gino, *Sul deposito irregolare in diritto romano*, en *Bullettino dell'Istituto di Diritto Romano*, 19/1-6, Roma, 1907, 197-234; Bonifacio, Francesco, *Ricerche sul deposito irregolare in diritto romano*, en *Bullettino dell'Istituto di Diritto Romano*, 49-50, Roma, 1948, 80-152; Seidl, Erwin, *Der Eigentumsübergang beim Darlehen und "depositum irregular"*, en Niedermeyer, H. - Flume, Werner (editores), *Festschrift für Fritz Schulz*, Weimar, Bohlaus 1951, I, 373-379. Una más moderna es esta otra: Brasiello, Ugo, *Aspetti innovativi delle costituzioni imperiali*, I: *L'aspetto innovativo-interpretativo*, en *Studi in onore di Pietro de Francisci*, Milano, Giuffrè, 1956, IV, 475-503; Adams, Bertrand, *Haben die Römer "depositum irregulare" und Darlehen unterschieden?* en *Studia et Documenta Historiae et Iuris*, 28, Roma, 1962, 360-371;

romanística hipercrítica de la primera mitad del siglo XX, empero, pensaba que esa figura había sido un invento bizantino, del derecho postclásico o del justinianeo, y que los textos de los *Iustiniani Digesta* en que comparece habían sido intervenidos y no eran, por ende, clásicos. A lo más se llegó a admitir que en la última época clásica un jurista tan tardío como Papiniano (primera mitad del siglo III) había conocido el depósito irregular. Hoy no adoptamos un punto de vista tan drástico y pensamos que los clásicos aceptaban la figura.

La primera referencia que tenemos de ella aparece en Dig. 19,2,31, en un texto atribuido al jurista republicano Alfeno Varo (que en el año 39 a. C. fue cónsul "suffectus"[10]) extraído del libro V de sus *Digesta* epitomados por Paulo. El pasaje que interesa pertenece a un contexto en que se habla del caso de varios que contrataron el transporte de su trigo en cierta nave de un tal Saufeius, en cuya bodega fue almacenado el trigo de todos, de modo de quedar confundido el conjunto en una masa común. En circunstancias de que el armador devolvió a uno su parte del trigo y después naufragó la nave, se pregunta por la acción disponible para los demás en función de recuperar lo entregado originalmente. La respuesta de Alfeno se inicia con la afirmación de haber dos géneros de cosas dadas en arrendamiento ("*respondit rerum locatarum duo genera esse*"): para que se devuelva la mismo, como cuando se entregan vestimentas al lavandero para que las lave; o para que se devuelva una cosa del mismo género, como cuando se entrega plata refinada u oro a un artífice para que fabrique unos vasos o unos anillos. Se entiende, pues, que, en el primer caso, hay que devolver los mismos vestidos, de modo que estos permanecen en el dominio del que los entregó; y

---

MICHEL, Jacques, *Gratuité en droit romain*, Bruxelles, Université Libre de Bruxelles, 1962, 75-95; HANNU, Tapani Klami, "*Depositum*" und "*Παρακαταθήκη*", en BENÖHR, Hans-Peter y otros (editores), "*Iuris professio*". *Festgabe für Max Kaser zum 80. Geburtstag*, Wien y otras, Böhlau, 1986, 89-100; GANDOLFI, Giuseppe, *Il deposito nella problematica della giurisprudenza romana*, Milano, Giuffrè, 1976, 148 y 178; LITEWSKI, Wieslaw, *Le dépôt irrégulier*, I, en *Revue Internationale des Droits de l'Antiquité*, 21, Bruxelles, 1974, 215-262; *Le dépôt irrégulier* (II), en *Revue Internationale des Droits de l'Antiquité*, 22, Bruxelles, 1975, 279-315; GORDON, William Morrison, *Observations on "depositum irregulare"*, en PASTORI, F. (editor), *Studi in onore di Arnaldo Biscardi*, Milano, Istituto Editoriale Cisalpino - La Goliardica, 1982, III, 363-372; VIGNERON, Roger, *Résistance du droit romain aux influences hellénistiques: Le cas du dépôt irrégulier*, en *Revue Internationale des Droits de l'Antiquité*, 31, Bruxelles, 1984, 307-324; HERRERA BRAVO, Ramón, *El contrato de depósito en el derecho romano*, Granada, [Universidad de Granada], 1987, 389-418; CHURRUCA, Juan de, *Die Gerichtsbarkeit der "praefectus urbis" über die "argentarii" im klassischen römischen Recht*, en *Zeitschrift der Savigny-Stiftung*, rom. Abt., 108, 1991, especialmente 315-324; VALMAÑA OCHAÍTA, Alicia, *El depósito irregular en la jurisprudencia romana*, Madrid, EDISOFER, 1996.

10 Se denominaba "consul suffectus" al elegido como suplente del titular que falleció.

que en el segundo, en cambio, los vasos o los anillos pudieron ser fabricados con plata u oro distintos, con tal que se los haya fabricado con uno u otro metal, así que el originalmente entregado en realidad queda constituido en crédito ("*in creditum iri*"), es decir, se hace del que lo recibió, de guisa que quien lo entregó es solo su acreedor (aunque bajo una nueva forma)[11]. En el texto se sostiene que este mismo derecho rige en el depósito ("*Idem iuris esse in deposito*") pues:

> "[...] si quis pecuniam numeratam ita deposuisset, ut neque clausam neque obsignatam traderet, sed adnumeraret, nihil alius eum debere apud quem deposita esset, nisi tantumdem pecuniae solveret".

> "[...] si alguno hubiera depositado monedas no encerradas ni selladas, sino merced a su entrega contadas una a una, aquel a quien le hubieran sido depositadas nada más debe que no sea pagar otro tanto de dinero".

Se puede agitar la cuestión de si este discurso sobre el depósito pertenece a Alfeno[12], el autor original de los *Digesta*, o a Paulo, quien epitomó, abrevió o resumió esa obra de Alfeno (y al cual epítome pertenece el pasaje); o, incluso, a un anónimo maestro postclásico, que habría añadido el íntegro texto relativo al depósito en los márgenes de la parte correspondiente de un ejemplar del epítome, que en algún momento editorial posterior habría ingresado en el cuerpo mismo de esa obra y llegado a los compiladores de los *Digesta* de Justiniano, en donde hoy lo leemos. Como ya hicimos notar, la romanística hipercrítica del siglo pasado más bien se inclinó por pensar en el origen bizantino de nuestra figura y por

---

11 Dig. 19,2,31 (Alf., 5 *dig. a Paulo epit.*): "*In navem Saufeii cum complures frumentum confuderant, Saufeius uni ex his frumentum reddiderat de communi et navis perierat: quaesitum est, an ceteri pro sua parte frumenti cum nauta agere possunt oneris aversi actione. Respondit rerum locatarum duo genera esse, ut aut idem redderetur (sicuti cum vestimenta fulloni curanda locarentur) aut eiusdem generis redderetur (veluti cum argentum pusulatum fabro daretur, ut vasa fierent, aut aurum, ut anuli): ex superiore causa rem domini manere, ex posteriore in creditum iri.* [...]" ("Como muchos hubieran confundido su trigo en la nave de Saufeio [al embarcarla a granel], este hubiera devuelto del común su trigo a uno de aquellos y la nave pereciera, se preguntó si acaso los demás pueden demandar por su cuota al navegante con la acción de retiro de la carga. Respondí que hay dos géneros de cosas arrendadas, o para que se devuelva lo mismo (como cuando se dan en arrendamiento vestimentas al lavandero para que las lave), o para que se devuelva cosa del mismo género (como cuando se diese plata acrisolada al artífice para que hiciere vasos u oro para anillos): en el primer caso, la cosa permanece en el [primitivo] dueño; en el segundo va a crédito [...]").

12 O a Servio Sulpicio Rufo, el maestro de Alfeno, ya que hay textos de este en que, sin mención expresa del maestro, se reproducen opiniones suyas; v. KRÜGER, Paul, *Geschichte der Quellen und Literatur des römischen Rechts*, München, Duncker und Humblot, 1912, 71; pero no existen indicios que permitan la sospecha de ser el caso de Dig. 19,2,31.

explicaciones del tipo de la hipótesis precedente, en aplicación de un método que ya no aceptamos. Personalmente creo que se trata de una auténtica opinión de Alfeno[13].

Lo que sí puede causar legítima extrañeza es la inserción de un discurso sobre el depósito en otro sobre el arrendamiento. Pero la inicial sorpresa desaparece si pensamos en que había novedad en el régimen de la *locatio conductio* y no en aquel del depósito, de modo que cuanto se expresa sobre este es a modo de argumento en favor de la solución que se da para el caso del arrendamiento. En otras palabras, la idea de que en algún arrendamiento se entrega una cosa para que se devuelva, no la misma, sino otra del mismo género va apoyada en cuanto acaece en el depósito de dinero no especificado. Si es así, eso demuestra que para Alfeno la figura del depósito de dinero y su régimen eran algo tan consolidado, que admitía ser invocado como precedente[14].

Lo cual tal vez no deba extrañar, si tenemos presente que el uso de un depósito de dinero, incluso con intereses, fue profusamente practicado en el mundo helenístico[15], de donde seguramente lo tomó la práctica romana.

---

13 Uno de los puntos de crítica era que en la frase "*nisi tantundem pecuniae solveret*" no es admisible este último verbo. Por ello algunos enmendaron "solveret" por "solvere et", y entonces la frase entera "*nihil alius eum debere apud quem deposita esset, nisi tantundem pecuniae*" queda así: "aquel a quien le hubieran sido depositadas nada más debe que no sea pagar otro tanto de dinero; y". De este modo es restablecida la secuencia latina en infinitivo "debere [...] solvere". Se trata de un discurso indirecto que en último término depende de "respondit" ("respondió") (de donde los infinitivos "debere" y "solvere"); y el que responde es Alfeno, no Paulo. Un maestro glosador postclásico difícilmente se hubiera ocupado de construir una frase suya, exterior al texto original, en estilo indirecto.

14 Sobre este contexto de la discusión suscitada por Alfeno, v. PETRUCCI, Aldo, "*Mensam exercere*". *Studi sull'impresa finanziaria romana. II secolo a. C - metà del III secolo d.C.*, Napoli, Jovene, 1991, 128-131.

15 Véanse: MITTEIS, Ludwig, "*Trapezitika*", en *Zeitschrift der Savigny-Stiftung*, rom. Abt., 19, 1898, núm. 6, 208-212; KÜBLER, Bernhard, *Griechische Tatbestände in den Werken der kasuistischen Literatur*, en *Zeitschrift der Savigny-Stiftung*, rom. Abt., 29, 1908, 189-215; FREZZA, Paolo, "*Παρακαταθήκη*", en BIEZUANSKA-MAOWIST, I. (editora), *Symbolae Raphaeli Taubenschlag dedicatae*, Vratislaviae - Varsaviae, 1956, I, 139-172; POLAY, Elemér, *Die Zeichen der Wechselwirkungen zwischen dem römischen Reichsrecht und dem Peregrinenrecht im Urkundenmaterial der siebenbürgischen Wachstafeln*, en *Zeitschrift der Savigny-Stiftung*, rom. Abt., 79, 1962, 82-85; KLAMI, Hannu Tapani, *Die Zeichen der Wechselwirkungen zwischen dem römischen Reichsrecht und dem Peregrinenrecht im Urkundenmaterial der siebenbürgischen Wachstafeln*, en *Zeitschrift der Savigny-Stiftung*, rom. Abt., 79, 1962, 89-100; ROTH, Wolf, Detlev, *Untersuchungen zur Kredit-παραθήκη im römischen Ägypten. Ein Beitrag zum Zinsrecht der Papyri und zum 'νόμος τών παραθηκών'*, inaug. Dissertation, Marburg, 1970; SIMON, Dieter, "*Quasi-παρακαταθήκη*". *Zugleich ein Beitrag zur Morphologie griechisch-hellenistischer Schuldrechtstatbestände*, en *Zeitschrift der Savigny-Stiftung*, rom Abt., 82, 1965, 39-66.

2. El examen de las fuentes sobre nuestra materia nos enseña que los juristas distinguían varias situaciones:

La primera es la del depósito de dinero contenido en un arca cerrada, que, sin más, es considerado como un verdadero depósito del arca, deja obligado al depositario a restituirla cerrada y no le permite disponer del dinero (so pena del hurto)[16].

La segunda es la del depósito de dinero especificado (por ejemplo, en un arca cerrada), cuyo depositante después permite el uso (o sea, el consumo) del dinero al depositario. Nerva y Próculo, después Marcelo y finalmente Ulpiano, pensaron que la operación es desde el principio un mutuo, de modo que el tradente dispone de la *actio condictio* para recuperar el dinero, como acaece en todo mutuo[17].

En fin, cuando se entrega dinero especificado con permiso de usarlo dado al comienzo (o sea, desde la entrega), la operación es un depósito[18], sancionada con la *actio depositi in ius* con la cual se puede cobrar intereses por el perjuicio causado y desde luego por la mora en devolverlos[19].

La operación que los juristas romanos consideraron como un depósito no fue designada como "irregular" por ellos. Tal denominación es medieval[20]. Pero estaban conscientes de que constituía una anomalía. Al respecto, se nos conserva un pasaje de Papiniano en Dig. 16,3,24 (9 *quaest.*), que reza así:

16 Dig. 16,3,29 pr.; 19,2,31.

17 Dig. 12,1,9,9 (Ulp., 26 *ed.*). Aunque el texto no lo dice, podemos entender que el consentimiento mutuario sustituyó al consentimiento depositario, cuando el que entregó permitió el uso del dinero al que recibió y este aceptó el permiso (expresa o tácitamente). El texto añade que hay mutuo con independencia de que se usen las monedas. Pero no dice que el dinero entregado iba especificado. Ahora bien, no se entendería el texto si no fuera así. En especial carecería de sentido la afirmación de que el riesgo del dinero pasa al que lo había recibido, pues es inexplicable que, de no haber estado especificado el dinero, aunque no hubiera habido permiso para usarlo, el riesgo fuera del que lo entregó.

18 Dig. 16,3,1,34; 12,1,10.

19 Dig. 16,3,29,1; 16,3,28; 16,3,24; 16,3,25,1. Cuando se entrega dinero no especificado y desde el principio (o después) se permite su uso, hay mutuo aunque se diga tratarse de un depósito (Pauli Sent. 2,12,9 = Collatio 10,7,9).

20 V. el § 1, III.

"'Lucius Titius Sempronio salutem. Centum nummos, quos hac die commendasti mihi adnumerante servo Sticho actore, esse apud me ut notum haberes, hac epistula manu mea scripta tibi notum facio: quae quando voles et ubi voles confestim tibi numerabo'. Quaeritur propter usurarum incrementum. Respondi depositi actionem locum habere: quid est enim aliud commendare quam deponere? Quod ita verum est, si id actum est, ut corpora nummorum eadem redderentur; nam si ut tantundem solveretur convenit, egreditur ea res depositi notissimos terminos. In qua quaestione si depositi actio non teneat, cum convenit tantundem, non idem reddi, rationem usurarum haberi non facile dicendum est. Et est quidem constitutum in bonae fidei iudiciis, quod ad usuras attinet ut tantundem possit officium arbitri quantum stipulatio; sed contra bonam fidem et depositi naturam est usuras ab eo desiderare temporis ante moram, qui beneficium in suscipienda pecunia dedit. Si tamen ab initio de usuris praestandis convenit, lex contractus servabitur".

"'Lucio Ticio saluda a Sempronio. Por medio de esta carta escrita de mi mano te hago saber, para que lo tengas entendido, que las cien monedas que en este día me has encomendado merced a la entrega hecha por el esclavo Estico, [tu] administrador, están en mi poder, las cuales te devolveré inmediatamente cuándo y dónde quieras'. Se pregunta por el incremento a título de intereses. Respondí que tiene lugar la acción del depósito, porque, ¿qué otra cosa es encomendar sino que depositar? Lo cual es verdad en este sentido, si se actuó para que se devolvieran los mismos cuerpos físicos de las monedas; pues si se convino que se pagara otro tanto, la operación sale de los conocidísimos límites del depósito. En cuyo caso, si la acción del depósito no obligue cuando se haya convenido devolver, no lo mismo, sino otro tanto, no se ha de decir fácilmente que deba tenerse cuenta de los intereses. Y se encuentra firmemente establecido que en los juicios de buena fe, por lo que a los intereses atañe, tanto pueda el oficio del árbitro cuanto la estipulación; pero es contrario a la buena fe y a la naturaleza del depósito reclamar intereses por el tiempo anterior a la mora del que hizo un beneficio al recibir el dinero. Si, empero, se convino el pago de intereses desde el comienzo, se observará la ley del contrato".

Papiniano[21] absuelve una *quaestio* que realmente le fue sometida, sobre la base de una carta escrita de puño y letra y a modo de "recibo" por alguien (Lucio Ticio), al que le habían sido entregadas cien monedas por otro (Sempronio), a través de un esclavo administrador de este último. El firmante reconoce que la operación consistió en "encomendarle dinero" ("*nummos, quos commendasti mihi*") y que ahora lo tiene en su poder; y ofrece, seguramente repitiendo los términos declarados por el esclavo al momento de la entrega del dinero, devolverlo cuando el encomendador quiera y en dónde quiera. Este último consultó a Papiniano sobre la posibilidad de exigir intereses al encomendado.

21 Sobre este pasaje, además de la literatura general citada en la nota 9, v. también Petrucci, Aldo, "*Mensam exercere*" (n. 14), 220-224.

Para responder, el jurista se basa en el vocablo "encomendar" ("commendare") empleado por las partes para definir la operación; y, atendido que "encomendar" significa no otra cosa que "depositar", concluye que aquella consistió precisamente en un depósito; de lo cual se sigue que deba tener lugar la acción del depósito (*actio depositi*). Claro que tal es así siempre y cuando lo actuado por las partes haya consistido en convenir que se devolviera las mismas monedas ("*corpora nummorum eadem*") entregadas; porque si lo acordado fue que se pagara nada más que el mismo tanto de dinero ("*tantundem*"), entonces el negocio excede o traspasa los límites o términos del depósito ("*egreditur ea res depositi notissimos terminos*"), que son muy conocidos por todos. Con esta frase, el jurista elude una respuesta directa; y a partir de eso evita asumir un compromiso. Sus puntos son los siguientes: *i*) Si se considera no aplicable la *actio depositi* cuando se haya convenido devolver, no lo mismo, sino otro tanto, difícilmente se puede hacer cuenta de los intereses; *ii*) Si se considera aplicable dicha acción, que es de buena fe, constituye una regla muy firme que en tal género de acciones el oficio del juez pueda ordenar el pago de intereses tanto como si se los hubiera fijado en una estipulación formal; *iii*) En todo caso, es contra la buena fe y la naturaleza del depósito reclamar intereses por el tiempo anterior a la mora del depositario; y *iv*) Cuando se hubiera acordado el pago de intereses desde el inicio, o sea, desde la entrega del dinero, se estará a lo acordado, vale decir, se los podrá exigir desde aquel momento, y no solo desde la mora, hasta su devolución.

Como puede apreciarse, el pasaje contiene las cuestiones fundamentales del depósito que llamamos irregular. Pero en este momento nos interesa destacar lo que dice Papiniano en orden a considerar que la operación de entregar un tanto de dinero para la que se acuerda la devolución, no del mismo dinero físico entregado, sino de otro tanto idéntico (con otras monedas físicas, por ende), está fuera de los límites del depósito. Esto no puede dejar de significar que tal operación no es un depósito.

Para terminar esta exposición sobre el pensamiento de los juristas romanos acerca de nuestra materia, hagamos notar que todos los textos relativos a ella discurren sobre la base de depósito de dinero y que no los hay sobre depósito de otros fungibles.

IV. ALGUNOS PUNTOS SOBRE EL DEPÓSITO IRREGULAR EN EL DERECHO COMÚN

1. No podemos detenernos demasiado sobre la manera en que los juristas medievales enfrentaron las fuentes romanas acerca del depósito de dinero[22]; así que nos fijaremos en algunos destacables aspectos suyos.

Desde luego cabe poner en relieve que dichos juristas ampliaron la consideración del depósito de dinero, único al cual se habían limitado los textos romanos, al de fungibles. Ya el glosador Azo (†c. 1229) se había referido, en efecto, al depósito de aquello "*quod est in pondere, numero vel mensura*", con referencia mental a los fungibles[23]. También cabe insistir en algo ya advertido, en orden a que fueron juristas de la última Edad Media quienes usaron el adjetivo "irregular" para dar nombre al depósito de fungibles[24].

Por otro lado, también fueron los medievales quienes plantearon la cuestión fundamental que hubo de agitarse en siglos posteriores, en orden a si el depósito de fungibles es un verdadero depósito o un mutuo.

Para Azo, pese a que el depósito de fungibles transfiere el dominio al depositario, es, empero, un depósito. Una postura más matizada sostuvo Accursius (1182/1185-1260/1263): la entrega de fungibles en depósito con autorización expresa de usarlos dada al principio constituye mutuo sin más, a menos que las partes acuerden que quieren la permanencia del negocio en un depósito; pero la entrega de fungibles en depósito con autorización tácita de usarlos concedida al principio deja al negocio en depósito y no transita a mutuo. Ahora bien, se

---

22 Para la historia del depósito irregular fuera del derecho romano, v. NIEMEYER, Th., "*Dep. irreg.*", 111-118; COPPA-ZUCCARI, *Il deposito irregolare*, Modena, Biblioteca dell'Archivio Giuridicio, 1901, 32-60; FLORES MICHEO, Rafael, *El depósito irregular*, en *Revista de Derecho Privado*, 47, Madrid, 1963, 756-757; GARRIGUES Y DIAZ-CAÑÁBATE, Joaquín, *El depósito irregular y su aplicación en el derecho mercantil*, en *Revista Crítica de Derecho Inmobiliario*, 86, Madrid, 1932, 81-96; 87, Madrid, 1932, 161-173; 88, Madrid, 1932, 241-256; 89, Madrid, 1932, 321-336; 90, Madrid, 1932, 401-416; 90, Madrid, 1932, 481-496; 92, Madrid, 1932, 561-575; 93, Madrid, 1932, 641-656; 94, Madrid, 1932, 721-724; ASTUTI, Guido, s. v. "Deposito (storia)", en *Enciclopedia del Diritto*, Milano, Giuffrè, 1964, VI, núm. 6, 232-235. El libro histórico de SANTARELLI, U., *Categoria*, aunque dedicado a la categoría general de la "irregularidad", discurre sobre todo acerca del depósito irregular (y en especial de él en págs. 67-104). Para la historia del depósito irregular en el derecho español: MARTÍNEZ GIJÓN, José, *La comenda en el derecho español*, I: *La comenda-depósito*, en *Anuario de Historia del Derecho Español*, 34, Madrid, 1964, números 9-15, 80-128.

23 AZO, *Summa super Codicem*, lib. IV, "Depositi", Pavia, B. et A. fratres de Rovellis, 1506, fol. 143, según textos transcritos, empero, por SANTARELLI, *Categoria*, 236.

24 V. el § 1, III.

presume la autorización para el uso de los fungibles cuando se entregan sin más y cuando se conviene que el depositario deba devolver el *tantundem*[25]. Accursius, pues, hace depender el tipo de negocio celebrado de la voluntad expresa o tácita de las partes.

Sus ideas determinaron la doctrina de los tiempos posteriores. Así lo vemos, por ejemplo, en el comentario al *Digestum Vetum* de Iacobus Butrigarius (c. 1274-1348). Para la mejor comprensión del complejo texto suyo que hemos escogido, procederemos a descomponerlo y a numerar sus diferentes partes:

> "Si deponatur pecunia, quando constituatur depositum et quando mutuum:
> Circa hanc materiam distingui, quia:
> I. aut agitur, quod sit mutuum vel depositum, et illud servatur;
> II. aut hoc non est declaratum;
> et tunc
> 1° aut datur potestas utendi expresse;
> et tunc:
> i) aut ab initio commodo et non est mutuum antequam utaris,
> ii) aut ex post facto do potestatem utendi et tunc statim sit mutuum;
> 2° aut cedo potestatem utendi tacite id, quod est, cum do pecuniam ad tenendum; tunc est depositum contra suam naturam [...];
> 3° aut non conceditur expressa potestas utendi nec tacita, ut cum datur pecunia signata, et tunc est depositum [...] nec depositarius uti potest eo, imo furtum committeret.
> Et prodest multum scire propter usuras, quae aliter veniunt in bonae fidei iudiciis et aliter in stricti iuris iudiciis"[26].

> "Si se deponga dinero, cuándo se constituya un depósito y cuándo un mutuo:
> Acerca de esta materia distingue, porque:
> I. o se trata de que haya un mutuo o un depósito, y tal es lo que se observa;
> II. o no se declara ni lo uno ni lo otro;
> y entonces:
> 1° o se da expresamente la potestad de usar;
> y esta vez:
> i) o bien desde el comienzo doy en comodato y no hay mutuo antes de que uses,
> ii) o doy después la potestad de usar y entonces hay mutuo de inmediato;
> 2° o cedo tácitamente la potestad de usar, lo cual acaece cuando doy dinero para que se lo tenga; entonces es depósito aun en contra de su naturaleza [...];
> 3° o la potestad de usar no se concede expresa ni tácitamente, como cuando se entrega dinero individualizado, y entonces es depósito [...] y el depositario no puede usarlo, pues de lo contrario comete hurto.
> Y es muy útil conocer estas cosas en razón de los intereses, porque estos son tratados de una manera en los juicios de buena fe y de otra en los juicios de derecho estricto".

---

25 V. las diferentes glosas de Accursius, transcritas por SANTARELLI, *Categoria*, 237-238.

26 BUTRIGARIUS, Iacobus, *In secundam Digesti Veteris partem commentaria*, Romae, L. Fatii, 1606, ad lib. XIII, tít. 3°: "Depositi vel contra", ley 25ª, § "Qui pecuniam".

Butrigarius comienza sus explicaciones con una distinción suprema: al entregar dinero una parte a otra, o bien (I) dijeron que celebraban ora un mutuo ora un depósito y la conclusión es que hay que observar lo declarado, de guisa que el negocio es, pues, un mutuo o un depósito; o bien (II) nada dijeron al respecto. Para este segundo caso, nuestro jurista subdistingue tres posibilidades: 1° Si se dio expresamente la potestad de usar el dinero; 2° Si se dio tácitamente la potestad de usarlo; 3° Si no se dio expresa ni tácitamente dicha potestad.

En la hipótesis 1ª, de haberse dado expresamente la potestad de usar el dinero, es necesario volver a distinguir si: i) se la dio inicialmente, vale decir, al principio del negocio y Butrigarius señala que no hay mutuo antes de ejercer la facultad de usar sobreentendiendo que sí lo hay desde que se ejerce. En realidad esto lo dice en segundo término, porque antes había declarado: "doy en comodato" ("*commodo*"), lo que no viene al caso en un discurso en que se supone la entrega de dinero que en ningún caso puede constituir comodato; a menos que Butrigarius haya pasado sin aviso a otra hipótesis: que se entregó un recipiente cerrado con dinero en su interior. Si al principio se da la facultad de usar el dinero, antes de usarlo efectivamente, para el autor habría comodato del recipiente y después, mutuo del dinero; ii) Si la facultad de usar se dio con posterioridad a la celebración del acto, hay mutuo de inmediato, vale decir, desde que se dio tal facultad y antes de ejercerla de hecho.

En la hipótesis 2ª, de haberse concedido tácitamente la facultad de usar el dinero, hay depósito, aunque ello sea contrario a la verdadera naturaleza de este contrato.

En la 3ª hipótesis, de no haberse conferido expresa ni tácitamente la facultad de usar el dinero, el depositario no puede usarlo porque cometería hurto, a condición de que el dinero se haya entregado individualizado, porque entonces hay verdadero depósito.

El texto termina con una explicación concerniente a la importancia de saber si hay mutuo o depósito, debido a que la acción del mutuo es de derecho estricto y la del depósito, de buena fe; en el entendido que con la primera no se puede exigir intereses, aunque se los haya pactado; mientras que con la segunda se los puede exigir, aunque no se los haya pactado.

V. EL DEPÓSITO IRREGULAR EN LA CODIFICACIÓN

1. Examinaremos ahora las posturas asumidas por las codificaciones modernas ante el depósito irregular.

a) Conviene empezar con el examen del *Código Civil* bávaro de 1756, que, empero, ya no rige. El § 8 del cap. 2° de su 4ª parte expresaba:

> "*Depositum irregulare* kann sich zwar 1° auf unterschiedliche Art, insonderheit aber 2° daraus ergeben, wenn *res fungibilis* deponirt, und annebens *Depositario* der Gebrauch entweder ausdrücklich oder stillschweigend eingeräumt wird, dann da nimmt das *Depositum* die Natur eines Darlehens an sich, und wird nicht erst von Zeit des wircklichen Gebrauchs, sondern gleich von Zeit der Übergab durchgehens hiernach beurteilt. Auf stillschweigende Weise pflegt man 3° den Gebrauch einzuräumen, wenn z.(um] E.[xempel] gezähltes Geld unverschlossener deponirt wird, welches jedoch auch wiederum seines Absatz leidet, wenn die deponirte Summa nicht in Current, sondern in Schatzgeld bestehet, oder wenigstens *Restitutio* in eadem *Specie* daher versprochen wird".

> "El 'depósito irregular' puede resultar 1° de diferentes maneras, pero especialmente 2° cuando se depositan 'cosas fungibles' y se concede expresa o tácitamente su uso al 'depositario', pues entonces el 'depósito' toma para sí la naturaleza de un mutuo, y [como tal] es considerado no solo desde el momento del uso efectivo, sino desde el momento de la entrega en adelante. De manera tácita suele concederse el uso 3° cuando, p.[or] e.[jemplo], se deposita dinero al contado y no encerrado, el cual, sin embargo, también sufre consumo si la 'suma' depositada consiste no en dinero corriente sino en metálico, o al menos si se ha prometido la 'restitución' de la misma 'especie'".

Pese al anuncio de existir varias maneras de celebrar un depósito irregular –y es digno de observarse este uso del nombre que el *ius commune* había terminado por imponer a la operación–, este cuerpo legal reconoce fundamentalmente una: el depósito de cosas fungibles con autorización dada expresa o tácitamente al depositario para usarlas; en el entendido de que hay autorización tácita si lo depositado es dinero (la principal de las cosas fungibles) no encerrado en algún recipiente o si se promete la restitución "*in eodem genus*"[27]. Ahora bien, si se da la autorización de uso, el depósito deja de ser tal y transita a mutuo, y se lo considera así desde el momento

---

27 El § 8 dice "*eadem species*"; pero es claro que el término "species" está aquí por "genus"; de lo contrario no se entendería. Se trata del depósito irregular de dinero: si lo acordado es que se devuelva el mismo dinero depositado, no es irregular; pero si lo convenido es que se restituya otro dinero del mismo género, sí lo es.

de la entrega constitutiva de la operación (que es real), no, pues, desde el momento en que el favorecido hizo uso de las cosas. Esto implica que para el *Código* bávaro, en rigor, el "depósito" irregular no es un depósito sino precisamente un mutuo.

b) El código prusiano (*Allgemeines Landrecht für die preussischen Staaten*) de 1794 tampoco está en actual vigencia, pero es interesante su manera de acercarse al tema. La materia en examen aparece tratada en el título 14°, sección 1ª de la 1ª parte, entre los §§ 80 y 88. Tal regulación comienza con prohibir al depositario tanto el uso propio de la cosa que custodia como la concesión de un permiso a terceros para que la usen (§ 80)[28], en la cual no se incluye el uso necesario para la conservación de la cosa (§ 81). El § 82 establece que no se cambia la naturaleza de este contrato cuando el depositante permite expresamente un uso inocente ("unschädlichen Gebrauch") de la cosa bajo determinadas circunstancias al depositario. Después de formuladas estas prohibiciones y sus aclaraciones, el § 83 advierte que, con todo, desde el momento en que el depositario empieza a ejercer la autorización de uso inocente, el negocio transita a un préstamo si se trata de cosas fungibles, o a un comodato o arrendamiento si se trata de otras cosas[29]. Esto explica

---

28 El § 87 sanciona el uso no autorizado de la cosa depositada con la obligación de restituir todos los beneficios conseguidos con ese uso y de responder por los accidentes que la deterioren o causen su pérdida. Cfr. el § 86 para otra modalidad de indemnización.

29 Allg. Landrecht f. die preuss. Staaten, 1ª parte, tít. 14° sec, 1ª, § 83: "*Sobald aber der Verwahrer sich dieser Erlaubniß zu bedienen anfängt, so geht das Geschäft, bey verbrauchbaren Sachen in einen Darlehns-, und bey andern in einen Leih- oder Mietvertrag über*" ("Pero tan pronto como el depositario empiece a servirse de esta autorización, el negocio, si es sobre cosas consumibles, transita a un mutuo y, tratándose de otras cosas, a un comodato o un arrendamiento de cosas"). La idea de que el uso autorizado de la cosa depositada hace cambiar la naturaleza del negocio según sea la clase de cosa de que se trate: a mutuo, si se trata de fungibles, o a comodato en el caso contrario, se la ve, por ejemplo, en DOMAT, Jean, *Les lois civiles dans leur ordre natural*, lib. I, tít. 7°, sec. 1ª, § 10, Paris, Th. De Hansy, 1735, I, p. 78: si se concede al depositario la facultad de servirse de la cosa depositada, mientras no ejerza esta facultad es un depositario; pero desde el momento en que la ejerza la figura cambia su naturaleza y queda sujeta a las reglas del préstamo de uso (comodato) si "es una cosa que permanece en [su] naturaleza" ("*si c'est une chose qui demeure en nature*"), o a aquellas del préstamo (mutuo) si es tal que al usarla cesa de tenerla ("*cesse de l'avoir*"). Pero, como se ve, Domat piensa en términos de consumibilidad y no en términos de fungibilidad. En todo caso, él no se plantea la hipótesis de que deba haber una mudanza a arrendamiento, cuando la cosa es infungible y el depósito era remunerado. La alternativa de mutuo o comodato es también la que ofrece HEINECCIUS, Johan Gottlieb, *Recitationes in elementa iuris civilis secundum ordinem Institutionum*, § 810, Vratislavia, Imp. I. F. Kornius, 1773, p. 438. En cambio, WOLF, Christian, *Ius naturae methodo scientifica pertractatum*, §

que el § 82 tuviera previsto, como vimos, que la sola autorización de uso no mudara la naturaleza del depósito, porque una tal mudanza solo acaece con el efectivo uso de la cosa.

La alternativa de conversión a comodato o a arrendamiento depende de si el depósito fue gratuito o remunerado, posibilidad esta última expresamente prevista en el § 84. Es consecuente que si no hubo remuneración, el depósito mude a comodato, pero a arrendamiento si la hubo.

El § 84 contiene una interesante norma: si se ha confiado dinero efectivo, títulos de crédito u otras cosas consumibles a alguien (se entiende que en depósito), pero con autorización para tenerlas como si se las hubiera dado en mutuo, la ley restringe el uso que el depositario pueda hacer de semejante autorización, porque la operación, aunque le haya sido atribuido el nombre de "depósito", tan pronto como el depositario empiece a hacer uso de la autorización es mirada como un mutuo hecho en fraude a la ley[30].

El § 87 se sitúa en la hipótesis de un depósito de dinero e implícitamente distingue dos posibilidades: *i*) que se haya concedido el uso del dinero al depositario, caso en el cual se supone aplicable el § 83 y el negocio transita a mutuo desde que se ejerce la autorización de uso; *ii*) que no le haya sido concedido esta, hipótesis en la cual el depositario debe pagar los más altos intereses que el depositante pueda exigir, y a contar del momento mismo del depósito, vale decir, no desde el momento del uso efectivo[31]; y en tal

---

610, Hallae Magdeburgicae, In Officina Libraria Rengeriana, 1744, IV, 417-418, piensa en otra alternativa: mutuo, si la cosa fungible es recibida con autorización de usarla; o promesa de mutuo, si es recibida para que la use cuando sea el caso de necesitarla. En sus *Institutiones iuris naturae et gentium*, § 539, Hallae Magdeburgicae, In Officina Libraria Rengeriana, 1763, 278, en cambio, Wolf dice que cuando el depositante concede el uso de la cosa al depositario, el depósito se mezcla ("*miscetur*") con un comodato (cuando recae sobre infungibles, aunque no lo diga expresamente) o con un mutuo, si se trata de dinero.

30 Allg. Landrecht f. die preuss. Staaten, 1ª parte, tít. 14°, § 84: "*Wenn baare Gelder, geldgleiche Papiere, oder andere verbrauchbare Sachen jemanden, welcher in der Befugnis Darlehnsverträge zu schließen, durch die Gesetze eingeschränkt ist, mit der Erlaubniß, sich derselben bedienen zu dürfen, anvertraut worden: so ist das Geschäft, wenn gleich demselben der Name eines Verwahrungsvertrags beigelegt worden, dennoch, sobald der Empfänger von dieser Erlaubniß Gebrauch macht, für ein zur Vereitelung der Gesetze geschlossenes Darlehn zu achten*".

31 Ibíd., 1ª parte, tít. 14°, § 87: "*Hat der Verwahrer die bey ihm niedergelegten Baarschaften, oder andere verbrauchbare Sachen, ohne Erlaubniß genutzt: so muß er, von dem Zeitpunkte der Niederlegung an, die höchsten Zinsen, welche der Niederleger nach seinem Stande fordern kann, entrichten*".

caso el depositario debe ser juzgado en consideración al lugar de donde es la moneda o, en defecto, según las reglas del mutuo[32].

Este conjunto de minuciosas normas está lejos de resplandecer por su claridad. Pero, en lo que se puede ver, parece que ahí se dice que: *i*) el depositario no puede usar la cosa depositada y si la usa incurre en responsabilidades; *ii*) el depositante puede permitirle un uso inocente de la cosa; *iii*) pero en este caso el contrato muda a comodato si el depósito había sido acordado como gratuito; o a arrendamiento, si aquel tenía alguna remuneración; *iv*) depositar dinero efectivo u otras cosas consumibles puede ser considerado como un mutuo en fraude a la ley; *v*) o si no, el depositante puede autorizar su uso al depositario, quien, si usa tales cosas sin autorización, queda obligado a pagar los más altos intereses posibles; *vi*) en ambos casos la operación es mirada como mutuo. En síntesis, pues, el ALPS. no acepta la posibilidad de un depósito irregular, que, sin más, es un mutuo.

c) De los más antiguos cuerpos legales, el *Code Civil* de 1804 sigue en vigencia. En él leemos el siguiente artículo 1932:

"Le dépositaire doit rendre identiquement la chose même qu'il a reçue./ Ainsi, le dépôt des sommes monnayées doit être rendu dans les mêmes espèces qu'il a été fait, soit dans le cas d'augmentation, soit dans le cas de diminution de leur valeur".	"El depositario debe restituir idénticamente la misma cosa que ha recibido Así, el depósito de monedas debe ser restituido en las mismas especies con que él fue hecho, sea en el caso de aumento sea en el caso de disminución de su valor".

El inciso 1°, pues, declara que el contrato obliga a devolver la misma cosa recibida. Para el inciso 2° esta regla sigue plenamente válida aunque lo depositado hubiera consistido en monedas, pues en tal caso el depositario debe restituir las mismas especies amonedadas que recibió en depósito, aunque su valor entretanto hubiera aumentado o disminuido. Según esto resulta que el código francés ignora la posibilidad del depósito irregular; este simplemente no existe, de guisa que el depósito de dinero es regular. La doctrina no le hizo mucho caso y vio directamente un mutuo en la figura[33].

32 Ibíd., 1ª parte, tít. 14°, § 88: "*Übrigens ist in einem solchen Falle der Verwahrer in Ansehung der Münzsorten, und sonst, nach den Regeln des Darlehnsvertrages zu beurtheilen*".

33 En ese sentido pueden verse, entre muchos otros: LAURENT, François, *Principes de droit civil*, números 72-73, Bruxelles - Paris, Bruylant - Marescq, 1893, XXVII, 90-93; BAUDRY-LACANTINERIE,

d) El próximo cuerpo legal que debemos considerar es el *Código* de Austria: el *Allgemeine bürgerliche Gesetzbuch*, emitido en 1811 y también todavía en vigencia. Teniendo presente que, según su § 968, el contrato de depósito no confiere al depositario la propiedad, ni el dominio ni un derecho de uso sobre la cosa; y que aquel es un mero tenedor con la obligación de asegurar que la cosa confiada no sufra daños[34], el § 959 dice:

> "Wird dem Verwahrer auf sein Verlangen, oder durch freiwilliges Anerbieten des Hinterlegers der Gebrauch gestattet; so hört im ersten Falle der Vertrag gleich nach der Verwilligung; im zweiten aber von dem Augenblicke, da das Anerbieten angenommen, oder von der hinterlegten Sache wirklich Gebrauch gemacht worden ist, auf, ein Verwahrungsvertrag zu sein; er wird bei verbrauchbaren Sachen in einen Darlehens-, bei unverbrauchbaren in einen Leihvertrag umgeändert, und es treten die damit verbundenen Rechte und Pflichten ein".

> "Si es que queda permitido el uso [de la cosa] al depositario, sea a petición suya, sea por libre ofrecimiento del depositante, el contrato cesa de ser un depósito, desde la convención [misma] en el primer caso, pero desde el momento en que la petición es aceptada o desde que realmente se ha hecho uso de la cosa depositada en el segundo; tratándose de cosas fungibles, aquel se transforma en un mutuo; y de cosas no fungibles, en un comodato; y [entonces] tienen lugar los derechos y obligaciones correspondientes a uno u otro".

Puede que el depositario tenga permiso de usar la cosa depositada, bien que aquel lo hubiera impetrado al depositante, bien que este se lo hubiera ofrecido unilateralmente. En cualquier caso, el contrato cesa de ser un depósito; pero desde un diferente momento. Si el depositario pidió la facultad de usar la cosa y el depositante accedió, como entonces se forma un consenso pertinente, desde ese momento cesa de haber depósito. Si, por el contrario, el depositante ofreció la facultad de usar la cosa al depositario, la nueva convención se perfecciona en el instante en que este último aceptó. Ahora bien, tal aceptación puede ser expresa, y entonces la cesación se

Gabriel - Wahl, Albert *Traité théorique et pratique de droit civil. De la société, du prêt, du dépôt* números 1.092-1.094, Paris, Sirey, 1907, 592-593; Troplong, Raymond-Théodore, *Le droit civil expliqué suivant l'ordre des articles du Code: Du dépôt et du séquestre et les contrats aléatoires*, números 111-119, Paris, Ch. Hingray, 1845, 96-100; Planiol, Marcel - Ripert, Georges, *Traité pratique de droit civil Français*, núm. 1.169, Paris, Librairie Générale de Droit et de Jurisprudence, 1954, XI, 498-500.

34 Allg. Bürg. GBuch. § 968: "*Durch den Verwahrungsvertrag erwirbt der Uebernehmer weder Eigenthum, noch Besitz, noch Gebrauchsrecht*; *er ist bloßer Inhaber mit der Pflicht, die ihm anvertraute Sache vor Schaden zusichern*".

produce con la aceptación de esa clase; pero también pudo ser tácita, es decir, consistente en que el depositario empiece a usar la cosa y entonces tal será el momento de la convención, desde el cual cesa de haber depósito. Por ello el § 959, para el caso de ofrecimiento unilateral del depositante, dice que "el contrato cesa de ser un depósito [...] desde el momento en que la petición es aceptada o desde que realmente se ha hecho uso de la cosa depositada".

Agrega la disposición que si el original depósito había versado sobre fungibles, con el permiso de su uso se convierte en mutuo; y si, por el contrario, sobre infungibles, la mudanza que genera tal permiso es a comodato; y entonces la operación se rige por las reglas del primero de los contratos mencionados o por las del segundo. Obsérvese que la aplicación del estatuto de uno u otro no es con efecto retroactivo al comienzo del negocio original, vale decir, del depósito, sino desde la formación del consentimiento sobre el permiso merced al cual se produce la mudanza; lo dice expresa y directamente el parágrafo: "el contrato cesa de ser un depósito, desde la convención [...], pero desde el momento en [...] o desde [...]".

En síntesis, pues, para el *Allgemeine bürgerliche Gesetzbuch*, el permiso de usar las cosas depositadas extingue el depósito y lo convierte en comodato, si aquellas eran fungibles; o en mutuo, en el caso contrario. Sin tal permiso, el depositario no puede usar las cosas, sean infungibles o fungibles; y si las usa, todos los daños que ellas sufran y que no hubieran acaecido si estuvieran en manos del depositante, se le imputan sin que pueda alegar caso fortuito[35].

e) Entretanto, en 1869 fue emitido un *Código Civil* en la Argentina, sustituido desde 2015, que dio un vuelco completo a la materia, pues su artículo 2188 dispuso: "*El depósito voluntario es regular o irregular./ Es regular:/* 1° *Cuando la cosa depositada fuere inmueble, o mueble no consumible, aunque el depositante hubiere concedido al depositario el uso de ella;/* 2° *Cuando fuere dinero, o una cantidad de cosas consumibles, si el depositante las entregó al depositario en saco o caja cerrada con llave, no entregándole esta; o fuere un bulto sellado, o con algún signo que lo distinga;/* 3° *Cuando representase el título de un crédito de dinero, o de cantidad de cosas consumibles, si el depositante no*

35 Allg. Bürg. GBuch. § 965: "*Hat aber der Verwahrer von der hinterlegen Sache Gebrauch gemacht, [...] und die Sache leidet einen Schaden, welchem sie bei dem Hinterleger nicht ausgesetzt gewesen wäre; so kann er keinen Zufall vorschützen und die Beschädigung wird ihm zugerechnet*".

hubiere autorizado al depositario para la cobranza;/ 4° Cuando representase el título de un derecho real, o un crédito que no sea de dinero".

En complemento necesario, el artículo 2189 añadió: "*Es irregular:/ 1° Cuando la cosa depositada fuere dinero, o una cantidad de cosas consumibles, si el depositante concede al depositario el uso de ellas o se las entrega sin las precauciones del artículo anterior, número 2°, aunque no le concediere tal uso y aunque se lo prohibiere;/ 2° Cuando representare crédito de dinero, o de cantidad de cosas consumibles, si el depositante autorizó al depositario para su cobranza*".

En primer lugar, destacamos que el término "irregular", que había comparecido en el muy antiguo *Código* bávaro de 1756, pero que había desaparecido en los sucesivos, reaparece, casi cien años después, en el *Código* argentino, el cual, además, habla de "depósito regular", lo que no había acaecido en el bávaro. El primero distingue formalmente entre un depósito voluntario regular y otro irregular. El de inmuebles es siempre regular; también lo es el de títulos de crédito bien de dinero, bien de cantidades de consumibles, si no quedó autorizado su cobro al depositario; y asimismo lo es el depósito de títulos de derechos reales o créditos no dinerarios. En fin, es depósito regular el de dinero o consumibles encerrados o sellados, en que el continente y no el contenido es el objeto del depósito.

Por el contrario, es irregular el depósito de dinero o de consumibles no encerrados ni sellados (sin que interese entonces si se autorizó o no el uso ni, incluso, si se lo prohibió) o, en el caso contrario, con autorización de usar lo depositado; también lo es el depósito de títulos de crédito de dinero o de otros consumibles si el depositario quedó autorizado para su cobranza.

Vélez Sarsfield, el autor del *Código* argentino de 1869, en contra de su costumbre, no dejó testimonio de las fuentes que empleó para redactar los artículos 2188 y 2189 CCArg.[36]

En todo caso, se observará que para este cuerpo legal el depósito irregular era un tipo de depósito, pues calla absolutamente sobre la posibilidad de su tránsito a mutuo (o comodato o arrendamiento). Al revés, regula los efectos del depósito irregular con toda independencia de los de otros tipos negociales.

---

36 Es tan solo a propósito del artículo 2220 que Vélez escribe: "*Sobre las diferencias del depósito irregular y el préstamo, Troplong, N° 117*", con referencia a Troplong, Raymond-Théodore (n. 33), núm. 117, 99-100, en donde, en efecto, ese autor explica las diferencias a que remite Vélez.

Las reglas que establece para el depósito irregular son las siguientes: *i*) la cosa depositada se hace del dominio del depositario (artículo 2191); *ii*) este queda obligado a pagar otro tanto de dinero o cosas consumibles, con tal que sean del mismo género (artículo 2220, que dice empero: "de la misma especie", con un error que ya habíamos observado en el *Código* bávaro); *iii*) cuando es relevante si hubo autorización para usar la cosa depositada, el artículo 2221 permite presumir que la hubo si no consta que el depositante lo prohibió; *iv*) si lo hubiera prohibido y el depositario usó las cosas y se constituyó en mora de restituirlas, debe intereses desde el día del depósito

f) Con el siguiente examen, volvemos a Europa, pues ahora se trata del *Código Civil* español de 1889. Su artículo 1767 establece la siguiente regla general: "[Inciso 1°] *El depositario no puede servirse de la cosa depositada sin permiso expreso del depositante./* [Inciso 2°] *En caso contrario, responderá de los daños y perjuicios*". Sobre tal base, dispone el artículo 1768: "*Cuando el depositario tiene permiso para servirse o usar de la cosa depositada, el contrato pierde el concepto de depósito y se convierte en préstamo o comodato. El permiso no se presume, debiendo probarse su existencia*". El artículo, con algunas variaciones, proviene del artículo 1671 del *Proyecto de Código Civil* de 1851, principalmente redactado por Florencio García Goyena. Decía la norma ahí proyectada: "[Inciso 1°] *Cuando el depositario tiene permiso para servirse o usar de la cosa depositada, el contrato cambia de naturaleza, y ya no es depósito sino préstamo o comodato/* [Inciso 2°] *No se presumirá concedido este permiso en ningún caso, si no consta expresamente*". En su comentario al artículo 1671, García Goyena dice haberlo basado en el § 959 del *Código* austriaco, pero que lo ha reforzado con el inciso 2°, destinado a apoyar mejor el artículo 1670 (= 1677 CCEsp.), donde se establece que el depositario no puede servirse de la cosa depositada sin permiso expreso del depositante y que en caso contrario responderá de los daños e intereses. A propósito de ese artículo 1670, el autor, después de una serie de consideraciones, había concluido: "*Desterramos, pues, el depósito irregular*"[37].

g) El *Código Civil* alemán (*Bürgerliches Gesetzbuch*) de 1896/1900 dedicó un § 700 a nuestra materia, que en su actual redacción, impuesta por la reforma de 2002, reza así:

---

37 García Goyena, Florencio, *Concordancias, motivos y comentarios del Código Civil español*, Madrid, Imprenta de la Sociedad Tipográfico-Editorial, 1952, IV, 90.

"Unregelmäßiger Verwahrungsvertrag. (1) Werden vertretbare Sachen in der Art hinterlegt, dass das Eigentum auf den Verwahrer übergehen und dieser verpflichtet sein soll, Sachen von gleicher Art, Güte und Menge zurückzugewähren, so finden bei Geld die Vorschriften über den Darlehensvertrag, bei anderen Sachen die Vorschriften über den Sachdarlehensvertrag Anwendung. Gestattet der Hinterleger dem Verwahrer, hinterlegte vertretbare Sachen zu verbrauchen, so finden bei Geld die Vorschriften über den Darlehensvertrag, bei anderen Sachen die Vorschriften über den Sachdarlehensvertrag von dem Zeitpunkt an Anwendung, in welchem der Verwahrer sich die Sachen aneignet. In beiden Fällen bestimmen sich jedoch Zeit und Ort der Rückgabe im Zweifel nach den Vorschriften über den Verwahrungsvertrag./ (2) Bei der Hinterlegung von Wertpapieren ist eine Vereinbarung der im Absatz 1 bezeichneten Art nur gültig, wenn sie ausdrücklich getroffen wird".

"Contrato de depósito irregular. (1) Cuando se deponen cosas fungibles de manera que la propiedad transite al depositario y este deba quedar obligado a devolver cosas de la misma clase, calidad y cantidad, tratándose de dinero resultan aplicables las prescripciones sobre el contrato de mutuo de dinero ["Darlehensvertrag"] y tratándose de otras cosas [fungibles], las prescripciones sobre el contrato de mutuo de cosas ["Sachdarlehensvertrag"]. Si el depositante permite consumir las cosas fungibles al depositario, tratándose de dinero resultan aplicables las prescripciones sobre el contrato de mutuo de dinero ["Darlehensvertrag"] y tratándose de otras cosas [fungibles], las prescripciones sobre el contrato de mutuo de cosas ["Sachdarlehensvertrag"] desde el momento en que el depositario se apropie de las cosas. En ambos casos, estando en duda el momento y el lugar de la devolución, se determinarán, sin embargo, según las prescripciones del contrato de depósito. (2) En el depósito de títulos-valor, un acuerdo del tipo designado en el inciso 1° es válido solo si ha sido expresamente alcanzado".

El BGB., pues, distingue dos hipótesis[38]: 1ª La del depósito de fungibles bajo convenio[39] de que la propiedad transite al depositario y este deba quedar obligado a devolver cosas de la misma clase, calidad y cantidad,

38 Sobre el § 700 Bür. GBuch, v. Schmoeckel, Mathias y otros (editores), *Historisch-kritischer Kommentar zum BGB*, Tübingen, Mohr Siebeck, 2013, III: "Schuldrecht", Besonderer Teilband, 2: §§ 657-853 y 688-700, núm. II, 8 (sobre el texto anterior a la reforma de 2002) y III,8 (sobre el texto derivado de la reforma de 2002), 1.855 y 1.861-1.862 respectivamente.

39 El texto del § 700 no cita ningún convenio y se limita a hablar de unas cosas que "son depositadas de manera" que la propiedad transite al depositario y que este deba ser obligado a devolver cosas de la misma clase, calidad y cantidad; pero depositarlas de esa manera supone un acuerdo en tal sentido. Así Enneccerus, Ludwig, *Derecho de obligaciones*, II: *Doctrina especial*, § 168, 2ª edición de la traducción al castellano de la 35ª edición alemana, Barcelona, Bosch, 1950, 378, dice: "Si en el depósito de cosas fungibles se estipula la transmisión de la propiedad y el que recibe está obligado a devolver cosas de igual especie y cantidad [...]". Por lo demás, el inciso 2° del § 700 se remite expresamente al "acuerdo"

de la cual se distinguen dos sub-hipótesis: *i)* si los fungibles depositados consisten en dinero, la operación se rige por las reglas del mutuo de dinero ("Darlehensvertrag"), definido en el § 488 BGB.; *ii)* si tales fungibles no consisten en dinero, la operación se rige por las reglas del mutuo de fungibles que no sean dinero ("Sachdarlehensvertrag") a que se refiere el § 607 BGB.[40]; 2ª La del depósito de fungibles bajo permiso[41] de consumirlos dado al depositario, acerca de la cual vuelve a distinguirse: *i)* si los fungibles depositados consisten en dinero, la operación se rige por las reglas del mutuo de dinero ("Darlehensvertrag"), tratado en el § 488 BGB.; *ii)* si tales fungibles no consisten en dinero, la operación se rige por las reglas del mutuo de fungibles que no sean dinero "Sachdarlehensvertrag" a que se refiere el § 607 BGB.[42] La aplicabilidad del régimen del mutuo de dinero o del mutuo de otras cosas fungibles procede, no desde el momento en que se concedió el permiso de consumir, sino desde aquel en que el depositario se apropió de las cosas, lo que debe entenderse como desde el momento en que empezó a consumirlas. Si restare una duda acerca del tiempo o el lugar de la restitución, se estará a las reglas dadas para el depósito. El inciso 2° hace

("Vereinbarung") del tipo indicado en el inciso 1°, acuerdo que no puede ser otro que el de transmitir la propiedad de los fungibles depositados y devolver otro tanto de su mismo género, y el de poder consumirlos, que, como se ve, son dos, aunque el inciso 2° esté redactado en singular; a falta de toda especificación, entendemos que el inciso 2° se refiere a ambos, como correctamente entiende Enneccerus, L. citado antes, § 168, 379, quien, con referencia al inciso 2°, escribe: "[...] el convenio en virtud del cual se transfiere la propiedad [...] o en virtud del cual se autoriza al depositario para consumir [...]"; es decir, entiende que la referencia es a dos convenios.

40 El Bür. GBuch reformado en 2002, pues, distingue dos clases de mutuos: el de dinero ("Darlehensvertrag") y el de otros fungibles ("Sachdarlehensvertrag"); y los trata en sedes sistemáticas diferentes. El texto anterior a la reforma, en cambio, aunque hacía la distinción, los regulaba conjuntamente en los §§ 607-610 (que, pues, hablaban de préstamo de dinero o de otras cosas fungibles). El *Código Civil* de Chile, en el tít. 31° de su libro IV, disciplina únicamente un préstamo de fungibles, en el entendido de que el dinero pertenece a tal tipo de cosas. El dinero solo aparecía mencionado expresamente en el hoy derogado artículo 2199. Subsiste su mención negativa en el artículo 2198 (relativo al préstamo de cosas fungibles que no sean dinero).

41 También aquí se trata de un acuerdo; v. la nota 39.

42 La principal diferencia entre uno y otro contrato radica en que el mutuo de dinero está sometido al pago de intereses anuales ("Zinsen": § 488 inciso 2° Bür. GBuch), mientras que el mutuo de otros fungibles, solo al pago de una remuneración ("Darlehensentgelts": § 607 inciso 1° Bür. GBuch). El artículo 2205 CCh., en cambio, permite convenir intereses en dinero o en cosas fungibles.

aplicable al depósito de valores los convenios de transferir su propiedad al depositario y de disponerlos, siempre que se establezcan expresamente. Lo cual indica que los mismos convenios en cuanto aplicados a dinero u otras cosas corporales pueden ser tácitos.

h) El *Code Civil* suizo de 1907/1912 presenta un artículo 481-B sobre nuestro tema:

> "Dépôt irrégulier./ 1. S'il a été convenu expressément ou tacitement que le dépositaire d'une somme d'argent serait tenu de restituer, non les mêmes espèces, mais seulement la même somme, il en a les profits et les risques./ 2. Une convention tacite se présume, dans le sens indiqué, si la somme a été remise non scellée et non close./ 3/ Lorsque le dépôt consiste en d'autres choses fongibles ou en papiers-valeurs, le dépositaire n'a le droit d'en disposer que s'il y a été expressément autorisé par le déposant".

> Depósito irregular./ 1. Si se ha convenido expresa o tácitamente que el depositario de una suma de dinero está obligado a restituir, no las mismas especies, sino solamente la misma suma, le pertenecen los provechos y los riesgos./ 2. Si la suma se entregó no cerrada ni sellada, se presume una convención tácita en el sentido indicado./ 3. Cuando el depósito consiste en otras cosas fungibles o en títulos-valores, el depositario no tiene derecho de disponerlos más que cuando haya sido expresamente autorizado por el depositante".

La disposición distingue dos supuestos: 1° el depósito de dinero; y 2° el depósito de otros fungibles distintos al dinero, o de títulos-valores.

En el primer caso, pudo acaecer que: *a*) el dinero se haya entregado no encerrado ni sellado, entonces la ley presume esta convención tácita[43]: que el depositario queda obligado a restituir no las mismas especies dinerarias recibidas, sino solamente su misma cantidad; *b*) que el dinero se haya entregado encerrado o sellado, entonces puede *i*) convenirse expresa o tácitamente que el depositario quede obligado a restituir no las mismas especies dinerarias recibidas, sino solamente su misma cantidad; *ii*) no convenirse nada al respecto.

Ahora bien, en el caso *a*) y en el caso *b ii*) el depositario carga con todos los provechos y riesgos de la cosa; y se trata propiamente de un "dépôt irrégulier". En el caso *b i*), el depositario no puede servirse del dinero encerrado o sellado y si lo hace, en todo caso debe indemnizar al depositante y, además, responderle por la pérdida fortuita del dinero, a menos de probar que el

43 Es extraña la manera de hablar de este artículo: un convenio puede ser expreso, tácito o presunto; pero no decimos que se presume una convención tácita: si se presume, no es tácita; y si es tácita, no se presume.

dinero igualmente se hubiera destruido aunque no se hubiese servido de él el depositario[44].

En el segundo caso rigen las mismas reglas, pero la autorización para disponer de lo depositado debe ser concedida expresamente; y no cabe, pues, una autorización tácita ni una presunta.

i) Corresponde ahora que nos ocupemos del *Codice Civile* italiano de 1942. Trata de la materia en general[45] su artículo 1782:

"Deposito irregolare./ Se il deposito ha per oggetto una quantità di danaro o di altre cose fungibili, con facoltà per il depositario di servirsene, questi ne acquista la proprietà ed è tenuto a restituirne altrettante della stessa specie e qualità./ In tal caso si osservano, in quanto applicabili, le norme relative al mutuo".	"Depósito irregular./ Si el depósito tiene por objeto una cantidad de dinero o de otras cosas fungibles, con facultad para servirse de ellas dada al depositario, este adquiere su propiedad y queda obligado a restituir otra tanta cantidad de la misma especie y cualidad./ En tal caso se observan, en cuanto aplicables, las normas concernientes al mutuo".

La norma define los trazos esenciales del depósito irregular: la operación tiene por objeto dinero u otras cosas fungibles; el depositario adquiere la propiedad de dichos objetos; y queda obligado a restituir otro tanto del mismo género y calidad. Pero ella incluye en su tipificación que haya facultad para servirse del dinero o los fungibles depositados, sin indicación de si aquella debe ser expresa o si puede ser tácita. Supuestos tales objetos y la mencionada facultad, deben aplicarse las normas sobre el mutuo[46].

---

44 CCSuiz., artículo 174: "1. *Le dépositaire ne peut se servir de la chose sans la permission du déposant./ 2 S'il enfreint cette règle, il doit au déposant une juste indemnité, et il répond en outre du cas fortuit, à moins qu'il ne prouve que la chose eût été atteinte également s'il ne s'en était pas servi*" ("El depositario no puede servirse de la cosa sin permiso del depositante./ 2. Si enfrenta esta regla debe una justa indemnización al depositante y además responde del caso fortuito, a menos que pruebe que la cosa hubiera sido igualmente alcanzada si él no se hubiese servido de ella").

45 Sobre el depósito irregular en el derecho italiano: DALMARTELLO, Arturo - PORTALE, Giuseppe, s. v. "Deposito (diritto vigente)", en *Enciclopedia del Diritto*, Milano, Giuffrè, 1964, XII, núm. 31, 269-272.

46 El artículo 1834 atañe al depósito de dinero en un banco: "*Depositi di danaro./ Nei depositi di una somma di danaro presso una banca, questa ne acquista la proprietà ed è obbligata a restituirla nella stessa specie monetaria, alla scadenza del termine convenuto ovvero a richiesta del depositante, con l'osservanza del periodo di preavviso stabilito dalle parti o dagli usi./ Salvo patto contrario, i versamenti e i prelevamenti si eseguono alla sede della banca presso la quale si e costituito il rapporto*" ("Depósito de dinero. En el depósito de una suma de dinero en un banco, este adquiere su propiedad y queda obligado a restituirla en la misma especie

j) En el libro II, tít. 2°, cap. 11° del *Código Civil* portugués de 1966, hay una sección 5ª rubricada: "Depósito irregular", que contiene dos artículos. El artículo 1205 dice: "*Noção./ Diz-se irregular o depósito que tem por objecto coisas fungíveis*" ("Noción./ Dícese irregular el depósito que tiene por objeto cosas fungibles"); y el artículo 1206 expresa: "*Regime,/ Consideram-se aplicáveis ao depósito irregular, na medida do possível, as normas relativas ao contrato de mútuo*" ("Régimen./ Considéranse aplicables al depósito irregular, en la medida de lo posible, las normas relativas al contrato de mutuo"). El concepto de depósito irregular ofrecido por la primera de las normas citadas, por su claridad y exactitud, no exige comentarios. La segunda, en realidad, tampoco.

k) Todavía queda por examinar el dispositivo del *Código Civil* del Brasil de 2002, cuyo artículo 645 reza así:

"O depósito de coisas fungíveis, em que o depositário se obrigue a restituir objetos do mesmo gênero, qualidade e quantidade, regular-se-á pelo disposto acerca do mútuo"	"El depósito de cosas fungibles, en que el depositario se obligue a restituir objetos del mismo género, cualidad y cantidad, se regulará por lo dispuesto acerca del mutuo".

La norma supone que puede haber depósito de cosas fungibles en que el depositario no se obligue a restituir objetos del mismo género, cualidad y cantidad; pero deja completamente en suspenso el punto.

l) No tratan ni mencionan el depósito de dinero u otros fungibles los *Códigos* de México (1928), Quebec (1991/1994) y Holanda (1992).

2. Las líneas que se siguen de la presentación antecedente son estas:

a) Por regla general los códigos examinados aplican las reglas del mutuo al depósito de dinero o de otros fungibles, sea *i*) porque consideran que el negocio transita a mutuo [*Códigos* de Baviera, v. 1 *a*)], Prusia [v. 1 *b*)], Austria [v. 1 *d*)], España [v. 1 *f*)]; *ii*) sea porque ordenan directamente tal aplicación sin preocuparse de si el negocio sea mutuo o no [Alemania [v. 1 g)], Italia [v. 1 *i*)], Portugal [v. 1 *j*)] y Brasil [v. 1 *k*)].

monetaria al cumplirse el término convenido o bien a requerimiento del depositante con observancia del período de aviso previo establecido por las partes o por los usos./ Salvo pacto en contrario, los pagos y depósitos tienen lugar en la sede del banco en la cual se constituyó la relación"). Pasaremos por alto esta norma precisamente por consistir en un depósito irregular especial, cuya especialidad radica en ser un banco el depositario. El depósito de dinero en persona distinta a un banco se rige por el artículo 1782 CCIt. antes transcrito.

El *Código* de Prusia [v. 1 *b*)] considera que el depósito de dinero u otros fungibles con autorización para tenerlos como si se los hubiera dado en mutuo, es un mutuo en fraude a la ley. El *Código* de Francia [v. 1 *c*)] considera que el depósito de dinero es un depósito normal (regular) y, por ende, ignora los efectos propios de la figura del llamado irregular

No asimilan el depósito irregular al mutuo, pero reconocen su existencia y le imponen un régimen propio los *Códigos* de Argentina [v. 1 *e*)] y Suiza [v. 1 *h*)],

Ignoran y no mencionan el depósito de dinero o fungibles los *Códigos* de México [v. 1 *l*)], Quebec [v. 1 *l*)] y Holanda [v. 1 *l*)].

b) La idea de que el depósito de dinero u otros fungibles permite usar tales objetos debido a un permiso o una autorización dados expresa o tácitamente por el depositante al depositario es aceptada por los *Códigos* de Baviera [v. 1 *a*)], Prusia [v. 1 *b*)], Austria [v. 1 *d*)], España [v. 1 *f*)], Alemania [v. 1 *g*)], Suiza v. 1 *h*)] e Italia [v. 1 *i*)].

Claramente prescinden de la idea de autorización para usar los fungibles o devolver el *tantundem* los *Códigos* de Argentina [v. 1 *e*)] y Portugal [v. 1 *j*)]; el de Brasil [v. 1 *k*)] deja ver cierta ambigüedad al respecto[47].

c) Seis códigos usan el adjetivo "irregular" para designar al depósito de dinero u otros fungibles, de los once examinados que describen la figura, con independencia del régimen que le impongan. Son los *Códigos* de Baviera [v. 1 *a*)], Argentina [v. 1 *e*)], Alemania [v. 1 *g*)], Suiza [v. 1 *h*)], Italia [v. 1 *i*)] y Portugal [v. 1 *j*)].

d) El único *Código* que comprendió a cabalidad la naturaleza del depósito irregular fue el de Argentina de 1869 [v. 1 *e*)] (ni siquiera el chileno, como veremos), porque, para considerar que haya depósito irregular, le basta exigir que el objeto depositado sea dinero o cierta cantidad de consumibles[48] entregados al descubierto, vale decir, no en bultos sellados, o en sacos o cajas cerrados o en estas últimas cuya llave confía al depositario, haya o no el depositante concedido su uso al depositario y aunque se lo hubiera prohibido. El mero hecho de depositar fungibles en descubierto, pues, con independencia de la convención o la voluntad de las partes –como lo

47 Porque habla de un depósito de fungibles en que el depositario se obligue a restituir objetos del mismo género, etc., y da a entender que podría no obligarse a tal y que, por ende, la restitución del *tantundem* depende de la convención.

48 Al exigir "consumibles" ese cuerpo legal se equivoca empero, porque basta una cantidad de fungibles, sean o no consumibles.

veremos dentro de poco–, constituye al depósito irregular; y son superfluas todas las prescripciones de los demás códigos en cuanto distingan si hubo autorización de uso o no la hubo, si la que hubo fue expresa o tácita, y dispongan que la mera entrega en descubierto constituye autorización tácita, etc. Particular reproche merece el *Código* francés [v. 1 *c*)] que, bajo la pretensión de negar existencia al depósito irregular, exige que el de monedas deba ser restituido en las mismas especies, porque eso está fuera del control del depositante y no es posible verificar.

VI. EL DEPÓSITO IRREGULAR Y LA VOLUNTAD DE LAS PARTES

La idea de que la configuración del depósito irregular exija la intervención de la voluntad de las partes remonta al glosador Accursius[49]. De su opinión, más o menos conservada en la tradición posterior, dependen siete de los once códigos que describen la figura del depósito de dinero u otros fungibles examinados en el precedente capítulo V, como son los de Baviera [v. 1 *a*)], Prusia [v. 1 *b*)], Austria [v. 1 *d*)], España [v. 1 *f*)], Alemania [v. 1 *g*)], Suiza v. 1 *h*)] e Italia [v. 1 *i*)]. Pero esta idea no es atendible: La irregularidad del depósito no depende en modo alguno de la voluntad de las partes en orden a quedar autorizado el uso o el consumo de los objetos depositados o que la "propiedad" de estos transite al depositario. Aunque, pues, nada se diga al respecto, o se prohíba el uso o el consumo de las cosas o se acuerde que su propiedad no haya de pasar al que recibe, igual hay depósito irregular.

VII. LA NATURALEZA Y EL RÉGIMEN DEL DEPÓSITO IRREGULAR

1. El depósito irregular no es un depósito propiamente dicho[50]. El punto ya quedó introducido en los capítulos I y II de este parágrafo. Ahí sostuvimos que el depósito propiamente dicho es un contrato consistente en la entrega de una cosa corporal mueble por un depositante a un depositario en función de guarda

---

49 V. el cap. IV, 1 de este parágrafo.

50 Flores Micheo, Rafael, *El depósito irregular*, en *Revista de Derecho Privado*, 47, Madrid, 1963, sostiene que el depósito irregular es un verdadero depósito, el cual, pues, ofrece dos especies: el regular y el irregular. Según él, el paso de la propiedad del dinero o de los fungibles depositados es un mero accidente, que no altera la esencia de la operación.

y custodia, y que este debe restituir al primero cuando le sea reclamada por el mismo. Dicho contrato es de mera tenencia, porque el depositario no adquiere el dominio de lo depositado, así que no puede usarlo, disfrutarlo ni disponerlo, y solo puede tenerlo. Pero si lo aplicamos a cosas fungibles, resulta todo lo contrario: el depositario adquiere el dominio de los fungibles, los puede usar, disfrutar y disponer y no necesita conservarlos; solo debe el *tantundem*. La lógica no resiste que resultados tan contradictorios sean producidos por una misma y única figura; así que el depósito irregular no puede ser un depósito[51].

2. Hay una corriente, sin embargo, que sostiene lo opuesto y considera que el hecho de recaer sobre fungibles un depósito no hace mudar su naturaleza de tal; así que el depósito irregular es un auténtico y verdadero depósito.

a) Con todo, como la realidad no puede ser desconocida, los sostenedores de esta opinión se ven obligados a reconocer que la relación del depositario con la cosa es distinta en uno y otro caso: en el depósito regular se trata de un mero tenedor; en el irregular, de un dueño (catacrético, añadimos nosotros); así que mientras el depositario regular no puede disponer del objeto, el irregular sí.

Pero enseguida, para saldar un tanto la enorme diferencia que establece este reconocimiento, se añade que, en realidad, en el depósito irregular lo depositado no son las especies fungibles que transitan al depositario, sino su cantidad y, en el caso de dinero, su valor. El depositario contrae la obligación de mantener a disposición del depositante la cantidad o los valores monetarios de que se trate, a fin de entregárselos a su primer requerimiento, no bien haya podido disponer de las especies individuales que recibió y devolver otras[52]. De esta manera su situación es semejante

---

51 Garrigues y Diaz-Cañábate, Joaquín, *El depósito irregular y su aplicación en el derecho mercantil*, en *Revista Crítica de Derecho Inmobiliario*, 86-90, 92-94 (Madrid, 1932), N° 93, 654-656 y N° 94, 721-722, quien cree que el depósito irregular es un tipo de depósito, sostiene que la propiedad de los fungibles depositados no pasa al depositario y que la imposibilidad en que este se encuentra de reivindicar lo suyo es solo debida a la falta de su individualización, lo cual no es signo de haber perdido la propiedad (pero cfr. lo que expresa en N° 87, p. 171). El autor dice basarse en Coppa-Zuccari, *Il deposito irregolare* (n. 22), pero yo no encuentro nada semejante ahí; por el contrario, véase lo que dice este último en págs. 153-154.

52 No ha mucho (la 1ª edición del libro que se citará es de 1998, del cual en 2011 se ha tirado una 5ª edición) esta teoría ha sido expuesta de manera precisa y extrema por el economista español Huerta de Soto, Jesús, *Dinero, crédito bancario y ciclos económicos*, 4ª edición, Madrid, Unión Editorial, 2009, cap. 1°: "Naturaleza jurídica del contrato de depósito irregular de

a la del depositario propiamente tal o regular, que ha de tener consigo la cosa para restituirla al depositante cuando la pida[53]. Una variante es que ni siquiera haya transferencia del dominio en el depósito irregular, porque el depositante lo mantiene sobre el *tantundem*[54].

---

dinero", 9-34. Por ejemplo: "Sin embargo, hay que insistir en que la esencia del depósito sigue inalterada y en que el depósito irregular participa plenamente de la misma naturaleza esencial de todo depósito, que consiste en la obligación de guarda o custodia. En efecto, en el depósito irregular existe siempre una disponibilidad inmediata a favor del depositante que en cualquier momento puede acudir al almacén de trigo, al depósito de aceite o a la caja del banco y retirar el equivalente de las unidades que originariamente entregó" (págs. 12-13). Para ello, este autor opina que: "La obligación de guarda y custodia que constituye el elemento esencial de todo depósito se concreta en el depósito irregular en una obligación de mantener siempre una completa disponibilidad del *tantundem* en favor del depositante" (pág. 13); y que esto "en el caso concreto del bien fungible por excelencia, que es el dinero, significa que la obligación de custodia exige el mantenimiento en todo momento de un coeficiente de caja del 100 por cien a disposición del depositante" (pág. 14). En síntesis, pues, el depositario, aunque pueda variar las especies, debe tener siempre dispuesto un tanto de las cosas del mismo género y calidad al de las recibidas (v. la nota 20 de pág. 22), con que restituir al depositante cuando lo pida. Si se trata de los bancos, su encaje debería ser del 100%.

53 En verdad, esta tesis ya había sido sostenida hace muchos años por Coppa-Zuccari, *Il deposito irregolare* (n. 22), 95-97, aunque no con la claridad exhibida por el autor citado en la nota anterior.

54 Huerta de Soto, Jesús, *Dinero* (n. 52), nota 5 de la pág. 12: "otra solución [...] es la de considerar que en el depósito irregular no hay traslación verdadera de la propiedad, sino que esta viene referida en abstracto al *tantundem* o cantidad de la cosa depositada y que, como tal, siempre permanece a favor del depositante y no se traslada. [...] aunque en el depósito irregular tradicionalmente se ha venido considerando otra cosa (el traslado efectivo de la propiedad sobre unas unidades físicas), parece más correcto admitir que la propiedad pueda definirse en los términos más abstractos del artículo 381 del Código Civil, en cuyo caso puede considerarse que no se produce traslación alguna de la misma cuando se efectúa un depósito irregular". El artículo 381 CCEsp. se refiere al caso de una conmixtión o mezcla de dos cosas de igual o diferente especie, decidida por sus dueños, o casual si las cosas no son separables sin detrimento, casos en los cuales "*cada propietario adquirirá un derecho proporcional a la parte que le corresponda atendido el valor de las cosas mezcladas o confundidas*". Lo que el *Código* establece es una comunidad, en la que cada anterior dueño singular tiene ahora un dominio pro parte indivisa. O sea, hay un cambio en la naturaleza del derecho de cada cual. El autor cree, en cambio, que cada uno tiene el mismo derecho de propiedad anterior, sobre el *tantundem* y por analogía concluye que en el depósito irregular, el depositante conserva su dominio anterior sobre el *tantundem*. Cfr. Nettelbladt, Daniel, *Systema elementare universae iurisprudentiae naturalis*, § 624, 5ª edición, Halae Magdeburgicae, In Officina Libraria Rengeriana, 1785, reimpresión facsimilar Hildesheim y otras, Olms, 1997, I, 259: "[...] *depositum irregulare, si deposito adiectum pactum, quo depositario usus rei depositae permittitur, sive illud pactum sit expressum, sive tacitum; veluti si sola quantitas deposita*" ("[...] depósito irregular, si al depósito se le añade

b) Esta doctrina no puede sostenerse en Chile. En rigor, ni siquiera es válida para ningún depósito, sea regular, sea irregular. Es cierto que la ley afirma en la definición general del artículo 2211 CC. que el depositario se encarga de guardar la cosa depositada, y en la especial del artículo 2215 CC. que el depositante entrega un mueble para que el depositario lo guarde; y esto pudiere suscitar alguna opinión errada acerca del significado del verbo "guardar". Que el depositario esté encargado de "guardar" la cosa depositada en su poder no significa que tenga la obligación de hacer en orden a su "resguardo", "protección" o "salvaguardia" en el sentido, pues, de conservar, amparar y preservar la existencia e integridad física del cuerpo de que se trate, tomando precauciones para impedir su pérdida o deterioro[55]. Si así fuere, el depositario que se comportara negligentemente con la cosa frente a los peligros que pudieron amenazarla aunque, con todo, la restituyere en el estado en que la recibió, incumpliría una obligación. Lo que claramente no es así. Supóngase que un depositario deja la obra de arte que le depositaron en el jardín de su casa colindante con la vía pública durante varios días, al cabo de los cuales el objeto es reclamado por el depositante, a quien se lo entrega de inmediato el depositario. Si la cosa es recibida por el depositante íntegra en devolución, no podría reclamar contra el custodio bajo el concepto de haber descuidado la cosa, por haberla dejado expuesta a que cualquiera que hubiera pasado por la calle pudiera haberla tomado y llevado consigo o a que la intemperie la hubiera podido dañar. Ni siquiera en los casos de poder considerarse llanamente doloso el comportamiento del depositario o de admitir la calificación de gravemente culposo estaría permitido juzgarlo si, pese a todo, restituyó íntegra la cosa[56].

---

un pacto, por el cual el uso de la cosa depositada es permitido al depositario, ora que el pacto sea expreso ora que tácito; como si se hubiera depositado solo la cantidad"), en donde parece percibirse que el autor considera que en el depósito irregular lo depositado es una cantidad. El error de todos estos razonamientos es confundir el accidente de la cantidad con la sustancia del ser al que se atribuye; como si la cantidad fuera una cosa sustancial en sí.

55 De otra opinión Ozcáriz Marco, Florencio, *El contrato de depósito. Estudio de la obligación de guarda*, Barcelona, Bosch, 1997, 187-223.

56 Otra cosa es que el depositario responda normalmente hasta de la culpa grave (artículo 2222 inciso 2° CC.); porque eso solo significa poder exigirle una indemnización en el caso de perderse o deteriorarse la cosa debido a la falta de cierto cuidado que aun las personas negligentes y de poca prudencia suelen emplear en sus negocios propios (artículo 44 inciso 2° CC.), tanto como para merecer ese comportamiento su equiparación legal con uno doloso. Es, pues, el evento concreto de la pérdida o del deterioro de la cosa depositada el que

Cuando la ley emplea la voz "guardar" en tema de depósito, pues, lo hace para describir que por él la cosa se recibe para meramente tenerla sin uso ni goce, en oposición a cuanto acaece en el comodato, por el cual la cosa se recibe para hacer uso de ella (artículo 2174 CC.), en la prenda según la cual la recepción es en seguridad o garantía de un crédito (artículo 2384 inciso 1° CC.) o en el arrendamiento de cosas merced al que estas son concedidas en uso y goce (artículo 1915 CC.). Por consiguiente, al depositario no le queda más que "guardar" la cosa, esto es, instalarla, colocarla o dejarla en un lugar (que puede ser el interior de un objeto de moblaje, como en un cajón, estante, compartimento, etcétera), en donde repose hasta que sea pedida por el depositante, sin usarla o gozarla en modo alguno[57].

c) En tales condiciones, carece de sentido pretender que el depositario tiene alguna obligación de hacer antes de serle requerida la devolución de la cosa. Sobre tal base, también carece de sentido construirle una obligación a mantener permanentemente en su poder –como petrificado– el *tantundem* de fungibles depositados, que aunque no la cumpliera el depositario, no habría cómo reprocharle ese incumplimiento si a última hora consigue devolverlo al depositante.

Otra cosa es que si, como inmediata respuesta al requerimiento de su

---

desencadena esta responsabilidad, no el evento de haberse comportado sin un mínimo de cuidado, consistente en aquel que hasta los individuos negligentes y de escasa prudencia aplican en el cuidado de sus propias cosas. El depositario no tiene la obligación de salvaguardar la cosa, ni siquiera mínimamente, aunque responda por su pérdida o deterioro si de hecho no la salvaguarda mínimamente. Para el adecuado entendimiento de esta distinción, v. BARROS BOURIE, Enrique, *La diferencia entre "estar obligado" y "ser responsable" en el derecho de los contratos*, en CORRAL, Hernán - RODRÍGUEZ, María Sara (coordinadores), *Estudios de derecho civil*, II: *Jornadas Nacionales de Derecho Civil, Olmué, 2006*, Santiago, LexisNexis, 2007, 721-752.

57 Interesa recordar que WINDSCHEID, Bernard, *Lehrbuch des Pandektenrechts*, § 377, 6ª edición, Frankfurt am Main, Rütten & Loening, 1887, 453 y nota 1, entendía el depósito como consistente en conceder un lugar al depositario para la deposición de la cosa. Obligarse además a alguna gestión con ella, como su salvaguardia, constituye un mandato, como se dice en Dig. 16,3,1,12 (Ulp., 30 *ed.*): "*Quod si rem tibi dedi, ut* [...] *tu custodires* [...] *utrum depositi tantum an et mandati actio sit? Et Pomponiu dubitat; puto tamen mandati esse actionem, quia plenius fuit mandatum habens et custodiae legem*" ("Pero si te di una cosa para [...] que tú la custodiaras [...], ¿acaso habrá solo la acción del depósito o también la del mandato? Y Pomponio duda; mas yo pienso que se debe dar la acción del mandato, porque el mandato fue más completo y contiene también la cláusula de la custodia"). Como se observa, aquí se trata de determinar si el encargo de custodiar (o sea, de cuidar) está contenido en el depósito; y en la opinión de Ulpiano, tal encargo hace más bien parte de un mandato. No sabemos las razones de dudar de Pomponio.

devolución al depositante, no se los restituye el depositario. En tal caso no interesa la causa de la no restitución que puede ir desde, en efecto, carecer del *tantundem* hasta no querer pagarlo, pese a tenerlo disponible en sus arcas o en el banco. La ley no discrimina causas concernientes y, en la forma en que proceda, se limita a considerarlo en mora[58], haya o no tenido disponible el *tantundem*. Esto sin hacer caudal de que la supuesta obligación de mantener permanentemente a disposición el *tantundem* haría inviable el depósito bancario de dinero, porque, obligados los bancos a ello, hubiera de ser el 100% de los depósitos recibidos el que tendrían que mantener en bóveda, lo que, dicho sea de paso, haría innecesario el "encaje" bancario para los depósitos de dinero, que raramente llegan al 30%.

3. El depósito de dinero u otros fungibles tampoco es un mutuo[59]; si lo fuera, el que entregó los fungibles no podría pedir su devolución cuando quisiera, sino al cabo de diez días al menos, en defecto de otro plazo mayor (artículo 2201 CC.).

La verdadera naturaleza de la operación consiste en ser un crédito, sujeto, empero, a algunas reglas del depósito por voluntad de las partes, que quisieron que hubiera precisamente un depósito y no un mutuo. Esa voluntad fue suficiente para excluir a este último; pero no bastante para establecer un depósito, porque la naturaleza fungible de los objetos entregados impide generar los principales extremos que lo constituyen, a saber, que la propiedad de las cosas depositadas se mantenga en el depositante (si lo era, o en el tercero a quien pertenecían), que el depositario adquiera su mera tenencia, que no deba disponer de ellas y que haya de restituir la misma especie recibida. Al revés, el depositario se hace "dueño" de los objetos recibidos en depósito cuya "propiedad" pierde correlativamente el depositante; aquel puede disponerlos; y solo debe restituir otro tanto del mismo género y calidad. Ahora bien, aunque esto recuerda al mutuo, no es un mutuo; el recuerdo es debido a que el depósito irregular asume el carácter de una figura más general que el mutuo, con la cual, sin embargo, guarda el mismo parentesco

---

58 Se puede discutir si es aplicable el N° 2 o el N° 3 del artículo 1551 CC. para constituir en mora al depositario La aplicabilidad del N° 2 es favorecida por la consideración de que, según la ley, el depositario debe restituir cuando el depositante le pida la cosa (artículos 2215 y 2226 CC.: "*a voluntad del depositante*"); y no carece de lógica ver que el requerimiento extrajudicial del depositante a partir del cual el depositario debe devolver sustituya el judicial del N° 3 del artículo 1551 CC.

59 Como lo sostuvo Niemeyer, Th., "*Dep. irreg.*", 146. Para una adecuada discusión de las relaciones entre depósito y mutuo, v. Galassso, Alfredo, *Mutuo e deposito irregolare*, I (único): "La costituzione del rapporto", Milano, Giuffrè, 1976.

que hay entre el género y la especie; se trata del crédito[60]. Definimos al "crédito" como la dación en dominio de una cosa (corporal o incorporal, mueble o inmueble, fungible o infungible, consumible o inconsumible) que obliga a quien la recibe a restituirla después al que se la dio; y esta definición por sí sola muestra cómo es que el crédito, constituyendo el género, no se confunde con una de sus especies, el mutuo, y ni siquiera con otras como son los negocios irregulares, entre los cuales está el depósito de dinero y otros fungibles.

4. El principal carácter creditico del depósito irregular deriva de la obligación en que se encuentra el depositario de restituir otro tanto de cosas del mismo género y cualidad al depositante. Pero tal relación se rige por las siguientes reglas del depósito:

a) La del artículo 2216 inciso 1° CC.: El error sobre la identidad de cualquiera de las partes o acerca de la sustancia, calidad o cantidad de lo depositado, no invalida el contrato;

b) La del artículo 2216 inciso 2° CC.: El error acerca de la persona del depositante padecido por el depositario tampoco invalida el contrato, pero queda autorizada su revocación inmediata merced a la restitución de la cosa; y lo mismo acaece si el depositario descubre que la guarda de la cosa le acarrea peligro;

c) La del artículo 2217 CC.: Si el contrato debió otorgarse por escrito según las reglas generales, y se omitió tal formalidad, el depositario debe ser creído sobre su palabra, en orden al hecho mismo del depósito, y en cuanto a la cosa depositada y al hecho de la restitución;

d) La del artículo 2218 CC.: La incapacidad del depositante no afecta a la íntegra validez de las obligaciones del depositario;

e) La del artículo 2219 CC.: El depósito irregular civil es gratuito, en el sentido de no preverse una remuneración para el depositario;

f) Las del artículo 2225: Si el depósito irregular es de confianza, el depositario no debe violar este secreto, ni podrá ser obligado a revelarlo.

g) Las de los artículos 2226 inciso 1° y 2227 CC.: La restitución del *tantundem* de los fungibles depositados es a voluntad del depositante y la tenencia de la cosa debe durar hasta que este la pida;

h) Las de los artículos 2226 inciso 2° y 2227 CC.: Cuando se haya fijado un plazo para la restitución del *tantundem*, tal cláusula solo obliga al depositario

60 V. el § 2.

en cuanto no puede pretender devolverlo antes del plazo, llegado el cual podrá exigir que el depositante lo reciba ("disponga de ella", dice el artículo 2227) o, en su defecto, consignarlo;

i) La del artículo 2227 CC.: El depositario puede exigir que el depositante reciba el *tantundem* si las especies que han de integrarlo peligran en su poder o le causan perjuicio; en cuyo defecto, puede consignarlo;

j) La del artículo 2232 CC.: Los costos de transporte necesarios para la restitución del *tantundem*, si los hubiere, serán de cargo del depositante;

k) La del artículo 2234 CC.: El depositario no puede retener el pago del *tantundem* para seguridad del pago de lo que el depositante le deba a él; lo impiden los artículos 2234 y 2182 (aplicables al depósito también irregular merced al artículo 2233 CC.);

l) La del artículo 2235 CC.: El depositario no puede compensar la obligación de restituir el *tantundem* con algún crédito suyo contra el depositante (a menos que este consienta en la compensación);

m) La del artículo 2235 CC.: El depositante debe indemnizar al depositario los perjuicios que sin culpa suya (o sea, del depositante mismo) le hayan ocasionado los fungibles depositados;

n) Según el artículo 2235 CC., se aplican al depósito las reglas de los artículos 2181 a 2185 CC., dadas para el comodato; de ellas, reciben aplicación en el depósito irregular: *i*) La del artículo 2181 CC.; *ii*) La del artículo 2182 [v. más arriba el núm. 4 *k*)]; *iii*) La del artículo 2185 CC.: El depositario es dueño, desde su recepción, de los fungibles recibidos en depósito; y nunca puede restar en condiciones de probar que ellos le pertenecían antes de la recepción, de modo que le hubieran depositado cosa propia; así que la disposición es inaplicable al depósito irregular.

ñ) La norma del artículo 2184 CC. es aplicable si se sabe que de los fungibles por restituir se haya de hacer un uso criminal, para ponerlos a disposición del juez. Tal sería el caso de unos fungibles consistentes en venenos o tóxicos, si se sabe que el depositante pudiere usarlos para ilícitos contra las personas o la población; o del dinero que se debe restituir a unos terroristas, que lo usarán para adquirir implementos para sus actividades criminales. La norma es lo suficientemente amplia como para comprender casos como estos.

o) La norma del artículo 2183 CC. recibe una aplicación muy parcial al depósito irregular, porque nunca es posible saber si los fungibles recibidos son los mismos que habían sido precedentemente hurtados, perdidos o robados y que después fueron depositados. La única hipótesis más o menos aplicable es la del segmento final del artículo 2183 inciso 1°: "*que se embargue judicialmente en manos del depositario*", siempre que se entienda que lo embargado fue el crédito del depositante contra el depositario, cuyo objeto es la restitución del *tantundem*, pues en tal caso el depositario debería suspender la restitución. No es posible pensar en que lo embargado al depositante hayan sido los fungibles depositados por él, porque perdió su dominio con el depósito.

5. Las normas que la ley da para el depósito y que no han sido citadas precedentemente no son aplicables al depósito irregular por su propia naturaleza. Así:

a) La del artículo 2220 CC., que atañe al uso de los infungibles regularmente depositados y, tratándose de infungibles, la regla atañe solo al depósito regular;

b) La del artículo 2222 CC., que se refiere al grado de culpa del depositario, inaplicable al depósito irregular en el cual las cosas están a todo su riesgo;

c) Las de los artículos 2223 y 2224 CC., que resultan inaplicables al depósito irregular, el cual, por definición, no puede recaer sobre cosas selladas ni encerradas;

d) La del artículo 2228 CC., pues procede la excepción del artículo 2221 ahí mismo enunciada;

e) La del artículo 2229 CC., ya que las accesiones y los frutos de los fungibles depositados, si los hay, pertenecen al depositario, en su calidad de dueño de la cosa principal fructífera;

f) La del artículo 2230 CC., puesto que, en el depósito regular, la fuerza mayor o caso fortuito gravan siempre al depositario;

g) La del artículo 2231 CC., debido a que, si los herederos del depositario venden los fungibles depositados, venden cosa propia, y el depositante nada más puede reclamarles que la restitución del *tantundem*.

6. Por el contrario:

a) El depositario, puesto que se hace "dueño" de los fungibles que recibió en depósito, puede disponer libremente de ellos usándolos, disfrutándolos o consumiéndolos física o jurídicamente (artículo 2221 CC.);

b) Pero debe restituir el *tantundem* al depositante cuando este se lo pida (artículo 2221 CC.);

c) Si los fungibles depositados perecen en concreto por fuerza mayor o caso fortuito, la pérdida o el riesgo es para el depositario;

d) En el mismo caso, no se extingue su obligación de restituir el *tantundem*.

7. No son aplicables al depósito irregular, las siguientes reglas dadas por la ley para el mutuo:

a) La del artículo 2198 segmento 2°, pues en el depósito irregular de fungibles que no sean dinero, no es posible reemplazar la devolución del *tantundem* por el valor dinerario de lo que tales fungibles valgan en el tiempo y lugar en que ha debido hacerse el pago. La sustitución está prevista para el mutuo de fungibles que no sean dinero si el acreedor no exige que le sea devuelto el *tantundem* o si tal devolución sea imposible, lo que no es aplicable al depósito de fungibles que no sean dinero, porque la combinación de los artículos 2228 y 2221 CC. lo impide.

b) La del artículo 2200, ya que los objetos deben devolverse al terminar el plazo fijado o, en el silencio de las partes, pasados los diez días subsiguientes a la entrega, porque priman los artículos 2215, 2226 y 2227 CC.: la restitución debe tener lugar cuando el depositante la pida.

c) La del artículo 2221, porque en el depósito irregular no es admisible pactar que el depositario pague cuando le sea posible, de modo que pueda el juez, atendidas las circunstancias, fijar un término, debido a que el depósito irregular no funciona en beneficio del depositario. Un tal pacto fuere indicio seguro de que las partes quisieron celebrar un préstamo mutuo e incurrieron en el error de denominar depósito a la operación que ejecutaban.

d) La del artículo 2203 sobre perjuicios que experimente el mutuario por la mala calidad o los vicios ocultos de la cosa prestada, bajo las condiciones expresadas en el artículo 2192 CC. Prima el dispositivo del artículo 2235 CC., según el cual el depositante debe indemnizar al depositario de los perjuicios que sin culpa suya (o sea, del depositante mismo) le haya ocasionado el depósito, que es más amplio y menos restrictivo que el artículo 2203.

8. Las reglas que la Ley N° 18.010 de 1981 impone a las operaciones de crédito de dinero son aplicables al depósito irregular de dinero, porque en él se plasma la figura definida por el artículo 1 de dicha ley, que define las operaciones de crédito de dinero como aquellas por las cuales una de las partes entrega una cantidad de dinero a otra que se obliga a pagarla en un momento distinto de aquel en que se celebra la convención. Por consiguiente, en el depósito irregular de dinero se puede pactar tanto un reajuste (artículo 3) como un interés lícito (artículo 8) y en caso de silencio sobre este último particular, se devengará, por mandato legal, un interés corriente calculado sobre el capital o sobre el capital reajustado en su caso (artículo 12).

9. El depositante de fungibles ejecuta un depósito y no un mutuo, porque realmente tiene un interés en dejarlos en manos de un depositario, normalmente por razones de seguridad. Pothier incorporó este elemento extrínseco y psicológico en la definición misma de nuestra figura: "*Le dépôt irrégulier est un contrat par lequel une personne qui a une somme d'argent, qu'il croit n'être pas en sûreté chez lui, la confie à un de ses amis* [...]"[61]. Incluso dejando a un lado que el depositante no tiene por qué ser amigo del depositario, aquel, pues, entiende que la operación es en su beneficio, y por eso toma la iniciativa de ejecutarla. Tratándose del mutuo, en cambio, cuando es gratuito, él cede en beneficio del mutuario, y por ello probablemente sea este quien toma la iniciativa de pedir el préstamo.

Pero no debemos prestar mucha atención a estas circunstancias externas de hecho. En el mutuo oneroso, la operación beneficia al mutuante tanto como al mutuario; y no es seguro que en el depósito irregular haya siempre un interés solo en el depositante; de hecho, en el moderno depósito irregular masivo en los bancos, hay un claro interés que también asiste a estos.

VIII. EL DEPÓSITO DE DINERO EN BANCOS

Los bancos suelen recibir dinero del público bajo el concepto de depósito de varias maneras; entre las principales: *i*) como depósito en cuenta corriente; *ii*) como depósito en cuenta de ahorro a plazo; *iii*) como depósito a plazo; y *iv*) como depósito a la vista[62]; y aun hay otras. Por cierto reciben dinero del público a otros títulos, como para conferir una boleta de garantía; pero eso escapa a nuestro interés actual.

El depósito de dinero en cuenta corriente es un contrato principalmente regido por los artículos 1 a 9 del Decreto con fuerza de ley N° 707: *Ley sobre cuentas corrientes bancarias y cheques* (D. O. de 7 de octubre de 1982), y para efectuar el

---

61 POTHIER, Robert-Joseph *Traité du contrat de dépôt* (1766), cap. 3°, párrafo 82, en *Œuvres de Pothier*, edición Bugnet, Paris, Videcoq - Cosse et Delamotte, 1847, V, 154: "El depósito irregular es un contrato por el cual quien tiene una suma de dinero que no la cree estar segura en él, la confía a uno de sus amigos [...]".

62 Sobre los depósitos de dinero en bancos v. CLARO SOLAR, Luis, *Del depósito de dinero y especialmente del depósito bancario*, en *Revista de Derecho y Jurisprudencia*, 32/3-4, Santiago de Chile, 1935, 37-53. Según el autor, demasiado influido por la doctrina civilística francesa de entonces, el depósito de dinero (sea en un banco o no) es un verdadero depósito.

cual los bancos están autorizados expresa y privativamente por la ley[63]. El artículo 8 del citado Decreto con fuerza de ley N° 707 autoriza a los bancos para cobrar comisión[64] y abonar intereses en las cuentas corrientes de acuerdo con las normas que dicte el Banco Central[65].

En los depósitos de dinero en cuenta de ahorro a plazo, que siempre generan intereses, el retiro está rigurosamente prefijado en un determinado número de oportunidades al año[66]; y en aquellos a plazo, que también generan intereses, el plazo funciona contra el depositante, a despecho de la regla del artículo 2226 inciso 2° CC., porque es facultativo para la empresa bancaria acceder o no al retiro anticipado[67]. Otra forma es el depósito a la vista, que se complica por la intervención de un documento llamado "vale-vista" merced al cual se puede exigir la devolución o el pago; no genera intereses.

Ahora bien, en todos estos casos lo que hay es un depósito irregular, en que el banco es el depositario y los clientes sus depositantes. Con lo dicho basta para hacer ver la importancia social y económica que ofrece el depósito irregular.

---

63 El artículo 69 N° 1 del Decreto con fuerza de ley N° 3: *Ley general de bancos* (D. O. de 19 de diciembre de 1997) autoriza a los bancos para ejecutar las operaciones de recibir depósitos y celebrar contratos de cuenta corriente; y su artículo 39 prohíbe a toda persona no autorizada por otra ley dedicarse al giro que corresponda a las empresas bancarias y, en especial, a captar o recibir en forma habitual dinero del público, ya sea en depósito, mutuo o en cualquier otra forma.

64 En aplicación del artículo 809 CCom. que da derecho al depositario a exigir una retribución por sus servicios.

65 V. el "Compendio de normas financieras" del Banco Central, G: "Cuentas corrientes", cap. III,G,1: "Pago de intereses en cuentas corrientes bancarias en moneda nacional". En realidad, las facultades del Banco Central son más amplias que las limitadas a fijar comisiones e intereses, porque el artículo 35 N° 1 de la Ley N° 18.840: *Orgánica constitucional del Banco Central* le da potestad para dictar las normas y condiciones a que se sujetarán las empresas bancarias, sociedades financieras y cooperativas de ahorro y crédito en la captación de fondos del público, ya sea como depósito, mutuo, participación, cesión o transferencia de efectos de comercio o en cualquier otra forma.

66 V. el "Compendio de normas financieras" del Banco Central, E: "Ahorro", cap. III.E.1.

67 V. el "Compendio de normas financieras" del Banco Central, B: Normas sobre captaciones, intermediación financiera y otras operaciones, cap. III.B.1,1.

IX. EL DEPÓSITO DE MERCADERÍAS EN ALMACENES GENERALES DE DEPÓSITO

El depósito de mercaderías en almacenes generales de depósito es ordinariamente regular. Aunque muy frecuentemente lo que se deposita en tales almacenes sea en sí mismo fungible, el artículo 5 N° 7 de la Ley N° 18.690: sobre *Almacenes generales de depósito* (D. O. de 2 de febrero de 1988) exige que el certificado de depósito deba contener las marcas y demás indicaciones necesarias para determinar la identidad y el valor de las especies depositadas, o bien, las indicaciones que exija el reglamento para establecer las características y fijar el valor de esas mismas especies. Aun las mercaderías naturalmente fungibles, pues, deben empezar a ser identificadas, con lo cual, en realidad, empiezan a ser convencionalmente infungibles, lo que hace, como quedó dicho, regular su depósito.

Pero el artículo 26 de la ley citada dispone: "[Inciso 1°] *Previo acuerdo entre el depositante y el almacenista, podrá almacenarse a granel cualquier mercadería susceptible de tal modalidad de depósito/* [Inciso 2°] *En estos casos, el almacenista queda obligado a devolver a quien corresponda mercaderías de iguales características y valor que las depositadas./* [Inciso 3°] *Si el almacenista no tuviere tales mercaderías, podrá devolver otras de la misma especie y de la calidad más aproximada y abonará o deducirá la diferencia de valor que corresponda. En ambos casos se procederá de acuerdo a las normas que sobre el particular determine el reglamento. Las dificultades que se susciten entre las partes con motivo de la aplicación de esta norma serán materia de arbitraje forzoso.* [Inciso 4°] *En estos depósitos, el almacenista responderá siempre por las pérdidas o deterioros ocasionados por fuerza mayor, caso fortuito o vicios propios de las especies depositadas*". La disposición discurre sobre la base de que lo depositado sean mercaderías fungibles, que no se individualizan, lo cual indica con recurso a la expresión "a granel"[68]. De ello se sigue que el almacenista resulte obligado a devolver no las mismas mercaderías depositadas, sino tan solo otras de iguales características y valor que aquellas (inciso 2°); y que el riesgo de las mercaderías corra a su cargo (inciso 4°), a diferencia de la regla general según la cual este responde de su pérdida o deterioro solo causados por culpa (o dolo: artículo 22). El depósito ejecutado de acuerdo con estas normas es, pues, irregular.

---

68 Según el *Diccionario de la Real Academia Española*, 22ª edición, Madrid, Espasa, 2001, 1153, esta voz, de origen catalán, significa en segunda acepción: "un género, sin envase, sin empaquetadura".

X. EL DEPÓSITO IRREGULAR Y EL PROCEDIMIENTO DE REORGANIZACIÓN Y LIQUIDACIÓN CONCURSAL DE UN PATRIMONIO

Puede acaecer que el depositante o el depositario irregulares entren en un proceso de reorganización y liquidación de [patrimonios de] empresas o personas. En tales casos, es importante determinar el destino de los fungibles depositados irregularmente.

a) Cuando el proceso afecte al depositante, los fungibles que depositó en otro no pueden ingresar en el acervo deudor, como manda el artículo 2465 CC., porque no son suyos; así que en ningún caso contribuirán a pagar sus deudas. Pero como el depositante es titular de un crédito contra el depositario, cuyo objeto es el tanto de cosas del mismo género y calidad que los de las depositadas, ese crédito sí forma parte del acervo deudor y contribuye al pago de las deudas del depositante.

b) Si el proceso afectare al depositario, los fungibles que recibió en depósito (si aún los posee), puesto que son suyos, forman parte del acervo deudor y contribuyen al pago de sus deudas. Por el contrario, el depositario no puede invocar el artículo 2466 CC. para pedir que se separen de la masa deudora los fungibles que depositó, como si fueran de su dominio, porque, no siendo identificables, no son suyos. Pero como es titular de un crédito por el tanto de esos fungibles, contra el fallido, puede verificarlo y hacerse pago de él en la forma que le corresponda, como en el caso de cualquier otro crédito.

XI. EL DEPÓSITO IRREGULAR Y EL DELITO DE APROPIACIÓN INDEBIDA

El artículo 470 CPen. tipifica un delito que se acostumbra a denominar "apropiación indebida". La norma reza así: "*Las penas del artículo 467*[69] *se aplicarán también:/ 1° A los que en perjuicio de otro se apropiaren o distrajeren dinero, efectos o cualquiera otra cosa mueble que hubieran recibido en depósito, comisión o administración, o*

69 La referencia al artículo 467 remite a las penas del delito ahí tipificado consistente en defraudar a otro en la sustancia, cantidad o calidad de las cosas que le entregare en virtud de un título obligatorio, las cuales consisten en presidio menor y multas que se gradúan de acuerdo con el monto de la defraudación.

por otro título que produzca obligación de entregarlo o devolverlo". Supuesto que el dinero (u otros fungibles) sean entregados al descubierto y no en un recipiente cerrado, o sea, que se trata de un verdadero depósito irregular, no se comete el delito del artículo 470 N° CPen. si el depositario no restituye el objeto de ese depósito cuando el depositante se lo pide. Con la entrega inicial de los fungibles, aquel se hace su dueño; en consecuencia, es imposible que después se tipifique el verbo rector "apropiarse". De hecho, en efecto, la "apropiación" tiene lugar en el momento de la entrega de los fungibles por el depositante y de su recepción por el depositario, en favor de este, y no puede, por ende, ser delictual porque ella constituye el negocio lícito del depósito irregular. Como, por otro lado, en este negocio el dinero o los fungibles se entregan sin una finalidad determinada, tampoco puede tipificarse el otro verbo rector usado por la norma, que es "distraer", cuyo significado natural es dar a cierta cosa un destino o aplicación diferentes a aquellos autorizados por el título merced al cual se la recibió[70]. Como en el depósito irregular no hay fijación de destino o aplicación de los fungibles entregados al depositario, es imposible que este los distraiga en el sentido indicado, de los cuales, por otro lado, es dueño y soberano, por ende, para darles el destino que le plazca.

Concluimos, pues, con la doctrina penalística mayoritaria, por lo demás[71], que el depósito irregular no da lugar a la comisión del delito de apropiación indebida. La no restitución de los fungibles a petición del depositante es el mero incumplimiento de una obligación civil, por el cual, según el moderno derecho internacional, no se puede imponer detención o cárcel[72].

---

70 Para esta formulación me inspiro en ETCHEBERRY, Alfredo, *Derecho penal. Parte especial*, 3ª edición, Santiago, Editorial Jurídica de Chile, 1998, III, 426.

71 Una completa discusión sobre esta materia se ve en: CUETO ETCHEBERRY, Germán, *El delito de apropiación indebida. Administración desleal. Una visión de la doctrina y jurisprudencia*, Santiago, Ediciones Jurídicas de Santiago, 2005, 317-329.

72 *Declaración americana de los derechos y deberes del hombre*, artículo 24 inciso 2°; *Pacto internacional de derechos civiles y políticos*, artículo 11; *Convención americana sobre derechos humanos* ("Pacto de San José de Costa Rica"), artículo 7 N° 7.

§ 5. LA PRENDA IRREGULAR DE MUEBLES CORPORALES*

I. INTRODUCCIÓN

1. En este parágrafo, examinaremos los efectos del negocio consistente en que ciertas partes constituyen una prenda sobre cosas corporales[1] fungibles, como dinero, trigo, vino, aceite, mercaderías u objetos hechos en serie, etcétera, que recibe la denominación de prenda irregular o anómala. Es imprescindible, en todos los casos, que los objetos dichos no hayan sido especificados por su encierro en cierto envase, contenedor, recipiente o receptáculo, estuche, arca, baúl, embalaje o envoltorio, que les impriman individualidad e identificación, porque entonces la prenda es regular, vale decir, normal.

Esta figura ha pasado completamente desapercibida a la doctrina chilena. Excepcionalmente Somarriva, sin mencionarla como categoría, se limita a dar unas nociones muy elementales sobre una aplicación suya, como es la prenda de dinero[2]; y eso es todo.

* Este parágrafo se funda en mi artículo titulado: *La prenda irregular o anómala con desplazamiento de muebles corporales en el derecho chileno*, que se publicó en *Revista Chilena de Derecho*, 40/3, Santiago, 2013, 769-789.

1 Insisto en que habremos de indagar los efectos de una prenda sobre corporales fungibles, con exclusión, por ende, de la pignoración de cosas incorporales fungibles, como son algunos títulos-valor, porque la de estos ofrece problemas propios que aconsejan la prosecución de un escrutinio especial para ellos.

2 Somarriva, Manuel, *Tratado de las cauciones* [2ª edición], Santiago, Contable Chilena, 1981, núm. 247, 230-231. Sobre la senda de este autor, después: Lecaros Sánchez, José Manuel, *Las cauciones reales. Prenda e hipoteca*, Santiago, Metropolitana Ediciones, s. d. [pero 2001], 25.

II. LA INFUNGIBILIDAD E INCONSUMIBILIDAD DEL OBJETO EN LA PRENDA ORDINARIA

La sola enunciación de una prenda irregular sobre fungibles hace presuponer que la prenda ordinaria, con desplazamiento o sin él, haya de recaer por esencia sobre infungibles.

1. Es curioso verificar, sin embargo, que el *Código Civil*, y también el de *Comercio*, no se hayan pronunciado sobre punto tan decisivo. Lo propio puede verificarse en la "Ley de prenda sin desplazamiento", contenida en el artículo 14 de la Ley N° 20.190 (D. O. de 5 de junio de 2007 y en vigencia desde el 22 de enero de 2011). Por lo demás, el fenómeno se repite en la abundante legislación prendaria chilena, parte importante de la cual, sin embargo, ha sido derogada merced al artículo 42 de la "Ley de prenda sin desplazamiento" de 2007 ya mencionada. Pero hubo excepciones. Así, el artículo 1 de la Ley N° 4.702, de 1929, sobre prenda sin desplazamiento de una cosa mueble comprada a plazo, tenía establecido expresamente que la cosa comprada y pignorada debía ser "*singularizable y no fungible*", aunque nada decía acerca de su consumibilidad o no.

2. Ahora bien, pese a la ausencia generalizada de una cláusula legal que exija la infungibilidad y la inconsumibilidad del objeto de la prenda, no debe caber duda que una tal exigencia existe y que se puede deducir de la naturaleza de la prenda tal cual la regulan las leyes chilenas. Tratándose de la prenda civil o comercial con desplazamiento, ambos caracteres resultan ser presupuestos necesarios e ineludibles para que muchos efectos legales puedan realmente tener lugar. Tales son: *i*) hacer eficaz la prohibición de usar y disponer de las cosas pignoradas que pesa sobre el pignoratario (artículo 2395 CC.), porque es imposible controlar tal prohibición cuando el acto recae sobre fungibles, que pueden ser dispuestos y después repuestos sin que nadie pueda darse cuenta del hecho; y lo propio acaece si recae sobre consumibles, que, salvo casos rebuscados, son siempre fungibles; *ii*) hacer eficaz la obligación de guardar y conservar la cosa que también recae en el pignoratario (artículo 2394 CC.), pues sobre fungibles esa obligación no puede existir; *iii*) asegurar que lo devuelto al extinguirse la prenda sea lo mismo que fue pignorado, por la misma razón antes dicha, de que, en caso contrario, queda expedito impunemente al pignoratario consumir física o jurídicamente los fungibles y después reponerlos para restituirlos; *iv*) sustentar las reglas sobre dominio de la cosa pignorada (artículos 2390 y 2391 CC.), que serían inútiles o superfluas cuando fuere posible una prenda acerca de fungibles, sobre los cuales

decir que hay dominio o que son ajenos es algo puramente teórico, atendida la imposibilidad de identificarlos para su reivindicación; y, en fin, *v*) permitir, en el caso necesario, la vindicación del derecho real de prenda, que implica la persecución de los objetos pignorados frente a terceros que los poseen o tienen, y frente al pignorante, que es su dueño (artículo 2393 CC.), con el fin de ejercer la facultad de retención o en función del desposeimiento a efectos de la realización de la garantía; el pignorante, en otras palabras, debe estar en condiciones de poder sostener que tales son los objetos determinados que reclama merced a su derecho de prenda; pero ello no es posible si se está en presencia de fungibles, por su naturaleza, inidentificables.

Cuando alguien recibe una cantidad de fungibles con obligación de restituirlos, en realidad se hace dueño de ellos y solo empieza a deberlos. Quien los dio, pues, no está en condiciones de exigir la restitución de la *eadem res* con acción real, sino meramente cobrar el *tantundem* con acción personal. Por tal razón una prenda de fungibles es llamada precisamente "irregular".

3. Pese al silencio de la *Ley de prenda sin desplazamiento* de 2007, acerca del carácter fungible o no y consumible o no de las cosas pignorables según sus normas, podemos enunciar, como regla general, que también se exige la infungibilidad e inconsumibilidad de la cosa pignorada sin desplazamiento.

a) La regla general enunciada deriva de que solo la exigencia de infungibilidad e inconsumibilidad: *i*) asegura el control de la responsabilidad por la conservación de la cosa pignorada que recae en el pignorante (artículo 18 inciso 1° LPsD.), que no puede existir sobre fungibles; *ii*) sustenta las reglas sobre dominio de la cosa pignorada (artículo 13 LPsD.), porque no es aplicable a fungibles el régimen aceptado por la ley, en orden a que la prenda sin desplazamiento de cosa ajena valga, pero que no sea oponible al dueño, y fuere necesario reemplazarlo por este otro: la prenda sin desplazamiento de cosa ajena vale y es oponible a todos; *iii*) permite, como en la prenda con desplazamiento en el caso necesario, la vindicación del derecho real de prenda, que implica la persecución de los objetos pignorados frente a terceros que los poseen o tienen, y frente al pignorante, que es su dueño (artículo 2393 CC.); *iv*) hace posible la comisión del delito previsto por el artículo 39 N° 2 LPsD.: "*El deudor prendario y el que tenga en su poder la cosa constituida en prenda en conformidad a esta ley que, defraudando al acreedor prendario, la altere, oculte, sustituya, traslade o disponga de ella*"; pues, de lo contrario, el pignorante podría impunemente sustituir los objetos fungibles que empeñó por otros de su mismo género y calidad, o disponerlos y después reponerlos.

Por lo demás, esta es la explicación dogmática de la exigencia del artículo 3 N° 3 LPsD.: "*El contrato de prenda deberá contener, a lo menos, las siguientes menciones:/ 3) La individualización o caracterización de las cosas empeñadas*". Hemos de recalcar, sin embargo, que el requisito contractual de individualizar o caracterizar las cosas pignoradas sin desplazamiento, que acabamos de citar, es, con todo, diferente a un inexistente requisito directo de ser infungible la cosa por pignorar. La ley, con criterio práctico, ha eludido el punto de la infungibilidad. Por consiguiente, el requisito impuesto por ella se cumple: *i*) bien porque la cosa admite ser individualizada o caracterizada por unos rasgos propios o naturales que la hacen identificable, insustituible, inintercambiable e inconfundible, lo cual entonces significa que es infungible, y son esos rasgos los que se proyectan en el escrito contractual; *ii*) bien porque se definieron en el contrato unos rasgos accidentales que confieren identificabilidad, insustituibilidad, inintercambiabilidad e inconfundibilidad a la cosa que carece de ellos naturalmente porque es fungible, de modo de ahora empezar a ser convencionalmente infungible, como si se pignora el trigo almacenado en el silo N° 5 o el ganado encerrado en el potrero N° 2 (en donde los números simbolizan la que puede ser una detallada individualización o caracterización), pues en hipótesis como esas el accidente de la localización confiere infungibilidad a la cosa de que se trata[3].

b) El artículo 5 Regl. RPsD. (D. O. de 23 de octubre de 2010) ha dado normas sobre el modo de individualizar las siguientes cosas corporales muebles: animales (artículo 5 N° 1), granos, semillas o plantas frutales (artículo 5 N° 2), frutos (artículo 5 N° 3), vehículos motorizados (artículo 5 N° 4), remolques y semirremolques (artículo 5 N° 5), maquinarias o sus partes (artículo 5 N° 6), líquidos (artículo 5 N° 7), alimentos sólidos o líquidos (artículo 5 N° 8), cosas en estado gaseoso (artículo 5 N° 9), productos farmacéuticos, cosméticos y artículos o alimentos de uso médico (artículo 5 N° 10), productos farmacéuticos de uso exclusivamente veterinario (artículo 5 N° 11) y minerales o sustancias minerales (artículo 5 N° 12).

3 Por eso la prenda de mercaderías fungibles depositadas en un almacén general de depósito es, por regla ordinaria, regular. La Ley N° 18.690: sobre *Almacenes generales de depósito* (D. O. 2 de febrero de 1988) en su artículo 5 N° 7 exige que el certificado de depósito y el vale de prenda anexo deban señalar las marcas y demás indicaciones necesarias para determinar la identidad, o bien, las indicaciones que exija el reglamento para establecer las características y fijar el valor de esas mismas especies. Aun las mercaderías naturalmente fungibles, pues, deben empezar a ser identificadas, con lo cual, en realidad, empiezan a ser convencionalmente infungibles. Con todo, v. más abajo, el número V,6 en este § 5.

4. De esta manera, pues, aunque las leyes, por regla general muy firme, no exijan expresamente la infungibilidad ni la inconsumibilidad del objeto pignorado con o sin desplazamiento, el régimen de una y otra garantía exige ambos caracteres.

III. PRENDAS SOBRE FUNGIBLES

1. Pero ya quedó preanunciada la posibilidad de que las partes de un contrato prendario, con plena conciencia de lo que acuerdan y deliberadamente, lo hagan recaer sobre fungibles. En tal caso debe producirse una mudanza en los regímenes de ambas prendas cuya eficacia y viabilidad supone la infungibilidad y la inconsumibilidad, como antes vimos; y se da lugar a la que llamamos prenda irregular o anómala. Lo singular de esta figura es que, como quedó apuntado, con ella las partes han querido contraer una prenda, y no es que hayan incurrido en un error sobre lo que operaban; por eso hablamos de prenda; la irregularidad de la cual no radica, pues, en el consentimiento contractual, sino en el objeto de este.

De acuerdo con la teoría general de los actos y contratos irregulares, la fungibilidad o consumibilidad del objeto de una prenda la hace transitar a la categoría de un acto o contrato crediticio (v. el § 1, IV); con ello el pignoratario se hace dueño de los fungibles recibidos y los puede disponer física o jurídicamente, resultando, empero, obligado a restituir en su momento otra cantidad igual del mismo género y calidad al pignorante, quien queda legitimado a una acción personal para reclamar ese tanto y en ningún caso a acción real, ni contra terceros ni contra el pignoratario. Esta es la consecuencia de haber recaído sobre fungibles una prenda.

2. Pero esa relación crediticia que se forma queda sujeta a algunas reglas de la prenda, como consecuencia de la voluntad de las partes de constituir una garantía de esa clase. Esta aplicación de reglas de la prenda modaliza el crédito constituido, de la siguiente manera: *i*) La constitución misma de la relación crediticia exige una obligación principal del pignorante o de un tercero, a la que accede, lo que abiertamente no acaece en las relaciones crediticias normales; *ii*) La devolución del otro tanto de fungibles del mismo género y calidad que los recibidos no está sujeta a plazo, ni a uno convencional ni al legal de 10 días[4], sino al evento de haberse extinguido la obligación principal, como en la prenda[5]; y ese evento es

[4] Artículo 2200 CC.

[5] Artículos 2401 y 2403 CC.

un hecho futuro e incierto, que en realidad constituye una condición; *iii*) En la prenda irregular no se devengan intereses que deba pagar el pignoratario a favor del pignorante, como sí pueden devengarse en el mutuo a cargo del mutuario y a favor del mutuante. En otras palabras, la relación crediticia entablada es gratuita para el pignoratario. Si fuese lo contrario, la progresiva devengación de intereses o el pago periódico de los mismos reducirían correlativamente la garantía, que terminaría aniquilada[6]: los intereses a cargo del pignoratario, por consiguiente, son contradictorios con el concepto mismo de garantía[7]; *iv*) Más en general, la relación crediticia a que da lugar la prenda irregular que recaiga sobre dinero no constituye operación de crédito de dinero regida por la Ley N° 18.010. La razón es que el artículo 1 de esa ley define las operaciones de crédito de dinero como aquellas "*por las cuales una de las partes entrega o se obliga a entregar una cantidad de dinero y a la otra a pagarla en un momento distinto de aquel en que se celebra la convención*"; y acaece que en la prenda irregular de dinero la parte que lo recibe, vale decir, el pignoratario no necesariamente se obliga a pagar la cantidad recibida, como acaece en el evento en que la obligación principal garantizada no haya sido cumplida; *v*) En la prenda irregular puede tener lugar el dispositivo del inciso 2° del artículo 2396 CC., según el cual: "[...] *si el deudor pidiere que se le permita reemplazar la prenda por otra sin perjuicio del acreedor, será oído*". Se trata del deudor que dio prenda, no del tercero que la dio por deuda ajena, el cual puede solicitar la sustitución de la cosa pignorada por otra, en tanto la sustitución no irrogue perjuicio al acreedor pignoratario. No hay inconveniente para que esta facultad sea reconocida también al deudor que pignoró fungibles; cosa, por cierto, inadmisible en una relación mutuaria, por ejemplo; *vi*) el pignoratario puede abstenerse de devolver los fungibles pignorados, cuando se haya pagado íntegramente la deuda caucionada con ellos, merced al derecho de retención que confiere el artículo 2401 inciso 2° CC., mientras que un deudor

6 Supóngase que un deudor da 100 en prenda a su acreedor, con la obligación de este en orden a pagarle un 2% mensual (o sea, 2 mensuales). Al cabo de 50 meses la garantía de 100 desaparecería, porque el pignoratario habría pagado 100 en intereses al pignorante.

7 Por el contrario, si la prenda recayó sobre dinero, es perfectamente posible el reajuste monetario de la cantidad pignorada, sin que se incurra en contradicción alguna. Téngase presente que el dinero entregado en garantía por el arrendatario al arrendador, y que estudiaremos más adelante bajo el concepto de constituir un tipo de prenda irregular, devengaba intereses bajo el régimen que le imprimieron los incisos 2° y 3° del artículo 21 de la Ley N° 11.622 de 1954. Se trató de otro de los tantos abusos legislativos en que incurrió esa ley y que los cuerpos legales que la sucedieron no hubieron de repetir: v. la nota 20.

crediticio ordinario no puede pretender el ejercicio de un derecho semejante; *vii*) la cantidad de fungibles constituidos en prenda es indivisible, como consecuencia de la indivisibilidad de toda prenda[8] y a diferencia de la cantidad de fungibles que son objeto de una relación crediticia normal, como una mutuaria, que es divisible según las reglas generales. Así, por ejemplo, si se dan 1.000 en prenda y muere el pignorante, sus herederos no pueden reclamar su parte en esa suma, mientras subsista aunque sea una pequeña parte impaga de la deuda principal; y si muere el pignoratario, el pignorante no puede reclamar ninguna parte de la cantidad mientras subsista alguna parte impaga de la deuda. Si, en cambio, se trata de una deuda mutuaria y muere el mutuante, cada heredero puede reclamar su cuota en el crédito; y si muere el mutuario, cada heredero puede pagar la suya.

3. Atendido el carácter de los objetos sobre que recae la prenda irregular, no se le aplican, por el contrario, las siguientes reglas principales de la prenda ordinaria o regular: *i*) la que confiere legitimidad activa para la acción prendaria real al pignoratario, destinada a perseguir los objetos sobre los que recayó la garantía si perdió su tenencia (artículo 2393 CC.), porque la inidentificabilidad de las cosas fungibles está en su definición, y unas cosas que no puedan identificarse no pueden ser objetos de una acción real; *ii*) el riesgo de los objetos en prenda pertenece no al pignorante, sino al pignoratario, porque son de él; *iii*) el pignoratario no responde por la pérdida o el deterioro culpables de las cosas empeñadas, al revés del pignoratario ordinario (artículo 2394 CC.), porque las puede disponer como suyas; *iv*) el acreedor prendario puede servirse de la prenda, sin necesidad de recabar el consentimiento del que la constituyó –en contra del artículo 2395 CC.–, porque es suya; *v*) el mismo puede abusar de la prenda sin perder su derecho –al revés de cuanto acaece en la hipótesis del artículo 2396 inciso 2º–, porque usa de lo suyo; *vi*) el artículo 2404 CC. no tiene lugar en la prenda irregular: la venta que el pignorante[9] haga de ciertos fungibles, debido a este rasgo no hay cómo conectarle con los fungibles pignorados, y el comprador no puede probar que los comprados son los mismos que el pignoratario tiene en su poder –si es que los tiene bajo él–; *vii*) de entre los modos de extinguirse la prenda irregular hay que excluir la destrucción completa de la cosa empeñada (artículo 2406 inciso

8 Artículo 2405 CC.

9 El citado artículo habla del deudor (prendario), pero la norma se extiende al pignoratario no deudor, porque este caso no expresado se rige por la misma *ratio* que la del caso expresado.

1° CC.: "*genera non pereunt*"); también la confusión de titularidades de dominio (artículo 2406 inciso 2° CC.), porque los objetos pignorados son del pignoratario desde el primer momento, y dejan de ser del pignorante, de modo de hacerse imposible una confusión posterior.

IV. LA PRENDA SOBRE FUNGIBLES EN EL DERECHO ROMANO Y EN ALGUNAS LEGISLACIONES ACTUALES

1. Una prenda sobre fungibles no fue desconocida para los jurisconsultos romanos. Tenemos al menos dos textos en que se menciona una prenda de dinero, el bien más fungible que existe.

a) El primero es Dig. 20,1,34,2 (Scaev., 27 *dig*.):

"Creditor pignori accepit a debitore quidquid in bonis habet habiturusve esset: quaesitum est, an corpora pecuniae, quam idem debitor ab alio mutuam accepit, cum in bonis eius facta sint, obligata creditori pignoris esse coeperint. Respondit coepisse".	"Un acreedor recibió en prenda del deudor todo lo que [sc. este] tiene o hubiere de tener entre los bienes. Se preguntó si acaso las monedas que el mismo deudor había recibido de otro en mutuo, como quiera que hayan entrado entre sus bienes, empezaron a quedar en prenda al acreedor. Respondí que empezaron" [sc. a quedar en prenda].

El texto considera la figura de una prenda universal de cosas presentes y futuras, merced a la cual un deudor (en el caso) la constituye sobre "todo lo que tiene o haya de tener entre los bienes" ("*quidquid in bonis habet habiturusve esset*"). Alguien consultó a Escévola si el dinero metálico ("*corpora pecuniae*"), que antes el constituyente de la prenda había recibido en mutuo de un tercero, comenzó a caer bajo tal fórmula y a quedar incluido en la pignoración. La razón de preguntar radicaba en que, de acuerdo con las reglas del mutuo, ese dinero recibido en tradición *pro creditore* se había hecho propiedad del mutuario y, que, en tales circunstancias, estaba entre sus bienes al momento de perfeccionarse la garantía. Escévola respondió que el dinero comenzó a quedar pignorado; vale decir, que la prenda universal contraída lo alcanzó.

b) El segundo texto es Dig. 20,4,7,1 (Ulp., 3 *disput.*):

"Si tibi quae habiturus sum obligaverim et Titio specialiter fundum, si in dominium meum pervenerit, mox dominium eius adquisiero, putat Marcellus concurrere utrumque creditorem et in pignore: non enim multum facit, quod de suo nummos debitor dederit, quippe cum res ex nummis pigneratis empta non sit pignerata ob hoc solum, quod pecunia pignerata erat".

"Si yo te hubiere obligado las cosas que haya de tener, y a Ticio especialmente un fundo, si llegare a estar en mi dominio, y después yo hubiere adquirido su dominio, opina Marcelo que uno y otro acreedor también concurren en la prenda. Porque no importa mucho que el deudor hubiere dado el dinero de lo suyo, pues, a la verdad, la cosa comprada con dinero dado en prenda no está pignorada solo porque el dinero estaba pignorado".

Dejaremos a un lado la crítica interpolacionística que el texto recibió en el pasado[10]. Su contenido pertenece a una obra del tipo de las *disputationes*, en que sus autores solían coleccionar cuestiones y casos controvertidos provenientes del foro y de las escuelas. Tiene todo el aspecto de haber sido presentado a Ulpiano acompañado de una opinión distinta a la que él ofrece. El caso fue así: Alguien pignoró, al mismo tiempo o en tiempos diversos[11], dos veces de estas maneras: *i*) a favor de uno universalmente las cosas que haya de haber en el futuro (con respecto al momento de la pignoración); y *ii*) a Ticio singularmente (especialmente dice el texto) un fundo bajo la condición de que llegare a ser suyo después. Cuando el fundo llegue al dominio del pignorante (lo que realmente acaece según el texto: "*mox dominium eius adquisiero*"), sobre él recaen inmediatamente ambas prendas: la universal y la singular; y es lo que opina Marcelo, cuya autoridad invoca Ulpiano, cuando afirma que ambos acreedores concurren en la prenda ("*concurrere utrumque creditorem et in pignore*"). La razón, no explicada, es la siguiente: en la prenda de cosas por tener, quedan pignoradas todas las cosas que ingresen en el patrimonio del pignorante, a medida que ingresen y en el momento mismo del ingreso; y en la prenda de cierta cosa para cuando sea mía (que es, por ende, condicional), una vez que la cosa se haga del pignorante, pues con ello queda cumplida la condición y empieza a operar el efecto pignoraticio sobre ella; así que resulta correcta

10 Sobre ellas, v. MENTXACA, Rosa, *La pignoración de colectividades en el derecho romano clásico*, Bilbao, Universidad del País Vasco, s. d. [pero 1986], 315-318.

11 El texto no señala ninguna de ambas circunstancias.

> la opinión de que ambos pignoratarios empiecen a concurrir en la prenda, que había expresado Marcelo. Hasta ahí la solución de Ulpiano con uso de la de aquel jurista. Pero seguramente alguien había pretendido ante el propio Ulpiano que, como el dinero con que había sido comprado el fundo ya estaba pignorado el mismo en cuanto sujeto a la prenda universal, ese fundo debería quedar sujeto solo a esta última y no a la especial, de manera de no haber concurrencia de prendas. Esta suposición, que no aparece expresada en el texto, es necesario hacerla para explicar la segunda parte de la respuesta de Ulpiano: "Porque no importa mucho que el deudor hubiere dado el dinero de lo suyo, pues, a la verdad, la cosa comprada con dinero dado en prenda no está pignorada solo porque el dinero estaba pignorado". Es indiferente, pues, que el fundo hubiera sido comprado con dinero del comprador que estaba pignorado; y el fundo así comprado no queda bajo prenda por el hecho de que el dinero con que se pagó su precio estuviera pignorado él mismo; así que, en fin de cuentas, la tesis de que el fundo únicamente quedó sujeto a la prenda universal por haber sido comprado con dinero ya sujeto a ella no puede sostenerse.

Como se ve, en ambos textos se habla de dinero pignorado, lo que demuestra que al menos la prenda sobre aquel no fue algo desconocido por los juristas romanos, los cuales, empero, no se ocuparon especial ni directamente de ella.

2. La costumbre ha introducido la práctica de constituir prenda irregular en todos los casos en que, como anexo a cierta operación traslaticia de la mera tenencia de una cosa, se exige generalmente dinero en garantía de su devolución o de su integridad. Pothier reconocía la figura en los préstamos de libros a los estudiantes que hacían las bibliotecas públicas, para lo cual se les exigía la entrega del doble del valor de cada libro en garantía de la devolución[12]. Múltiples aplicaciones de esta costumbre las veremos desarrolladas en Chile (v. en este §, su capítulo V).

3. Por otro lado, la prenda irregular está expresamente tratada en algunas legislaciones.

12 V., más abajo, a propósito de la nota 18.

a) En nuestra época, el ejemplo lo dio el *Codice Civile* de 1942, cuyo artículo 1851 dispuso:

"Pegno irregolare a garanzia di anticipazione./ Se, a garanzia di uno o più crediti, sono vincolati depositi di danaro, merci o titoli che non siano stati individuati o per i quali sia stata conferita alla banca la facoltà di disporre, la banca deve restituire solo la somma o la parte delle merci o dei titoli che eccedono l'ammontare dei crediti garantiti. L'eccedenza e determinata in relazione al valore delle merci o dei titoli al tempo della scadenza dei crediti".

"Prenda irregular como garantía de una anticipación./ Si, en garantía de uno o más créditos, se vinculan depósitos de dinero, mercaderías o títulos que no fueron individualizados o por los cuales se haya conferido la facultad de disponerlos al banco, este solo debe restituir la suma o la parte de las mercaderías o de los títulos que excedan el monto de los créditos garantizados. La excedencia se determina con relación al valor de las mercaderías o de los títulos al tiempo del vencimiento de los créditos".

La norma representó un vuelco respecto del precedente código de 1865[13]. Sin embargo, el mencionado cuerpo legal vinculó la prenda irregular, como puede verse, a la operación bancaria de anticipación[14], que es una especie de contrato crediticio entre un banco y su cliente, por el cual aquel se obliga a poner a disposición del segundo una determinada suma de dinero, generalmente merced a su acreditación en cuenta corriente. Lo peculiar de ese contrato es que el cliente garantiza con prenda el crédito recibido; y la prenda puede recaer en depósitos de dinero, mercaderías o títulos-valor, siempre que, en todos los casos, no hayan sido individualizados, con lo cual la prenda es irregular[15].

---

13 Pese a lo cual, bajo su vigencia la doctrina italiana había prestado atención a la figura, véanse: BOLAFFIO, Leone, *Il deposito e il pegno irregolari*, Città di Castello, 1891; CLAPS, Tommaso, *Del così detto pegno irregolare*, en *Archivio Giuridico*, 57, Pisa, 1896, 454-516; IANNUZZI, Stefano, *Del pegno irregolare*, en EL MISMO, *Studi giuridici*, Milano, 1909; NAVARRINI, Umberto, *In tema di pegno irregolare*, en *Rivista del Diritto Commerciale*, 11/2, 1913, 523-527; LA LUMIA, Isidoro, *Pegno irregolare e sconto*, en *Revista di Diritto Commerciale*, 2, 1914, 509-527; ASCOLI, Alfredo, *Pegno di denaro*, en *Rivista di Diritto Civile*, 1917, 526; FINOCCHIARIO, Gaetano, *Teoria del pegno irregolare*, Torino, Unione Tipografica Editrice Torinese, 1919.

14 De hecho, el artículo 1851 es el último de la sección 4ª: "Dell'anticipazione bancaria", del capítulo 17° del libro IV CCIt.

15 Para la prenda irregular bajo la vigencia del código de 1942, véanse: SIMONE, M. de, *Neg. irreg.*, 37-40 y 83-87; MARTORANO, Federico, *Cauzione e pegno irregolare*, en *Rivista di Diritto Commerciale*, 58/3-4, marzo-abril de 1960, 94-130; DALMARTELLO, Arturo, s. v. "Pegno irregolare", en *Novissimo Digesto Italiano*, Torino, Unione Tipografica Editrice Torinese, 1965, XII, 798-807; ANDREOLI, Massimo, *Note in tema di pegno irregolare*, en *Studi Parmensi*, 26/1,

b) En seguida se presenta el *Código Civil* del Perú de 1984, en cuyo artículo 1089 se lee: "*La prenda de dinero da derecho al acreedor a hacer efectivo su crédito con cargo al dinero prendado*". Sin embargo, ese código limita la prenda irregular que establece solo al dinero.

Los modernos artículos 2341 y 2342 del *Code Civil*, introducidos por el artículo 11 de la Ordenanza N° 2006-346, de 23 de marzo de 2006, han venido a dar el paso definitivo en orden a la generalización de la prenda irregular, referida sin más a "fungibles"[16]. El artículo 2341 atañe a la prenda sin desplazamiento, y dice: "[Inciso 1°] *Lorsque le gage avec dépossession a pour objet des choses fongibles, le créancier doit les tenir séparées des choses de même nature qui lui appartiennent. A défaut, le constituant peut se prévaloir des dispositions du premier alinéa de l'article 2344*[17]*./* [Inciso 2°] *Si la convention dispense le créancier de cette obligation, il acquiert la propriété des choses gagées à charge de restituer la même quantité de choses équivalentes*". El artículo 2342, en cambio, concierne a la prenda sin desplazamiento de fungibles, que es

1981, 3 ss.; Gabrielli, Enrico, *Il pegno anomalo*, Padova, Cedam, 1990; Giovagnoli, Roberto - Fratini, Marco, *Garanzie reali e personali. Percorsi giurisprudenziali*, Milano, Giuffrè, 2010, 159-166.

16 Sobre la prenda irregular en el actual derecho francés, v., entre otros: Legeais, Dominique, *Sûretés et garanties du crédit*, Paris, Librairie Générale de Droit et de Jurisprudence, s. d. [pero 2006)], núm. 448, 352; Mathieu, Marie-Elisabeth, *Les nouvelles garanties de financement. Aspects pratiques des sûretés réelles conventionnelles mobilières et immobilières*, Paris, Edition Formation Entreprise, EFE, s. d. [pero 2007], núms. 85-879, 51-53; Jobard-Bachellier, Marie-Noëlle - Bourassin, Manuella - Brémond, Vincent, *Droit des sûretés*, Paris, Sirey, 2007, núm. 1663, 399-400; Beignier, Bernard - Mignot, Marc, *Droit des sûretés*, Paris, Montchrestien, 2008, núms. 983-986, 355-357; Cabrillac, Michel - Mouly, Christian - Cabrillac, Séverine - Pétel, Philippe, *Droit des sûretés*, 8ª edición, Paris, LexisNexis - Litec, s. d. [pero 2008], núms. 750-751, 514-515; 771-773, 532-535; 808-810, 558-560. Pero antes de la reforma de 2006, la doctrina francesa ya aceptaba al menos la prenda sobre dinero; v., por todos: Simler, Philippe - Delebecque, Philippe, *Droit civil. Les sûretès. La publicité foncière*, 4ª edición, Paris, Dalloz, 2004, núm. 633, 527-528.

17 Dice el artículo 2344: "*Lorsque le gage est constitué avec dépossession, le constituant peut réclamer la restitution du bien gagé, sans préjudice de dommages-intérêts, si le créancier ou le tiers convenu ne satisfait pas à son obligation de conservation du gage*" ("Cuando la prenda está constituida con desplazamiento, el constituyente puede reclamar la restitución del bien pignorado, sin perjuicio de la indemnización del daño, si el acreedor o el tercero convenido no satisfacen su obligación de conservar la prenda"). En síntesis, pues, se trata de una suerte de revocación de la prenda, si el pignoratario no mantiene separados los fungibles pignorados de los suyos propios de la misma naturaleza. Si este cumple, la prenda no es propiamente irregular, porque los fungibles separados de los propios quedan como individualizados y, por ende, desfungibilizados. La verdadera prenda irregular se genera en la que regula el inciso 2° del artículo 2341.

siempre irregular, pues dice: "*Lorsque le gage sans dépossession a pour objet des choses fongibles, le constituant peut les aliéner si la convention le prévoit à charge de les remplacer par la même quantité de choses equivalentes*".
De esta manera, el *Code Civil* aceptó la prenda irregular casi 250 años después que Pothier la hubiese reconocido: "*On peut donner en nantissement de l'argent comptant; on trouve un exemple de cette espèce de nantissement dans les statuts de bibliothèques publiques, qui permettent aux bibliothécaires de prêter des livres à des étudiants, à la charge qu'ils remettront au bibliothécaire une somme de deniers du double de la valeur des livres en nantissement, et pour sûreté de la restitutions des livres prêtés*"[18].

3. El *Código Civil* español no conoce la prenda irregular, pese a lo cual la doctrina española la considera ampliamente[19].

V. PRENDAS SOBRE FUNGIBLES EN EL DERECHO CHILENO

1. En Chile, existe una prenda irregular usual en los contratos de arrendamiento de predios urbanos. La costumbre introdujo la regla de que el arrendatario deba entregar una suma de dinero igual a un mes de la renta o precio del contrato, para garantizar su responsabilidad por la integridad del predio tomado en arrendamiento; la suma debe ser devuelta al arrendatario, en el todo o en el residuo, al término del contrato. Desde 1954, las sucesivas leyes de arrendamiento de predios urbanos reconocieron la existencia de esta figura de origen consuetudinario, en función de reglamentar algunos de sus aspectos[20].

---

18 POTHIER, Robert-Joseph, *Traité du nantissement*, núm. 6, en *Œuvres de Pothier*, edición de B. Bugnet, Paris, Videcoq - Cosse et Delamotte, 1847, V, 393.

19 Pueden verse, entre otros: VIÑAS MEY, José, *La prenda irregular*, en *Revista de Derecho Privado*, 146, Madrid, 1925, 341-350; MANZANARES SECADES, Alberto, *Algunas notas sobre la prenda de dinero a raíz de la sentencia del Tribunal Supremo de 27 de diciembre de 1985*, en *Anuario de Derecho Civil*, 39, Madrid, 1986, 1.293-1.309; EL MISMO, *Prenda de dinero y prenda de créditos. Comentario a la sentencia de 19 de septiembre de 1987*, en *Anuario de Derecho Civil*, 41, Madrid, 1988, 1.387-1.402; JORDANO Fraga, Francisco, *Prenda regular, prenda irregular y prenda de créditos. Sobre la pignorabilidad de una imposición a plazo fijo*, en *Anuario de Derecho Civil*, 43/1, Madrid, 1990, 305-327. Sobre todo, se verá: CRUZ MORENO, María, *La prenda irregular*, Madrid, Colegio de Registradores de la Propiedad y Mercantiles de España - Centro de Estudios Registrales, s. d. [pero 1995], que estudia detalladamente la figura.

20 Ley N° 11.622: *Reglamenta el arrendamiento de inmuebles por casas o departamentos, piezas, secciones o locales y fija la renta máxima que se podrá cobrar por dichos arrendamientos* (D. O.

También se usa dar dinero como caución en el arrendamiento de automóviles y de videos (aunque este negocio ha caído en desuso), en función de asegurar su restitución e integridad; lo mismo que en los préstamos de libros que hacen las bibliotecas con la misma función; o en la venta de bebestibles (como agua de soda), para garantizar la íntegra devolución de los envases. En materia procesal, el artículo 146 CPP. permite que se garantice con el depósito de dinero o de valores la comparecencia del imputado al juicio, en reemplazo de su prisión preventiva.

Estas entregas de dinero generalmente son llamadas "garantías"; pero, ¿qué calificación más específica dar a estas garantías? Desde el punto de vista de su objeto,

---

de 25 de septiembre de 1954), artículo 21: "[Inciso 1°] *El arrendador o subarrendador solo podrá exigir al arrendatario o subarrendatario como garantía una suma equivalente al monto de la renta de un período mensual en los arriendos y subarriendos de habitaciones y de cuatro meses en los demás casos/* [Inciso 2°] *Cuando el arrendador o subarrendador recibiere del arrendatario o subarrendatario cantidades de dinero para caucionar las obligaciones derivadas del arrendamiento, deberá pagarle intereses corrientes sobre las cantidades recibidas./* [Inciso 3°] *Los intereses se liquidarán semestralmente, y en todo caso al expirar el arrendamiento. El arrendatario o subarrendatario podrá imputar, al término de cada semestre o al fin del arriendo, lo que a él se adeude por intereses o lo que él, a su vez, adeudare por rentas de arriendo o subarriendo*". Decreto-ley N° 964, del Ministerio de la Vivienda y Urbanismo, sobre *Arrendamiento de predios urbanos* (D. O. 12 de abril de 1975), artículo 11: "[Inciso 1°] *El arrendador podrá exigir al arrendatario que caucione sus obligaciones mediante una garantía que deberá ser en dinero y, en tal caso, esta no podrá exceder de un mes de renta./* [Inciso 2°] *Cuando procediere la devolución de la garantía, el arrendador deberá restituirla reajustada en la misma proporción a la variación que haya experimentado el Índice de Precios al Consumidor, determinado por el Instituto Nacional de Estadísticas o por el organismo que haga sus veces, entre el mes anteprecedente a la entrega de ella y el mes anteprecedente al de su devolución*". Ley N° 18.101: *Fija normas especiales sobre arrendamiento de predios urbanos* (D. O. 29 de enero de 1982), artículo 2 transitorio: "*Los contratos de arrendamiento de bienes raíces urbanos que se celebren durante los cuatro años siguientes a la fecha de publicación de la presente ley se regirán, además, por las siguientes normas relativas a renta y garantía:* [...]. 7) [Inciso 1°] *El arrendador podrá exigir al arrendatario que caucione sus obligaciones mediante una garantía que deberá ser en dinero y, en tal caso, esta no podrá exceder de un mes de renta./* [Inciso 2°] *Cuando procediere la devolución de la garantía, el arrendador deberá restituirla reajustada en la misma proporción a la variación que haya experimentado el Índice de Precios al Consumidor, determinado por el Instituto Nacional de Estadísticas o por el organismo que haga sus veces, entre el mes anteprecedente a la entrega de ella y el mes anteprecedente al de su devolución*". Como puede apreciarse, la regulación de la garantía impuesta por Ley N° 18.101 vale solo para los contratos de arrendamiento de bienes raíces urbanos que se hubieran celebrado durante los cuatro años siguientes a la fecha de su publicación (29 de enero de 1982). La garantía de los posteriores carece de regulación legal y vuelve a quedar regida por la costumbre, merced a lo dispuesto por el artículo 1546 CC. Sobre este último punto, v. GUZMÁN BRITO, Alejandro, *La buena fe en el Código Civil de Chile*, en *Revista Chilena de Derecho*, 29/1, Santiago, 2002, 11-23 = GAROFALO, Luigi (editor), *Il ruolo della buona fede oggetiva nell'esperienza giuridica storica e contemporanea. Atti del Convegno internazionale di studi in onore di Alberto Burdese*, Padova, Cedam, 2003, II, 293-321 = CÓRDOBA, Marcos M. (director), *Tratado de la buena fe en el derecho*, Buenos Aires, La Ley, 2004, II: "Doctrina extranjera", 75-94.

ellas consisten en una suma de dinero que pasa por traspaso del que recibe la cosa de cuya devolución íntegra se trate al que se la entrega. Por el carácter fungible y jurídicamente consumible que caracteriza al dinero, no puede constituir una prenda ordinaria con desplazamiento. Pero las partes quieren que funcione como garantía del cumplimiento de las obligaciones derivadas del contrato, lo cual no puede mentar otra cosa que su voluntad de hacerla funcionar como prenda; así que no resta más que aplicarle las reglas de esta que sean tolerables por la figura en examen, y que antes hemos visto.

2. Una problemática semejante ofrecen las arras, tratadas por el *Código Civil* a propósito de la venta (artículos 1803 a 1805).

El artículo 1803 CC. permite vender con arras. Del dictado de ese artículo extraemos la definición de las arras como "la dación de una cosa en prenda de la celebración o ejecución de un contrato"[21]. Pero se observará que el *Código* usa la palabra "prenda" para denotar la función de estas arras. Ahora bien, la definición legal de la prenda en el artículo 2384 CC. implica que se la constituya para la seguridad de un "crédito". Pero ocurre que cuando se vende con arras, en los términos del artículo 1803 CC., ninguna de las partes está propiamente obligada a celebrar la compraventa, puesto que cualquiera de ellas puede retractarse de hacerlo. Así que las arras no pueden ser prenda de una obligación de celebrar la compraventa, habida cuenta de que una tal obligación no existe. Claro que como el mismo artículo 1803 CC. agrega que la retractación del que dio las arras conduce a su pérdida, y la del que las recibió, a tener que restituirlas dobladas, de eso resulta que la venta con arras, aunque no produzca obligación de celebrar el contrato, no deja de producir efectos patrimoniales directos, como son los dichos de perder la cosa arral o de tener que restituirla doblada. En tales circunstancias podríamos decir que las arras son garantía de una conducta esperada, aunque no obligatoria. Por lo demás, el propio artículo define que las arras son prenda "de la celebración o ejecución de contrato", lo cual nos obliga a admitir al menos estos dos sentidos de la voz "prenda" en el *Código*: el de seguridad de un crédito, y el de seguridad de la ejecución de un acto, y especialmente de la celebración de un contrato[22].

---

21 Artículo 1803 CC.: "*Si se vende con arras, esto es, dando una cosa en prenda de la celebración o ejecución del contrato, se entiende que cada uno de los contratantes podrá retractarse; el que ha dado las arras, perdiéndolas; y el que las ha recibido, restituyéndolas dobladas*".

22 Las arras llamadas "penitenciales", porque permiten a las partes el arrepentimiento (*poenitentia*) de celebrar el contrato, vale decir, desistirse de perfeccionarlo, y que corresponden

Ahora bien, el *Código* no exige ningún carácter especial en la cosa que haya de ser dada como arras; el artículo 1803 se limita a hablar de "una cosa" que se da como arras. Por consiguiente nosotros podemos pensar sin trabas en que la cosa que se da a título de arras puede ser fungible. Por lo demás, el artículo 1805 CC. permite que las arras estén constituidas por dinero, puesto que habla de darlas "como parte del precio" y no es necesario abundar en que el precio de la compraventa siempre debe ser en dinero (artículo 1793 CC.).

3. Mención especial merecerían las garantías llamadas "a primer requerimiento", que también cumplen función prendaria y recaen sobre documentos representativos de dinero, cual es el caso usual de las boletas de garantía bancaria[23]. El dato nuevo consiste en que estos documentos suelen ser, en cuanto tales, infungibles, pero puede imponerse el carácter fungible del dinero que representan, como si el que recibió la boleta la cobra y después devuelve su valor. De todas maneras, no consideraremos este tipo prendario, porque él ofrece problemas dogmáticos de envergadura, cuya solución previa nos apartaría del tema principal en examen.

4. El inciso 1° del artículo 11 de la *Ley de prenda sin desplazamiento* (= LPsD.)[24] autoriza la pignoración de "*grupos de bienes de una misma clase o universalidades de hecho, tales como existencias, inventarios, materias primas, productos elaborados*

---

a las descritas en el artículo 1803 CC., admiten su identificación funcional con la cláusula penal. De hecho, la doctrina italiana denomina "cláusula penal impropia" a tales arras; al respecto, v. CARVAJAL, Patricio, *Las arras en el derecho justinianeo*, en *Revista Chilena de Derecho*, 33/3, 2006, 531 nota 12. Más en general, para una comparación entre las arras y la cláusula penal, v. el mismo CARVAJAL, Patricio, *Las arras penitenciales en la tradición romanística del derecho civil español*, en *Revista Chilena de Derecho*, 32/2, 2005, 320-322. Obsérvese que bajo tal construcción se presenta el mismo problema verificado precedentemente, en orden a que, como el artículo 1535 CC. define que es función de la cláusula penal "*asegurar el cumplimiento de una obligación*", en la especie las partes no tienen obligación de celebrar el contrato, del que pueden retractarse, así que esta supuesta cláusula penal no sería para asegurar el cumplimiento de una obligación. Pero podemos dejar a un lado esa objeción por las mismas razones antes aceptadas para el caso de considerarla como prenda. De todos modos, la identificación de las arras penitenciales con una cláusula penal no puede sostenerse en Chile, porque el artículo 1803 CC. ha preferido acercarla a la prenda.

23 Sobre esta figura, v. CAPRILE BIERMAN, Bruno, *La boleta bancaria de garantía. Una garantía a primer requerimiento*, Santiago, Editorial Jurídica de Chile, 2002.

24 Contenida en el artículo 14 de la Ley N° 20.190 (D. O. de 5 de junio de 2007), y entrada en vigencia el 22 de enero de 2010, por aplicación de su artículo 41.

o semielaborados o repuestos, o maquinarias, redes o sistemas [...]", pues, con frecuencia, los objetos enumerados son fungibles[25].

Mas, para no incurrir en confusiones, menester es distinguir dos aspectos en esta prenda. Uno atañe a la universalidad misma, que es, en rigor, lo pignorado y que no puede sustraerse a la exigencia generalmente válida para todos los objetos que se pignoran sin desplazamiento, contenida en el artículo 3 N° 3 LPsD., que exige individualizar o caracterizar las cosas empeñadas, como cláusula ineludible en el contrato. Ahora bien, esto vale para la universalidad misma; y así, por ejemplo, deberá señalarse el lugar, el galpón, la bodega que se tuvo en vista al contratar y la clase de objetos que la componen. Pero el contenido de la universalidad pignorada puede variar, por ejemplo, por la salida de elementos integrantes para su procesamiento industrial, y por la entrada de nuevos elementos en función de reponer las mermas[26]; así que, en principio, la universalidad contiene una masa cambiante de elementos singulares. Como estos son fungibles –por ejemplo, un conjunto de repuestos de automóvil– y hasta consumibles –por ejemplo, trigo o vino–, el pignoratario los puede cambiar y consumir[27], mientras conserve la universalidad misma, que fue lo pignorado.

5. Algo similar acontece en la pignoración de derechos administrativos de concesión y muebles conexos, prevista por el artículo 6 LPsD. en sus números 1, 2, 4, 5 y 6, en cuanto, además del derecho de concesión, también se autoriza la pignoración de los ingresos actuales y flujos futuros que provengan de la explotación de la concesión pignorada, con lo cual, en último término, se alude al dinero ingresado por la explotación; así que en estos casos la individualización y caracterización contractuales exigidas por el artículo 3 N° 3 LPsD. en orden a que el contrato deba contener la individualización o caracterización de las cosas empeñadas, se aplican a los ingresos y a los flujos mismos en cuanto, por ejemplo, a indicación precisa de su origen, modos de generarse, canales de producción, cantidades y otras circunstancias eficaces al efecto de individualizar y caracterizar esos ingresos

25 Acerca de la prenda sin desplazamiento a que se refiere el citado artículo 11, v., ampliamente: Guzmán Brito, Alejandro, *Tratado de la prenda sin desplazamiento según el derecho chileno*, Santiago, Editorial Jurídica de Chile, 2011, §§ 84-100, 459-546.

26 El inciso 3° del artículo 11 LPsD. expresa: "*Aquellos componentes que salgan de la universalidad o grupo de bienes empeñados quedarán subrogados por los que posteriormente lo integren, hasta la concurrencia del total constituido en prenda*".

27 El inciso 1° del artículo 11 LPsD. dice: "*En el caso de prendarse grupos de bienes de una misma clase o universalidades de hecho* [...] *los componentes de los mismos podrán ser utilizados, reemplazados, transformados o enajenados, en todo o en parte, salvo pacto en contrario*".

y flujos; pero no se aplican al dinero mismo, que permanece en su fungibilidad natural. De esta forma, el concesionario que pignoró su concesión puede gastar el dinero que le fluya, y reemplazarlo después, cuando haya menester, a efectos prendarios.

6. Las mercaderías guardadas en almacenes generales de depósito pueden ser dadas en prenda (artículo 6 inciso 2° Ley N° 18.690 sobre *Almacenes generales de depósito*). Debido a que tales mercaderías, aunque en sí mismas sean fungibles, deben ingresar individualizadas en el almacén (artículo 5 N°s 4, 5 y 7 Ley N° 18.690), ordinariamente su prenda será regular. Pero el inciso 1° del artículo 26 de la ley citada permite que se almacene "a granel"[28] cualquier mercadería susceptible de tal modalidad de depósito, lo cual implica que sean fungibles; en este caso el almacenista queda obligado a devolver no las mismas mercaderías recibidas, sino otras, pero de iguales características y valor que los de las depositadas (ibíd., inciso 2°); e, incluso, otras de la misma especie y de la calidad más aproximada y con abono o deducción de la diferencia de valor que corresponda, si no las tiene de iguales características y valor que los de las depositadas (ibíd., inciso 3°); el riesgo y los vicios propios de las mercaderías depositadas "a granel" corren a cargo del almacenista (ibíd., inciso 4°). Ahora bien, bajo tales circunstancias, la prenda de mercaderías que es posible según el artículo 26 inciso 1° de la Ley N° 18.690 resulta ser irregular.

También la Ley N° 18.041: *De mercado de valores*[29] tipifica diversos tipos de prendas sobre dinero[30]. Por consiguiente, igualmente estamos en presencia de una prenda irregular sin desplazamiento.

7. En la Ley N° 18.045 sobre *Mercado de valores*[31], se exige la constitución de ciertas garantías que pueden consistir en prendas irregulares con desplazamiento:

a) En primer lugar comparece la prenda de los corredores de bolsa y los agentes de valores para asegurar el correcto y cabal cumplimiento de todas sus obligaciones como intermediarios de valores, en beneficio de los acreedores presentes o futuros que tengan o llegaren a tener en razón de sus operaciones de corretaje, que la ley evalúa inicialmente en 4.000 unidades de fomento

28 Sobre el significado de esta expresión, v. la nota 68 del § 4.

29 D. O. de 22 de octubre de 1981.

30 Véanse los artículos 30, 114 inciso 2° y 4°, 173 inciso 1° y 226 de la ley citada.

31 D. O. de 22 de octubre de 1981.

(artículo 30 incisos 1° y 2°). La garantía puede constituirse en dinero efectivo y ha de reajustarse en la misma proporción en que varíe el monto de la unidad de fomento. Al efecto de constituir la prenda, los corredores de bolsa o los agentes de valores deben designar respectivamente una bolsa de valores o un banco como representante de los acreedores beneficiarios de la garantía (artículo 31 inciso 1°); y el dinero en que esta consista debe ser entregado al representante de los acreedores beneficiarios designado (artículo 31 inciso 2°);

b) En seguida se presentan las garantías sobre monedas, oro o plata constituidas para caucionar obligaciones de los corredores de bolsa entre sí o con las bolsas de valores o con sus clientes, o de cualquiera de estos para con corredores de bolsa, por operaciones de corretaje de valores o por las actividades complementarias que se les autorice (artículo 173 inciso 1°); caso en el cual la prenda se debe constituir mediante el otorgamiento de un instrumento privado, firmado por las partes ante un corredor de bolsa que no sea parte en las obligaciones caucionadas o ante el gerente de la bolsa respectiva, en el que se individualizarán los bienes empeñados [artículo 173, letra a) inciso 1°]. La ley declara esencial que, además, los bienes dados en prenda sean entregados[32] al acreedor o al tercero que de común acuerdo designen las partes [artículo 173, letra a) inciso 2°].

c) En fin, la ley también concibe una garantía que han otorgar las administradoras generales de fondos mutuos –las cuales siempre deben ser sociedades anónimas–, destinada a asegurar el cumplimiento de las obligaciones derivadas de la gestión y administración de fondos de terceros, y otorgada en beneficio de estos (artículo 226 inciso 1°). La garantía puede consistir en dinero efectivo (artículo 226 inciso 1°). La administradora misma debe designar a un banco como representante de los participantes en el fondo mutuo de que se trate y beneficiarios de la garantía. Si esta consiste en dinero, la administradora debe entregarlo precisamente al banco representante [artículo 227 letra a)].

32 Estas prendas son, pues, solemnes y reales al mismo tiempo.

VI. EJECUCIÓN DE LA PRENDA IRREGULAR

Para terminar estudiaremos los aspectos satisfactorios de la prenda irregular.

a) Preliminarmente debemos recordar, empero, que desde el momento en que se la constituya, el pignoratario se hace dueño de los fungibles recibidos y queda establecida una relación crediticia entre el pignorante y aquel, en cuanto este último debe devolver una cantidad de fungibles de la misma especie y calidad de los recibidos al pignorante. Pero como se trata de una prenda y no de un crédito ordinario, la devolución procede en el todo solo cuando la obligación principal garantizada se extinga plenamente, como acaece cuando sea pagada, remitida, novada, compensada, etcétera, en el todo. Entonces el pignorante dispone de una acción personal para exigir la restitución de la cantidad de objetos pignorados. Si la extinción es parcial, en cambio, el pignoratario no está legitimado para exigir una devolución parcial de la cantidad, ni el pignorante obligado a restituir una parcialidad de la misma, merced a la regla de la indivisibilidad de la prenda que también incide en la prenda irregular.

b) Cuando la obligación principal garantizada por su deudor fue de dinero y la prenda igualmente recayó sobre dinero[33], cabe indagar si se produce una compensación en el evento de no extinguirse la deuda en el todo por pago o de otra manera. La pregunta surge atendido el hecho de que el pignorante y el pignoratario son en apariencia recíprocamente deudores y acreedores de lo mismo: el pignorante, de la cantidad principalmente adeudada; y el pignoratario, del dinero pignorado. Lo dicho para el dinero es aplicable si la prenda recae sobre fungibles distintos al dinero, en garantía de deudas de cosas del mismo carácter que el de los objetos de la prenda.

Dando por cumplidos los demás requisitos de la compensación, tal cual aparecen enumerados en el artículo 1656 CC., parece que la inexistencia del requisito consistente en que ambas deudas sean actualmente exigibles obsta a que se produzca la compensación. Ciertamente la deuda principal es exigible, por hipótesis; pero no la de devolver el dinero pignorado, precisamente porque la deuda que él garantiza no fue pagada y, en tal caso,

33 Puede parecer raro que una deuda de dinero sea garantizada con una prenda de dinero; pero no lo es tanto cuando la prenda está constituida por divisas, liquidables rápidamente según el cambio del día; o cuando se adelanta dinero para caucionar el pago del precio de los objetos, generalmente de valor, comprados en remates privados, según es uso exigir por los martilleros.

no es exigible su devolución al pignoratario. En consecuencia, no procede la compensación[34]. Con mayor razón no procede si la garantía la otorgó un tercero por deuda principal ajena, porque en tal caso el pignorante nunca se hace deudor personal de lo que debe el tercero[35], así que él y el pignoratario no son recíprocamente deudores y acreedores.

c) Si la prenda garantizadora de una deuda de dinero recayó sobre dinero, y la deuda no es pagada, ¿puede el pignorante aplicar sin más el valor del dinero pignorado al pago de la deuda, de su reajuste y de sus intereses y devolver el remanente, si lo hay, al pignoratario o, en cambio, debe recurrir a la justicia, como en el caso de la prenda regular?

El artículo 2397 inciso 1° CC. establece que el acreedor prendario puede pedir que la prenda del deudor moroso se venda en pública subasta para que con el producido se le pague; o que, a falta de postura admisible, sea apreciada por peritos y se le adjudique en pago, hasta concurrencia de su crédito, sin que valga estipulación alguna en contrario, y sin perjuicio de su derecho para perseguir la obligación principal por otros medios. El inciso 2° de la misma norma prohíbe estipular que el acreedor tenga la facultad de disponer de la prenda o de apropiársela por otros medios que los señalados en el inciso 1°. Estas normas obligan a pensar en que el pignoratario de dinero deba recurrir a la justicia, por más que resulte algo absurdo la venta de dinero en subasta.

Por su parte, el artículo 1 del Decreto-ley N° 776, del Ministerio de Justicia, que atañe a la realización de la prenda (D. O. de 22 de diciembre de 1925) reafirma la misma impresión causada por el artículo 2397 CC. Su inciso 1° establece: "*El acreedor de una obligación caucionada con prenda, podrá pedir, vencido el crédito principal a que acceda que dicha prenda sea realizada con arreglo al procedimiento establecido en la presente ley*". Añade su inciso 2°: "*Se comprenden en las disposiciones de esta ley toda clase de garantías sobre bienes muebles que se entreguen a un acreedor, sea bajo la forma de una venta condicional, de un pacto de retroventa o de otra manera; sin que valga estipulación alguna en contrario*". Y su inciso 3° reitera con mayor énfasis y amplitud la prohibición de la *lex commissoria* que ya había fulminado el inciso 2°

34 Rectifico lo que escribí en mi *Tratado de la prenda sin desplazamiento* (n. 25), § 24, p. 174, en donde había afirmado lo contrario a lo que ahora digo en el texto.

35 El argumento se extrae por analogía a partir del segundo segmento del inciso 2° del artículo 2414 y del inciso 1° del artículo 2430 CC., escritos para la hipoteca, la *ratio* de los cuales es perfectamente válida para la prenda.

del artículo 2397 CC.: "*Tampoco podrá estipularse así a la fecha del contrato principal como en ningún momento posterior, que el acreedor tenga la facultad de disponer de la prenda, de apropiársela o de realizarla en otra forma que la prescrita en esta ley*".

Pero, en realidad, estas normas no son aplicables a la prenda irregular. En esta, el pignoratario se hace dueño de los fungibles pignorados y los puede disponer. Ello no es así merced a un pacto especial que le confiera tales poderes, sino que deriva antes de la naturaleza de los objetos pignorados, que, por ser fungibles, no pueden menos que hacerse propiedad del que los recibió, sin hacer falta pacto alguno al efecto. En tales condiciones, si la deuda principal de dinero no fue pagada, es suficiente que el pignoratario no restituya la cantidad de dinero pignorada, sin que pueda temer la acción de restitución emanada del pignorante, ante la cual siempre podrá oponer el artículo 2396 CC., según el cual el deudor –en realidad quiere decir: el pignorante– no puede reclamar la restitución de la prenda en todo o parte mientras no haya pagado la totalidad de la deuda en capital e intereses. Esto, jurídicamente hablando, no es una compensación, por las razones que antes vimos, pero económicamente opera como una compensación.

Si el pignoratario ha aceptado un cumplimiento parcial, puede renunciar a la indivisibilidad, que está establecida en su favor, y restituir la parte del dinero pignorado proporcional a la deuda extinguida; si no procede así, el pignorante no tiene cómo exigir la restitución parcial, y deberá pagar el remanente o esperar la prescripción de la deuda principal[36].

---

36 Cfr. el caso tratado en el artículo 12 del Decreto-ley N° 776, sobre realización de la prenda (D. O. de 22 de diciembre de 1925), que dice: "[Inciso 1°] *Si la prenda consistiere en un crédito por suma de dinero, el acreedor prendario deberá cobrarlo a su vencimiento conforme a las reglas generales del Derecho, entendiéndose representante legal del dueño del crédito para este efecto. Las cantidades que perciba las aplicará, sin sujeción a las formalidades de los artículos anteriores, al pago de su propio crédito, si este fuera de igual naturaleza y en seguida rendirá cuenta a su deudor.*/ [Inciso 2°] *Serán aplicables en seguida las reglas del título XIII, libro III del Código de Procedimiento Civil*". Como se ve, trátase de la pignoración de un crédito de dinero en garantía de deudas de dinero también. La ley autoriza al pignoratario del crédito para cobrarlo a su deudor en representación legal del acreedor. El punto que nos interesa es que, una vez cobrado el dinero, el pignoratario lo puede aplicar a su propio crédito y dar cuenta al acreedor, que es su deudor; a favor de este, el inciso 2° hace aplicable al caso las reglas del juicio de cuentas contenidas en el *Código de Procedimiento Civil*. No dice que, si la deuda principal no se extinguió totalmente merced a la aplicación a ella del dinero cobrado, el pignorante del crédito puede exigir el resto del mismo, porque seguramente se tuvo presente que obsta a ello la indivisibilidad.

d) Si la prenda irregular recayó sobre fungibles que no sean dinero y la deuda principal no se extinguió ni fue pagada en el todo, se siguen las mismas reglas que para el caso de dinero pignorado: como el pignoratario se hizo dueño de los objetos pignorados, pudo enajenarlos desde el principio y no está obligado a restituirlos en el todo ni en parte mientras no se pague la totalidad de la deuda; si esta es pagada en parte, la indivisibilidad impide exigir la restitución parcial y el pignorante deberá o pagar el remanente o sufrir la prescripción.

Cabe entonces pensar en que el crédito abierto por el pignorante al pignoratario con la entrega de los fungibles en prenda es modal, para aplicar el objeto a pagar las deudas del tercero hasta concurrencia; y condicional, si es que haya mora: cumplida, pues, la condición, el pignoratario se paga su crédito con los fungibles que recibió del pignorante; si falla, debe restituírselos.

Cuando se hace pago, no queda, empero, obligado a restituirlos después, precisamente porque el modo fue "para pagar", y un pago no admite restitución, salvo que sea indebido, que no es el caso.

§ 6. EL ARRENDAMIENTO IRREGULAR*

En la lista de contratos que deban recaer sobre infungibles se cuenta al de arrendamiento; mas puede acaecer que las partes, con intención y sin haber incurrido en error sobre el punto, lo hayan hecho recaer sobre fungibles. En otro lenguaje, podemos decir lo mismo si afirmamos que el normal arrendamiento de infungibles constituye la figura regular de ese contrato, mientras que, al incidir sobre fungibles, este transita a una figura irregular. Examinaremos la situación de esta última en el derecho chileno, distinguiendo entre el arrendamiento de cosas y aquel para la confección de una obra material. Debe tenerse presente que la doctrina chilena ni siquiera trata esta figura[1].

I. EL CONTRATO DE ARRENDAMIENTO DE COSAS FUNGIBLES

1. El artículo 1916 CC. dice: "*Son susceptibles de arrendamiento todas las cosas corporales o incorporales, que pueden usarse sin consumirse*". La dicción legal es excesiva, porque no se trata de cosas que puedan usarse de cualquier modo sin que se consuman, sino de aquellas que no pueden ser usadas de un modo conveniente a su naturaleza sin que se consuman[2]; de lo contrario, por ejemplo, la leña usada para decorar exóticamente una pared, haría de ella una cosa que puede usarse sin consumirse. La ley, en otras palabras, solo permite el arrendamiento de cosas

* Este parágrafo reproduce mi artículo que, con el título de *El arrendamiento sobre fungibles*, fue publicado en la *Revista de Derecho de la Pontificia Universidad Católica de Valparaíso*, 44, Valparaíso, 1er semestre de 2015, 39-67.

1 Por todos: HÜBNER, Ana María - VERGARA, Sofía, *Contrato de arrendamiento*, Santiago, Conosur, 1955, I, 14; ORREGO ACUÑA, Juan Andrés, *El contrato de arrendamiento*, 2ª edición, Santiago, Metropolitana, 2011, 117, todos los cuales se limitan a recordar que el arrendamiento de cosas no puede recaer sobre consumibles.

2 Así entiende la norma, por ejemplo, ALESSANDRI, Arturo, *Derecho civil. Segundo año: De los contratos*, Santiago, Imprenta Editorial Bellas Artes, 1930, 175.

inconsumibles en sentido técnico. Sobre tales cosas nada dice el artículo 575 CC., que en su inciso 2° se limita a declarar, en síntesis, que las cosas consumibles pertenecen a la clase de las fungibles, porque, salvo ejemplos rebuscados, las cosas consumibles son siempre fungibles.

La razón de no ser legalmente posible un arrendamiento de cosas consumibles radica en que el arrendamiento es un contrato de mera tenencia[3] limitado al uso de la cosa, que no radica el dominio de esta en el arrendatario, el cual no puede disponerla y debe restituirla al término del contrato[4], se entiende que en especie, o sea, la misma cosa recibida al comienzo[5]. Ahora bien, tales caracteres son incompatibles con el arrendamiento de consumibles, porque el arrendatario, al usarlos en su calidad de tal, los dispone física o jurídicamente (lo cual lo convierte en su dueño) y en esas condiciones, al término del contrato, podría no restituir las mismas cosas recibidas a su comienzo[6]. Por tal razón la exigencia de inconsumibilidad solía ser señalada expresamente en las legislaciones extranjeras[7],

---

3 Es extraño que el artículo 714 CC. no mencione expresamente al arrendatario cuando dice: "[Inciso 1°] *Se llama mera tenencia la que se ejerce sobre una cosa, no como dueño, sino en lugar o a nombre del dueño. El acreedor prendario, el secuestre, el usufructuario, el usuario, el que tiene el derecho de habitación, son meros tenedores de la cosa empeñada, secuestrada, o cuyo usufructo, uso o habitación les pertenece./* [Inciso 2°] *Lo dicho se aplica generalmente a todo el que tiene una cosa reconociendo dominio ajeno*". Pero es merced al inciso 2° que haya de concluirse que el arrendatario es también un mero tenedor, porque este no puede menos que reconocer un dominio ajeno sobre la cosa cuya tenencia ha. De hecho, el arrendamiento no es un título traslaticio de dominio.

4 Artículo 1947 inciso 1° CC.: "*El arrendatario es obligado a restituir la cosa al fin del arrendamiento*".

5 Artículo 1947 inciso 2° CC.: "*Deberá restituirla en el estado en que le fue entregada, tomándose en consideración el deterioro ocasionado por el uso y goce legítimos*".

6 Por lo demás, el artículo 1939 CC. dispone que el arrendatario haya de emplear "*en la conservación de la cosa el cuidado de un buen padre de familia*"; o sea, lo hace responsable hasta de la culpa leve (artículo 44 inciso 3° CC.), que es la falta de aquella diligencia y cuidado que los hombres emplean ordinariamente en sus negocios propios (ibíd.). Si el arrendatario destruye la cosa por consumición, transgrede esta norma de responsabilidad porque actúa incluso con dolo.

7 Así, entre los códigos europeos, el bávaro de 1756 (ya no más vigente), 4ª parte, cap. 6°, § 3 expresaba: "*Dieser Contract hat regulariter Statt* 1mo *in allen* [...] was [...] *durch den Gebrauch nicht consumirt zu werden pflegt* [...]" ("Este contrato regularmente tiene lugar 1° en todo [...] lo que [...] no suele ser consumido por el uso [...]"); el austriaco (1811, aún en vigor), § 1090 dice: "*Der Vertrag, wodurch jemand den Gebrauch einer unverbrauchbaren Sache auf eine gewisse Zeit und gegen einen bestimmten Preis erhält, heißt überhaupt Bestandvertrag*" ("El contrato por el cual alguien recibe el uso de una cosa inconsumible durante cierto tiempo contra determinado precio se llama genéricamente 'Bestandvertrag'"); o el español (1889 todavía vigente), que en su artículo 1545 manifiesta: "*Los bienes fungibles que se consumen por el uso no pueden ser materia de este contrato*" (que repite sin variaciones el artículo 1474

aunque no en todas[8] ni tendencialmente en las más modernas[9], no como permiso tácito de arrendar cosas consumibles, sino por la evidencia de su imposibilidad.

Pero al limitarse a exigir la ley que el arrendamiento deba recaer sobre cosas inconsumibles, sin añadir la exigencia de su infungibilidad[10], ella se mostró insuficiente. Un arrendamiento de fungibles, por inconsumibles que sean, es también incompatible con las características generales del contrato, en orden a ser de mera tenencia, no radicar el dominio de la cosa en el arrendatario, no poder este disponerla y deber restituirla en especie al término del contrato. Es un fenómeno jurídico ostensible que la entrega de una cantidad de fungibles (aunque sean inconsumibles) convierte en su dueño al que las recibe, el cual, por ende, puede disponerlas física o jurídicamente y si es que resulta obligado a restituir, basta que restituya otro tanto del mismo género y calidad que lo recibido, porque el que se las entregó no tiene modo de verificar o controlar que lo devuelto corresponda a las mismas especies individuales que entregó.

del "Proyecto de García Goyena"). En América, se ofrece como ejemplo antiguo el código de la Luisiana (1825), artículo 2648, copiado del artículo 6, título 13°, libro III del *Project du Code Civil* de l'an VIII [1800]: "*On peut louer toutes les choses corporelles, meubles ou immeubles, excepté celle qui se consomment par l'usage qu'on en fait*" ("Se puede arrendar todas las cosas corporales, muebles o inmuebles, exceptuadas aquellas que se consumen por el uso que se hace de ellas"). La disposición francesa fue tomada de POTHIER, Robert-Joseph, *Traité du contrat de louage*, en *Œuvres de Pothier*, edición de B. Bugnet, Paris, Videcoq - Cosse et Delamotte, 1847, IV, 8, como lo demuestra el cotejo textual: después de haber afirmado aquel que hay cosas no susceptibles de ser arrendadas, añade que son tales "*les choses qui se consomment par l'usage qu'on en fait*", y esta frase aparece idéntica en la disposición del proyecto francés que después pasó al código luisiano. Un ejemplo americano más moderno es el de México (vigente desde 1928), que en su artículo 2400 dice: "*Son susceptibles de arrendamiento todos los bienes que pueden usarse sin consumirse* [...]".

8 Notablemente en el código francés, aunque en el proyecto de 1800, el artículo correspondiente al 1713 promulgado, que era el artículo 6 del título 13° del libro III, exceptuaba las cosas que se consumen por el uso de la posibilidad de arrendar (v. la nota anterior). La doctrina, empero, suplió su silencio; v., por todos: TROPLONG, Raymond-Théodore, *Le droit civil expliqué suivant l'ordre des articles du code. De l'échange et du louage*, 3ª edición, Paris, Ch. Hingray, 1859, I, 198: "1° *On ne peut louer les choses qui se consomment par l'usage* [...]" ("No se pueden arrendar las cosas que se consumen por el uso").

9 Como en los códigos italiano de 1942 y portugués de 1966. Pero tanto en el código francés (v. la nota anterior) como en los antes citados aquí, el régimen del arrendamiento de cosas está construido sobre la idea de que el arrendatario deba usar la cosa sin menoscabarla, de modo de devolverla al término del contrato en el mismo estado en que la recibió, lo cual es, por cierto, incompatible con un arrendamiento de consumibles. Estos cuerpos legales, por ende, dan por supuesto que dicho contrato deba recaer sobre inconsumibles.

10 Ya que un inconsumible puede ser fungible, como lo muestra la enorme cantidad de aquellas cosas hechas en serie que es capaz de producir la industria moderna.

Como consecuencia de este análisis, concluimos que el contrato de arrendamiento de cosas deba recaer, en realidad, sobre infungibles, y que, por ende, no pueda recaer sobre fungibles, sean o no consumibles[11].

2. Pero puede acaecer que ciertas partes decidan celebrar un contrato de arrendamiento sobre cosas fungibles, sean o no consumibles, sin haber incurrido en error sobre el punto.

a) Esto suele acaecer en la práctica negocial: hay empresas que se dedican a dar en arrendamiento objetos fungibles como vajilla (platos, vasos, servicios de cuchillería, etcétera), artefactos de construcción (como andamios o escaleras), herramientas manuales menores que carecen de un código identificador (como martillos, alicates, sierras, etcétera), máquinas menores (como taladros), que aunque porten un código, no se suelen singularizar según él, etcétera. En todos estos casos, la función económico-social del arrendamiento de objetos como los indicados es permitir que los particulares puedan usarlos en algún menester extraordinario y no permanente, sin tener que comprarlos para ese caso, en sustitución de lo cual se limitan a meramente pagar el precio o tarifa del arrendamiento, que, por cierto, es muy menor al monto del valor comercial de los objetos de que se trate.

b) Fuera de la práctica, nada impide que unas partes contraigan arrendamiento sobre fungibles más tradicionales, cuando una de ellas necesite exhibirlos como integrantes de su existencia o reserva ("stock") y carece de ellos. Tal carencia puede ser suplida si otra persona, que posea los fungibles de que se trate, se obliga a entregarlos a quien los requiere, con el compromiso de devolución posterior por parte de este. Cuando la operación sea gratuita, ella constituye sin más un mutuo[12];

---

11 Entre los códigos americanos más antiguos, el argentino de 1869 exigía la infungibilidad sin más, en su artículo 1499: "*Las cosas muebles no fungibles, y las raíces sin excepción pueden ser objeto de la locación*"; entre los más modernos, es el caso del brasileño de 2002, en su artículo 565: "*Na locação de coisas, uma das partes se obriga a ceder à outra, por tempo determinado ou não, o uso e gozo de coisa não fungível, mediante certa retribuição*" ("En la locación de cosas, una de las partes se obliga a ceder a la otra, por tiempo determinado o no, el uso y goce de una cosa no fungible mediante cierta retribución"). También el español de 1889, como vimos (n. 7), prohíbe el arrendamiento de "*bienes fungibles*", pero añade inmediatamente "*que se consumen por el uso*", como consecuencia de la creencia de ese código de que los bienes inconsumibles nunca son fungibles (artículo 337 CCEsp.).

12 Lo cual deriva de la definición de mutuo ofrecida por el artículo 2196 CC. según el cual ese negocio recae sobre cierta cantidad de cosas fungibles, en el entendido de que el dinero puede ser su objeto –de hecho el preferente– atendida su calidad de fungible.

pero si sea onerosa, adquiere cierta complejidad, que invita a un análisis detallado.

El punto de partida es el artículo 2205 CC.: "*Se puede estipular intereses en dinero o cosas fungibles*". La amplitud con que esta norma ha sido redactada teóricamente cubre las siguientes cinco posibilidades lógicas: *i*) mutuo de dinero con intereses en dinero; *ii*) mutuo de dinero con intereses en otros fungibles; *iii*) mutuo de fungibles que no sean dinero con intereses en dinero; *iv*) mutuo de fungibles que no sean dinero con intereses en fungibles del mismo género del de los prestados: y *v*) mutuo de fungibles que no sean dinero con intereses en fungibles de distinto género del de los prestados. Todos estos casos, como bien se ve, se encuentran contenidos en la norma de poderse estipular intereses en dinero o cosas fungibles. Ahora bien, en el mutuo de dinero, correspondiente a los casos *i*) y *ii*), el interés solo puede consistir en dinero, atendido lo dispuesto por el artículo 11 de la Ley N° 18.010 (D. O. de 27 de junio de 1981): "*En las obligaciones regidas por esta ley solo pueden estipularse intereses en dinero*", lo que determina la eliminación del caso *ii*).

En lo concerniente a los tres casos restantes, vale decir, a los signados como *iii*), *iv*) y *v*), debemos sustraer de toda discusión al caso *iv*), de un préstamo de fungibles que no sean dinero con interés convenido en fungibles del mismo género del de los prestados, como cuando, por ejemplo, se preste trigo y se establezca un interés asimismo en trigo, que sin más constituye un mutuo e indudablemente queda cubierto por el artículo 2205 CC.

Nos restan, por ende, los casos *iii*) y *v*); mas previamente debemos dilucidar si el contenido del interés pueda ser distinto al contenido del capital prestado, cuando se entienda por "contenido" la clase de cosas de que se trate. De esta guisa, por ejemplo: ¿puede pactarse un interés en dinero si lo prestado sea trigo? ¿O pactarse un interés en nueces si lo prestado sea aceite?

En nuestra opinión, en el mutuo de fungibles que no sean dinero no puede convenirse un interés en dinero o en fungibles de distinto género del de los fungibles prestados. Por cierto, no es que ello sea antijurídico o ilegal; pero el cambio en el género de los intereses con respecto al del capital hace que la operación pertinente no sea mutuaria.

La razón dogmática en que nos basamos para negar que una operación sobre fungibles con intereses en dinero o en fungibles de género diferente al de los prestados tenga carácter mutuario es que, de acuerdo con el *Código Civil*, los intereses de capitales exigibles son frutos civiles (artículo 647 inciso 1°).

Ahora bien, en el concepto de la ley, los frutos civiles "provienen de una cosa" (artículo 648: "*Los frutos civiles* [...] *de la cosa de que provienen*"). Si es así, tales frutos no pueden tener una naturaleza diferente a la de la cosa de que provienen, vale decir, del capital. En nuestros anteriores ejemplos, el trigo no puede generar dinero ni el aceite, nueces[13]. Pero, como resulta claro, las respectivas operaciones son jurídicamente posibles y lícitas, aunque no sean mutuarias. En consecuencia, el acto de entregar u obligarse a entregar fungibles que deban ser restituidos, y la contrapartida de entregar u obligarse a entregar una cantidad de dinero o de fungibles de un género distinto al de los entregados o comprometidos, que no puede ser un mutuo, tendría que ser un arrendamiento, en donde lo que hasta el momento hemos llamado "intereses", en realidad sería el precio de ese contrato.

Pero hay una razón positiva que impide considerar tal la posibilidad *v*), de un acto sobre fungibles que no sean dinero con precio en fungibles de distinto género al de los prestados, porque el artículo 1917 inciso 1° CC. dice: "*El precio* [en el contrato de arrendamiento de cosas] *puede consistir ya en dinero, ya en frutos naturales de la cosa arrendada* [...]"; y la concepción de un arrendamiento de fungibles de determinado género, cuyo precio fueran unos fungibles de género distinto al de los arrendados es contraria al mencionado artículo 1917 inciso 1° CC., porque, no bien los fungibles arrendados produjeran frutos, nuestra actual hipótesis es que el precio del arrendamiento de tales fungibles no fueran sus frutos sino unos fungibles de distinto género al de los arrendados, y por este hecho ellos no serían "*frutos naturales de la cosa arrendada*", como lo ordena la disposición citada, porque es contrario a la naturaleza que una cosa pueda producir frutos de distinto género al de sí misma[14].

Como consecuencia del precedente análisis, nos resta solo la posibilidad *iii*), de un mutuo de fungibles que no sean dinero con intereses en dinero, que en realidad es un arrendamiento de fungibles que no sean dinero con precio en dinero.

---

13 Esta es también la razón por la cual, en el censo, en el cual su capital debe consistir o estimarse siempre en dinero (artículo 2025 CC.), no puede pactarse, bajo sanción de nulidad del censo completo, que el canon haya de pagarse en cierta cantidad de frutos (artículo 2028 CC.).

14 Es distinto arrendar gallinas por el precio de una parte de sus huevos a arrendar gallinas por un precio consistente en cierta cantidad de aceite. El primer caso cae en la órbita del artículo 1917 inciso 1° CC., mas no el segundo.

c) La moderna legislación chilena nos ofrece un caso interesante. Se trata del negocio regulado en el título 6° (artículos 38 a 40) de la Ley N° 20.345 (D. O. de 6 de junio de 2009), que se rubrica "Del préstamo de valores". Su artículo 39 define que el préstamo de valores "*es un contrato en virtud del cual una persona, llamada prestamista, transfiere valores a otra, llamada prestatario, quien asume la obligación de restituir al primero, al vencimiento del plazo pactado, valores del mismo emisor, género, cantidad, clase y serie y de pagar una suma de dinero, denominada premio*". En un trabajo especialmente dedicado a esta nueva figura[15], sentamos que ella constituye sin más una aplicación del mutuo general a los valores[16]. Ahora, con mejor juicio, pienso que esto es así cuando el negocio sea planteado como gratuito, vale decir, sin el premio aludido en el artículo 39 antes transcrito[17]; pero que cuando se pacta tal premio, se trata entonces de un arrendamiento de valores. Solo que, como estos deben ser fungibles para que pueda haber transferencia y obligación de restituir otros valores del mismo emisor, género, cantidad, clase y serie, como pide el artículo 39 de la ley citada, se trata de un arrendamiento irregular de valores. El premio, pues, cumple la función del precio que necesariamente debe existir en el arrendamiento ordinario de cosas (artículos 1915 y 1917 CC.). Por ello, cuando falta, el negocio no puede ser un arrendamiento ni siquiera irregular; y en tal caso, como preanunciamos, se configura un mutuo perfecto.

d) El *Código Civil* conoce algunos tipos específicos de arrendamiento, que pueden ser irregulares. Tal es el caso del arrendamiento de un almacén o tienda (cfr. la rúbrica del § 5 del tít. 26° del lib. IV CC.), vale decir, de un establecimiento de comercio provisto de los artículos que se expenden normalmente en ellos, los cuales, por lo general, son fungibles[18]. En sus existencias ("stock") puede diferenciarse, por un lado, las mercaderías y

---

15 GUZMÁN BRITO, Alejandro, *El contrato de préstamo de valores*, en *Revista de Derecho de la Pontificia Universidad Católica de Valparaíso*, 38, 1er semestre de 2012, 157-180. Relacionado: EL MISMO, *Las garantías en el contrato de préstamo de valores*, en *Revista de Derecho de la Pontificia Universidad Católica de Valparaíso*, 39, 2° semestre de 2012, 115-137.

16 GUZMÁN BRITO, A., *El contrato de préstamo de valores* (n. 15), cap. I, b).

17 El cual, pese a estar referido en la definición del negocio, no es esencial a este y puede faltar. Así que cuando se establece un premio, aquel es oneroso y gratuito en el caso contrario: v. GUZMÁN BRITO, A. *El contrato de préstamo de valores* (n. 15), cap. I, 4.

18 No se trata, pues, del arrendamiento del local en que funciona el establecimiento. El artículo 1975 CC. distingue claramente entre el edificio (inciso 2°) y el establecimiento que este cobija (inciso 1°).

materias primas, los productos elaborados o semielaborados, las piezas de repuestos y recambio, etcétera, con que el arrendador tenía provisto el establecimiento al ser dado en arrendamiento y que se acordó haber de pasar al arrendatario; y, por otro, los mismos elementos introducidos en el establecimiento por el arrendatario después. Acerca de estos últimos nada importante hay que decir aquí; pero con respecto a los primeros debe observarse que pueden insertar ciertos puntos de irregularidad en el contrato. Uno de ellos está expresamente previsto en el artículo 1975 inciso 1° CC.: "*El que da en arriendo un almacén o tienda, no es responsable de la pérdida de las mercaderías que allí se introduzcan sino en cuanto la pérdida hubiere sido por su culpa*". Esta norma no puede referirse a las mercaderías introducidas por el arrendatario con posterioridad al arrendamiento. A nadie puede caber alguna duda de que el arrendador de un almacén o tienda no responde de tales mercaderías, a menos de haberse perdido por su culpa. Así que cuando refiramos el artículo 1975 inciso 1° CC. a esas mercaderías lo tornaríamos en redundante y crearíamos una suerte de laguna, por cuanto el caso verdaderamente interesante atañe a las mercaderías con que el arrendador tenía provisto el establecimiento al momento de darlo en arrendamiento y que dejó en él. Para tal caso alguien podría sostener que si se pierden las mercaderías dejadas, sin culpa ni dolo de nadie, o sea, por caso fortuito o fuerza mayor, la pérdida la soporta el arrendador, que es su dueño. Pero la norma, con toda razón, dice lo contrario: el arrendador no responde de esa pérdida; lo cual significa ser el arrendatario no quien propiamente responda de tales mercaderías, sino quien soporte su pérdida.

Ahora bien, esto demuestra que el arrendador ya no es dueño de las mercaderías dejadas en el establecimiento al tiempo de darlo en arrendamiento; y que su dueño es el arrendatario, para quien tales mercaderías se pierden. Lo cual es consecuencia neta del carácter fungible de las mercaderías, cuyo dominio pertenece al que las tiene.

e) Otro arrendamiento que puede ser irregular conocido por el *Código* está descrito en el § 6 del título 26° del lib. IV CC.: "Reglas particulares relativas al arrendamiento de predios rústicos", que contiene el siguiente artículo 1984: "[Inciso 1°] *Siempre que se arriende un predio con ganados y no hubiere acerca de ellos estipulación especial contraria, pertenecerán al arrendatario todas las utilidades de dichos ganados, y los ganados mismos, con la obligación de dejar en el predio al fin del arriendo igual número de cabezas de las mismas edades y calidades./* [Inciso 2°] *Si al fin del arriendo no hubiere en el predio suficientes animales de las edades y calidades dichas para efectuar la restitución, pagará la diferencia en dinero*". El precepto concierne al arrendamiento de un predio rústico provisto de ganado. Bajo el supuesto de que las cabezas que componen el ganado sean fungibles, como es lo normal[19], dicho precepto atribuye la propiedad del ganado mismo, vale decir, de cada una de sus cabezas integrantes, al arrendatario, y hace lo propio con las "utilidades" del ganado. Bajo la expresión "utilidad del ganado" debemos entender sus frutos, como crías, lanas, pelos, cerdas, crines o leches, y sus productos, como cueros, pieles, huesos, astas, pezuñas o carnes. Ahora bien, la atribución de frutos y productos en propiedad al arrendatario es consecuencia de la atribución de propiedad de las cabezas al mismo, como consecuencia de la regla según la cual los frutos y productos de una cosa pertenecen al dueño de esta (artículo 646 inciso 3° CC.). A su vez, la atribución de propiedad sobre las cabezas al arrendatario es consecuencia de ser ellas fungibles, merced a la regla de que tenencia, posesión y propiedad de tal clase de cosas se confunden. Sin embargo, como se trata de un arrendamiento, subsiste la obligación de restituir lo arrendado al término del contrato (artículo 1947 inciso 1° CC.). Ahora bien, puesto que la propiedad sobre las cabezas fungibles autorizó su disposición por parte del arrendatario, este no se encuentra obligado a restituir las mismas cabezas que le fueron entregadas al comienzo del arrendamiento; debido a lo cual el artículo 1984 CC. solo lo obliga a dejar en el predio igual número de cabezas de las mismas edades y calidades a las de las recibidas al principio, vale decir, el *tantundem*. El inciso 2° añade: "*Si al fin del arriendo no hubiere en el predio suficientes animales de las edades y calidades dichas para efectuar la restitución, pagará la diferencia en dinero*". Tal dicción no implica que el arrendatario deba restituir el *tantundem* con las crías que naturalmente se hayan generado durante el tiempo del contrato; de hecho él verá dónde encontrar cabezas de la misma calidad y edad de aquellas que recibió al comienzo y puede, por supuesto, pero no de necesidad, recurrir a las crías que se hayan producido entretanto. Como el inciso 1° había expresado la idea de restitución con recurso al giro "*dejar en el predio igual número de cabezas*", el inciso 2°, siguiendo ese orden de ideas, dijo: "*si no hubiere en el predio suficientes animales*", etc., pagará en dinero la diferencia entre lo recibido y lo dejado. En otras palabras, o el arrendatario deja en el predio

19 Para desfungibilizar las cabezas componentes de un rebaño o ganado fuere necesario, por ejemplo, marcarlas y numerarlas. En tal caso, no debe considerarse que permanezca válida la regla del artículo 1984 CC.

un número de cabezas iguales en edad y calidad al recibido, o paga en dinero la diferencia.

3. La naturaleza del contrato irregular de arrendamiento, o sobre cosas fungibles, no es diferente de la de otros contratos irregulares, a saber: constituir una relación crediticia –no un mutuo[20]– que se rige por algunas reglas del arrendamiento ordinario de cosas. En aquel, estas pasan al dominio y posesión del arrendatario, a diferencia de cuanto acaece en el arrendamiento ordinario, que no es traslaticio de dominio ni de la posesión, aunque sí de la tenencia. Al término del contrato, el arrendatario debe restituir no las mismas especies recibidas, sino otras tantas del mismo género y calidad. Es cierto que en el arrendamiento ordinario el arrendador también es un acreedor de las cosas dadas en arrendamiento y el arrendatario su deudor. Pero mientras en él lo debido es lo mismo recibido en especie, en el irregular no se deben las mismas especies recibidas, sino otro tanto del mismo género y calidad. Además, la obligación del arrendatario ordinario es de entregar, esto es, de hacer, mientras que la del arrendatario irregular es de dar.

4. Son aplicables al arrendamiento irregular de cosas los preceptos del arrendamiento ordinario contenidos en los artículos 1918, 1919, 1920, 1921, 1922, 1924 N° 1, 1926, 1932, 1933, 1934, 1937, 1942, 1943, 1944, 1945, 1947 inciso 1°, 1948, 1949, 1950 N° 2 y N° 4, 1951, 1952, 1953, 1954, 1955, 1956 incisos 1° y 2°, 1957 y 1967. Los contenidos en los preceptos no señalados son inaplicables. Ahora bien, para considerar la aplicación o inaplicación de un precepto general sobre arrendamiento de cosas al irregular es siempre menester tener en cuenta los caracteres de este último; es decir que: *i*) el arrendador pierde el dominio y la posesión de los fungibles dados en arrendamiento; *ii*) el arrendatario adquiere su dominio y su posesión y, por ende, no solo su tenencia, uso y disfrute, sino también su disposición física y jurídica; *iii*) el riesgo de tales cosas pertenece al arrendatario; *iv*) la pérdida de las mismas por culpa o dolo del arrendatario es un acto de disposición de lo propio que de suyo no impone responsabilidad.

5. Por último, procede examinar el lugar que ocupa el precio convenido en el arrendamiento de cosas fungibles de que el arrendatario se hace dueño. Hemos establecido que este empieza a deber restituir el *tantundem* cuando el contrato termine. Pero, además, puesto que se trata de una figura a la cual resulta aplicable

---

20 Como lo recalca SIMONE, M. de, *Neg. irreg.*, 73 (71 de la traducción).

la regla de que debe haber un precio, el arrendatario ha de pagarlo (artículo 1942 inciso 1° CC.). Ahora bien, ¿qué naturaleza tiene tal precio?

a) Para dilucidarlo, debemos examinar las distintas posibilidades lógicas que puede asumir el precio en relación con el tipo de cosas fungibles arrendadas. Tenemos las siguientes: *i*) arrendamiento de dinero con precio en dinero; *ii*) arrendamiento de dinero con precio en otros fungibles; *iii*) arrendamiento de fungibles que no sean dinero con precio en dinero; *iv*) arrendamiento de fungibles que no sean dinero con precio en fungibles del mismo género de los prestados: y *v*) arrendamiento de fungibles que no sean dinero con precio en fungibles de distinto género al de los prestados. Además, debemos recordar el dispositivo del artículo 1917, según el cual el precio del contrato puede consistir en frutos naturales, siempre, empero, que deriven de la cosa arrendada.

b) De las cinco posibilidades enunciadas descartamos de inmediato la *i*), porque un arrendamiento de dinero con precio en dinero no es arrendamiento, sino directamente un mutuo de dinero con intereses en dinero; también la *ii*), porque un arrendamiento de dinero, dejando de lado, por un momento, la existencia de un precio en otros fungibles, hace que quien recibió el dinero haya de restituirlo, y ya solo con ello la figura, también directamente, funciona como mutuo de dinero y no como arrendamiento. Ahora bien, la presencia de un precio convierte en onerosa la operación; mas, por tratarse de un precio en otros fungibles, él no funciona como interés, porque el dinero no puede producir intereses que no consistan en dinero, según se vio más arriba [I, 2 *b*)], por lo cual queda abierta la discusión sobre si el mutuante, además de su precio, puede cobrar intereses en dinero, en aplicación del artículo 12 de la Ley N° 18.010, a menos que expresamente se los haya excluido[21].

Del mismo modo descartamos la posibilidad *iv*), de un arrendamiento de fungibles que no sean dinero con precio en fungibles del mismo género de los prestados, que por definición legal constituye sin más un mutuo (artículo 2196 CC.).

En fin, debe descartarse asimismo la posibilidad *v*), de un arrendamiento de fungibles que no sean dinero con precio en fungibles de distinto género al

21 Si se los excluyó, la figura sigue siendo mutuo con onerosidad atípica o innominada, pues no consiste en intereses dinerarios. Pero como ella puede prestarse para defraudar las leyes sobre máximo de interés convenible, se debe anular el exceso del precio en otros fungibles cuyo valor exceda el total del interés que pudo cobrarse en dinero.

de los prestados, en atención al artículo 1917 inciso 1° CC., según el cual el precio del arrendamiento debe consistir en dinero o en frutos naturales de la cosa arrendada, y resulta que, aparte de ser muy difícil concebir fungibles fructuarios, como los frutos a que nos referimos ahora son de distinto género al de los arrendados, no puede ser que una cosa produzca frutos de naturaleza (es decir de género) distinta al de sí misma, de todos modos quedaría quebrantada la regla del artículo 1917 inciso 1° CC.

Y así nos quedamos solo con la posibilidad *iii*), de un arrendamiento de fungibles que no sean dinero con precio en dinero, la cual posibilidad es la misma que la del mutuo examinado más arriba en I, 2 *b*) de este §, como *iii*): mutuo de fungibles que no sean dinero con intereses en dinero, respecto de la cual concluimos no ser hipótesis de mutuo, sino precisamente de arrendamiento de cosas.

c) El arrendamiento de cosas fungibles (que no pueden ser dinero), en consecuencia, debe tener un precio en dinero, y no en frutos provenientes de los fungibles arrendados, que no son capaces de originar. Tal es una de las reglas del arrendamiento aplicables al crédito que genera un arrendamiento sobre tales cosas. Desde un punto de vista económico y solo económico, ese precio sustituye la función de los intereses, que en este especial crédito no hay, porque si se los estableciera (con cosas del mismo género que el de las prestadas), la operación devendría en mutuo, al que se superpondría el pago de una cantidad de dinero anexa; y ello introduciría un principio de atipicidad o innominación en la figura, que la dejaría fuera del ámbito del arrendamiento[22].

II. EL CONTRATO IRREGULAR DE ARRENDAMIENTO PARA LA CONFECCIÓN DE UNA OBRA CON MATERIA FUNGIBLE

1. Una irregularidad también puede presentarse en el arrendamiento para la confección de una obra material. Como es sabido, según el *Código*, tal contrato existe bien cuando toda la materia con que o en que haya de confeccionarse la obra sea suministrada por quien la encargó u ordenó, vale decir, por el arrendador, bien cuando solo sea la materia principal la suministrada por aquel, aunque haya materia accesoria que resulte aportada por el artífice o arrendatario (artículo 1996

22 V. la nota anterior.

incisos 2° y 3° CC.). A la inversa, si este último suministra la materia principal para la confección de la obra, el contrato ya no es de arrendamiento, sino de compraventa (artículo 1996 inciso 1° CC.)[23].

Ahora bien, con frecuencia la materia de la obra encargada es fungible, como cierta masa de oro, plata u otro metal precioso con que deba ser elaborada una joya, o la tela destinada a confeccionar determinado traje, o la madera para fabricar un mueble, etcétera. Desde luego puede ser infungible, como cuando se trata del automóvil que haya de ser pintado, del mueble anticuado que modernizar, del libro por empastar o del óleo que restaurar, entregados a un artífice a cada efecto.

Cuando la materia en la que obra el artífice es infungible, este cumple presentando la obra con la transformación material acordada, como, para continuar con los ejemplos recientes, el automóvil pintado, el mueble transformado, el libro empastado o el óleo restaurado. Si es fungible, el artífice cumple presentando la "obra acabada" (*opus perfectum*), esto es, una nueva especie, pero elaborada, en seguimiento de las "especificaciones" que se acordaron, con la materia única o al menos principal que le fue entregada[24]. Pero se pregunta si la materia con que el artífice elaboró la nueva especie tiene que ser la misma que recibió o puede ser otra, con tal que pertenezca al mismo género y calidad que ofrecía la materia entregada y recibida.

---

23 En algunas legislaciones del siglo XX, el artífice puede aportar la materia y sigue habiendo arrendamiento de obra. V. el artículo 1655 CCIt.: "*L'appalto è il contratto col quale una parte assume, con organizzazione dei mezzi necessari e con gestione a proprio rischio, il compimento di un'opera o di un servicio verso un corrispettivo in denaro*" ("El arrendamiento de obra es un contrato con el cual una parte asume, con organización de los medios necesarios y con gestión a propio riesgo, el cumplimiento [la ejecución] de una obra o [la prestación] de un servicio frente una contraprestación en dinero"). Debe observarse que en esta definición se supone que el arrendatario ("appaltatore") sea un empresario que ofrece "organización de medios necesarios y gestión a propio riesgo". El artículo 1658, en consonancia, dispone: "*La materia necessaria a compiere l'opera deve essere fornita dal appaltatore*" ("La materia necesaria para ejecutar la obra debe ser suministrada por el arrendatario"); pero, con criterio más realista, aunque no sin contradicción al artículo 1655, añade: "*se non è diversamente stabilito dalla convenzione o dal uso*" ("Si no ha sido establecido de un modo diverso por la convención o el uso"), vale decir, la convención o los usos pueden establecer que la materia sea aportada por quien encarga la obra.

24 Sin que reciban aplicación las reglas de la especificación (artículo 662 CC.), porque, habiendo mediado un contrato, hay conocimiento del hecho y buena fe por ambas partes; aunque el aportante de la materia tenga derecho a reclamar la nueva especie que de todos modos se formó, pagando la "hechura", por lo general previamente tasada como precio del contrato; pero ello merced al contrato (véanse los artículos 1997 y 1998 por lo concerniente al precio; y 1947 con 1996 inciso final CC. en lo tocante a la entrega de la obra).

2. Por supuesto que una respuesta positiva a la pregunta planteada crea el problema de configurar el método destinado a controlar que la materia fungible de la obra presentada sea realmente la misma que la entregada por el arrendador y recibida por el artífice. Este problema no tiene solución, atendido que discurrimos sobre la base de haberse tratado precisamente de una materia fungible. Por consiguiente, la respuesta tiene que ser la contraria; vale decir, la materia de que se componga la obra presentada puede ser otra siempre que pertenezca al mismo género y calidad. De hecho, si sea otra o la misma, eso no es tecnológicamente posible determinarlo[25] y en final de cuenta tampoco interesa.

Este carácter ofrecido por el arrendamiento para la confección de una obra material con componentes fungibles entregados por el arrendador permite obtener algunas conclusiones: *i*) el artífice o arrendatario adquiere el dominio de la materia fungible recibida; pero *ii*) la debe restituir, aunque especificada, al arrendador; *iii*) entretanto puede disponerla física o jurídicamente; *iv*) el riesgo de la materia fungible recibida por el artífice es suyo, así que si ella se pierde por caso fortuito o fuerza mayor, tal pérdida lo grava, y debe reponer la materia a su costa; *v*) en cuanto a la cantidad de materia eventualmente sobrante, veremos el punto por separado más abajo (II,6).

3. Tales conclusiones deberían ser pacíficas, atendido el fenómeno de confusión de las nociones de dominio, posesión y tenencia que siempre produce la tenencia de fungibles (v. el § 1, VI). En relación, empero, con el riesgo de la materia [punto *iv*)], el artículo 2000 CC. ofrece una disposición de no fácil lectura.

Su inciso 1° trasluce la regla "*res perit domino*", pues dice: "*La pérdida de la materia recae sobre su dueño*". Esta disposición, desde luego, ofrece interés cuando sea aplicada a la materia principal que alguien, quien se obligó a suministrarla, en cuanto arrendador de la confección de cierta obra material, efectivamente ya suministró. Mientras, en efecto, una persona solo tenga la intención de celebrar un tal contrato o lo hubiera celebrado sin todavía haber hecho entrega de la materia a que se comprometió, entonces no cabe dudar de que la pérdida fortuita de esa materia le pertenece y lo grava únicamente a él, sin que pueda levantarse ni siquiera la pregunta de si acaso gravará al artífice por contratar o al artífice ya contratado que aún no ha recibido la materia. En razón de la evidencia de la solución que le compete, esta hipótesis ni siquiera es tratada por la ley, la cual,

25 Una molécula de oro, de plata o de cualquier otro elemento es igual a otra de oro, plata o del elemento que sea.

saltándosela, pues, añade directamente en el inciso 2°: "*Por consiguiente, la pérdida de la materia suministrada por el que ordenó la obra, pertenece a este; y no es responsable el artífice* [...]". Se trata, así, de la "materia ya suministrada".

Pero la norma no distingue si la materia suministrada por el que ordenó la obra sea fungible o infungible. Ahora bien, su dicción se entiende perfectamente cuando vaya supuesto que la materia sea infungible, pues no se comprende cómo la pérdida fortuita de una materia fungible suministrada por el que ordenó la obra gravaría a este y no al artífice, que se hizo dueño de ella y en cuyas manos se perdió. Por la misma regla que sirve de base al desarrollo de la argumentación contenida en el artículo 2000: "*La pérdida de la materia recae sobre su dueño*", concluimos que cuando la materia fungible suministrada por el que ordenó la obra se pierda fortuitamente, se pierde para el artífice, puesto que se hizo su dueño[26].

El inciso 2°, por ende, debemos entenderlo como referido a una materia infungible: "*Por consiguiente, la pérdida de la materia* <infungible> *suministrada por el que ordenó la obra, pertenece a este; y no es responsable el artífice sino cuando la materia perece por su culpa o por culpa de las personas que le sirven*". Por lo mismo, la última parte, relativa a la responsabilidad del artífice, queda automáticamente puesta de acuerdo con la regla general del inciso 1° del artículo 1672 CC.[27].

El inciso 3° del artículo 2000 CC. mantiene su debida referencia implícita a la materia infungible, solo que en cuanto especie (pero compuesta, desde luego, de una determinada materia), que el arrendador ha suministrado, sobre la cual se trata de ejecutar la obra material encargada por aquel; por ejemplo, el automóvil por reparar, el libro por empastar, la ropa por lavar, etcétera. Dice la disposición: "*Aunque la materia* <infungible> *no perezca por su culpa* [sc. del artífice], *ni por la de dichas personas* [sc. que le sirven], *no podrá el artífice reclamar el precio o salario, si no es en los casos siguientes:/ 1. Si la obra ha sido reconocida y aprobada;/ 2. Si no ha sido reconocida y aprobada por mora del que encargó la obra;/ 3. Si la cosa perece*

26 Un análisis semejante merece el artículo 1996 CC.: "[Inciso 1°] *Si el artífice suministra la materia para la confección de una obra material, el contrato es de venta; pero no se perfecciona sino por la aprobación del que ordenó la obra.*/ [Inciso 2°] *Por consiguiente, el peligro de la cosa no pertenece al que ordenó la obra sino desde su aprobación, salvo que se haya constituido en mora de declarar si la aprueba o no*". En el inciso 1° la materia referida puede ser fungible o infungible, porque la disposición no atañe a la propiedad ni al riesgo de la materia sino a su aportante, en función de definir cuándo hay compraventa y no arrendamiento. Basta que la materia, fungible o no, sea aportada por el artífice, para que se trate de una compraventa.

27 Artículo 1672 inciso 1° CC.: "*Si el cuerpo cierto perece por culpa o durante la mora del deudor, la obligación del deudor subsiste, pero varía de objeto; el deudor es obligado al precio de la cosa y a indemnizar al acreedor*".

por vicio de la materia suministrada por el que encargó la obra, salvo que el vicio sea de aquellos que el artífice por su oficio haya debido conocer, o que conociéndolo no haya dado aviso oportuno".

En consecuencia, el perecimiento fortuito (sin culpa del artífice ni de quienes le sirven) de la materia infungible la hace perecer para su dueño, es decir, para el que encargó la obra, aunque también afecte al artífice mismo, porque no puede reclamar el precio de su trabajo. Pero se aplica la regla contraria, de sí poder reclamar su precio cuando el perecimiento fortuito acaezca: *i*) después de aprobada la nueva especie fabricada con cierta materia prima, y reconocida la obra ejecutada en la cosa que se le suministró; *ii*) desde que el arrendador hubiera incurrido en mora de aprobar y reconocer; *iii*) por vicio de la materia que suministró el arrendador. Esta tercera regla, a su vez, hace excepción en los siguientes casos: *i*) si el vicio sea de aquellos que el artífice por su oficio haya debido conocer; o *ii*) si el vicio fue conocido del artífice y "*no haya dado aviso oportuno*", frase esta que interpretamos en el sentido de no haber hecho una protesta frente al arrendador, antes de iniciar la obra. En estos dos casos, pues, el artífice no puede reclamar su precio, pese a haberse perdido la cosa por vicio de su materia que suministró el arrendador.

4. El cuadro de esta materia que se ofrece a consideración es, pues, el siguiente:
   1° Si el que había ordenado la obra suministró materia fungible al artífice:
   - *a*) Cuando la materia, haya sido especificada en la nueva obra o no lo haya sido aún, se pierda en manos del artífice antes de ser aprobada o reconocida la obra a que eventualmente haya dado lugar, o antes de que quien la encargó hubiera incurrido en mora de aprobarla o reconocerla, sea que la pérdida se haya debido bien a la culpa o dolo del artífice mismo o de quienes le sirven, bien a un caso fortuito (y en realidad no interesa la causa de la pérdida), entonces responde el artífice en el sentido de que debe reponer la materia (mas puede cobrar su precio);
   - *b*) Cuando la materia, ya especificada en la nueva obra se pierda en manos del artífice después de ser aprobada o reconocida la obra a que dio lugar, o durante la mora en aprobarla o reconocerla de quien la encargó, y la pérdida se haya debido a culpa o dolo del artífice mismo o de quienes le sirven, el artífice debe indemnizar la pérdida al que ordenó la obra;
   - *c*) En el caso en que la materia ya especificada en la nueva obra se pierda en manos del artífice después de ser aprobada o reconocida, o durante la mora en aprobarla o reconocerla de quien la encargó, y la pérdida se haya debido a un caso fortuito o fuerza mayor, la pérdida la sufre el que encargó la obra;

d) Si la materia, aun no especificada en una nueva obra o ya especificada en ella, se pierda en manos del artífice por vicio de la materia misma que, por su oficio, aquel no haya debido conocer o del cual, conociéndolo, dio oportuno aviso, sea que la pérdida se produzca antes de reconocida y aprobada la eventual obra, sea que después, la pérdida la sufre el que ordenó la obra;

e) Cuando la materia, todavía no especificada en una obra nueva o ya especificada en ella, se pierda en manos del artífice por vicio de la materia misma que, por su oficio, aquel haya debido conocer o del cual, conociéndolo, no dio oportuno aviso, sea que la pérdida se produzca antes o después de reconocida y aprobada la eventual obra, la pérdida la sufre el artífice.

2° Si el que había ordenado la obra suministró materia infungible al artífice:

a) Cuando la materia, sea que se hubiera ejecutado sobre ella la obra encargada, sea que aún no, se pierda en manos del artífice por caso fortuito acaecido antes de ser aprobada o reconocida la obra a que eventualmente haya dado lugar, o antes de que quien la encargó incurra en mora de aprobarla o reconocerla, la pérdida recae sobre este último (y el artífice no puede cobrar su precio);

b) Si la materia sobre la que se hubiera ejecutado la obra encargada se pierda en manos del artífice por caso fortuito ocurrido después de ser aprobada o reconocida la obra, o durante la mora en aprobarla o reconocerla del que la encargó, la pérdida pertenece a este último y el artífice puede cobrar su precio;

c) En el caso en que la materia, ora que se hubiera ejecutado sobre ella la obra encargada, ora que aún no, se pierda en manos del artífice y la pérdida se haya debido a culpa o dolo del artífice mismo o de quienes le sirven, sea que haya acontecido antes o después de ser aprobada o reconocida la obra a que dio lugar, o antes o durante la mora en aprobarla o reconocerla de quien la encargó, responde el artífice;

d) Cuando la materia, sea que la obra que se encargó haya sido ejecutada en ella, sea que no, se pierda en manos del artífice por vicio de la materia misma que, por su oficio, aquel no haya debido conocer o del cual, conociéndolo, dio oportuno aviso, sea que la pérdida se produzca antes de reconocida y aprobada la eventual obra, sea que después, la pérdida la sufre el que ordenó la obra;

e) Si la materia, sea que la obra que se encargó haya sido ejecutada en ella, sea que no, se pierda en manos del artífice por vicio de la materia misma que, por su oficio, aquel haya debido conocer o del cual, conociéndolo, no dio oportuno aviso, sea que la pérdida se produzca antes o después de reconocida y aprobada la eventual obra, la pérdida la sufre el artífice. En consecuencia, cuando la materia con que haya de elaborarse cierta cosa encargada merced a un contrato de arrendamiento para la confección de una obra material (que, por ende, debe ser aportada por el arrendador), sea fungible, el arrendatario o artífice soporta el riesgo de su pérdida por caso fortuito o fuerza mayor, porque es dueño de tal materia[28], que era el punto que nos había quedado pendiente de confirmar en presencia del artículo 2000 CC. (v. el núm. 3, al inicio).

5. Al igual como hicimos con respecto a la figura del arrendamiento de cosas fungibles, debemos ahora indagar sobre la función que tiene el precio en el arrendamiento de obra con materiales fungibles suministrados por el arrendador. Ha quedado establecido que el artífice se hace dueño de esos materiales, pero que debe el *tantundem* al arrendador, aunque bajo la forma de una nueva especie. Entretanto, este último debe pagar un precio al artífice. Este precio no convierte a la figura en compraventa, porque está definido por la ley que la operación es arrendataria si el que ordena la obra suministra su materia principal (artículo 1996 incisos 3° y 4°), como es nuestro caso, por más fungible que sea esa materia. En consecuencia, con ese precio el que ordena la obra no paga la materia[29]. Puede haber la tentación de sostener que lo pagado es la nueva forma adquirida por esa materia; solo que tal afirmación implica pensar en la forma como una cosa en sí, que conduciría al extremo de percibir una compraventa de la forma, lo cual parece absurdo. Y, sin embargo, ese extremo, aun liberados de él, nos deja entrever la respuesta verdadera: lo pagado es el trabajo del artífice consistente en dar forma a la materia suministrada por quien encargó la obra. En consecuencia,

28 Es la principal conclusión del, en general poco útil, artículo de TRAVIESAS, Miguel, *Arrendamiento irregular de la obra*, en *Revista de Derecho Privado*, 5, Madrid, 1918, 208-215, v. especialmente su núm. 7, 214-215.

29 Ni aun bajo la idea de que, como el artífice se hace dueño de la materia fungible que recibe, el que encargó la obra deba pagarla como ajena que se hizo para él, a fin de poder readquirirla. Esta idea decae ante la consideración de que el artífice debe restituir la materia que recibió; de guisa que si el precio pagado por quien encargó la obra fuera para poder recuperar la materia entregada, resultaría que se le obligaría a pagar por ejercer su derecho de crédito; y sería como obligar, por ejemplo, al mutuante a pagar al mutuario para que le devolviera lo prestado.

el contrato deviene en el arrendamiento del servicio de la hechura[30] y es tal lo que paga el que encarga la obra.

6. Puede acaecer que la cantidad de materia fungible aportada por el arrendador resulte excesiva, de modo que la nueva especie que se encargó haya podido ser elaborada con parte de esa materia, de la que sobró otra parte. También con respecto a la parte sobrante, el artífice se hizo dueño, pero crediticio; así que debe restituir otra del mismo género y calidad al arrendador; pero la ley le permite devolverla en dinero[31]. Por cierto, estos extremos solo pueden verificarse al final, cuando la obra que se encargó haya sido terminada.

7. Nos quedan por tratar los problemas que puedan suscitarse al caer en reorganización concursal las partes del contrato.

En el arrendamiento irregular, como el arrendador que entrega los fungibles al arrendatario de cosas o de obra pierde el dominio de los mismos, su reorganización no los afecta; pero el crédito del arrendador por el *tantundem* hace parte del patrimonio concursado y contribuye al pago de sus deudas. En caso de reorganización del arrendatario, en cambio, los fungibles hallados en su poder hacen parte del patrimonio en concurso y contribuyen al pago de las deudas del reorganizado. Entre estas se encuentra la que tiene para con el arrendador por el *tantundem*, aunque, en principio, no goza de ninguna preferencia.

---

30 Podría alguien objetar que la hechura no es un servicio inmaterial, propio del contrato tratado en el § 9, tít. 36°, lib. IV CC., sino un servicio material; pero adviértase que el artículo 2006 CC. define servicio inmaterial como aquel en que "*predomina la inteligencia sobre la obra de mano*", y, aunque ambigua esta dicción, basta que se pueda apreciar el predominio de la inteligencia por sobre la mano de obra mecánicamente aplicada, para que el servicio sea inmaterial en el sentido de la ley.

31 Se refiere a esta materia el inciso 3° del artículo 2002 CC., aunque mal localizado: "[Inciso 1°] *Si el que encargó la obra alegare no haberse ejecutado debidamente, se nombrarán por las dos partes peritos que decidan.*/ [Inciso 2°] *Siendo fundada la alegación del que encargó la obra, el artífice podrá ser obligado, a elección del que encargó la obra, a hacerla de nuevo o a la indemnización de perjuicios.*/ [Inciso 3°] *La restitución de los materiales podrá hacerse con otros de igual calidad o en dinero*". ¿A qué restitución de materiales puede aludir el inciso 3°? Si, por ejemplo, la alegación del que encargó la obra consistiera en haberse empleado en ella menos material que el entregado, los peritos podrían decidir que haya de restituirse el sobrante (a título de indemnización de perjuicios). Pero también pudo acontecer que el artífice hubiera empleado más materiales que los entregados y entonces cabe una restitución en dinero del faltante original. Pero el contexto no atañe a esta última posibilidad. Es claro que el inciso 3° no guarda relación directa con el tema tratado en los incisos precedentes y aparece como un cuerpo extraño a ellos. La alternativa de restituir materiales en dinero es un uso frecuente en el arrendamiento de obra.

III. DOS TEXTOS ROMANOS SOBRE CASOS DE ARRENDAMIENTO DE FUNGIBLES

Disponemos de un par de textos de juristas romanos, que permiten suponer su conocimiento de la posibilidad de un arrendamiento de fungibles, sin que ellos, empero, hubieran llegado hasta formular una doctrina general sobre la materia[32].

1. Cronológicamente, el primer texto pertinente aparece atribuido al jurista republicano Alfenus Varus[33], perteneciente al libro V de sus *Digesta*, mucho después epitomados por Paulo. El pasaje de este epítome, conservado en Dig. 19,2,31, reza así:

"In navem Saufeii cum complures frumentum confuderant, Saufeius uni ex his frumentum reddiderat de communi et navis perierat, quaesitum est, an ceteri pro sua parte frumenti cum nauta agere possunt oneris aversi actione. Respondit rerum locatarum duo genera esse, ut aut idem redderetur (sicuti cum vestimenta fulloni curanda locarentur) aut eiusdem generis redderetur (veluti cum argentum pusulatum fabro daretur, ut vasa fierent, aut aurum, ut anuli): ex superiore causa rem domini manere, ex posteriore in creditum iri. Idem iuris esse in deposito: nam si quis pecuniam numeratam ita deposuisset, ut neque clausam neque obsignatam traderet, sed adnumeraret, nihil alius eum debere

"Como muchos hubieran confundido su trigo en la nave de Saufeio, este hubiera devuelto del común su trigo a uno de aquellos y la nave pereciera, se preguntó si acaso los demás pueden demandar por su cuota al naviero con la acción de retiro de la carga. Respondí que hay dos géneros de cosas arrendadas: o para que se devuelva lo mismo (como cuando se dan en arrendamiento vestimentas al lavandero para que las lave), o para que se devuelva cosa del mismo género (como cuando se diese plata refinada al artífice para que hiciere vasos u oro para anillos): en el primer caso, la cosa permanece en el [primitivo] dueño; en el segundo va a crédito. El mismo derecho hay en el depósito: pues, si alguien hubiera

---

32 La figura de un arrendamiento de fungibles, o irregular, en el derecho romano no ha sido objeto frecuente de tratamiento monográfico en sí misma. Al respecto pueden ser citados: ROSSI, Pietro, "*Locatio conductio operis irregularis*", en *Studi Senesi*, 7/1, 1890, 181-206; ECHTE, Adolf, *Die sogenannte "locatio conductio operis irregularis" nach gemeinem Rechte und nach Burgerlichem Gesetzbuche*, Blön, O. Kaven, 1905 [que no he podido ver]; CLERICI, Ottorino, *Sui contratti irregolari in diritto romano*, Torino, Tipografia Subalpina, 1905; EL MISMO, *La formazione delle locazione irregolari in diritto romano*, en *Archivio Giuridico "Filippo Serafini"*, 8/1-2, Modena, 1907, 80-91. Más modernamente: BENKE, Nikolaus, *Zum Eigentumserwerb des Unternehmers bei der "locatio conductio irregularis"*, en *Zeitschrift der Savigny-Stiftung*, rom. Abt., 104, 1987, 156-237; METRO, Antonino, *Locazione e acquisto della proprietà: la c. d. "locatio-conductio irregularis"*, en *Seminarios Complutenses de Derecho Romano*, 7, Madrid, 1995, 191-216.

33 V. a propósito de la nota 10 del § 4.

apud quem deposita esset, nisi tantundem pecuniae solveret. Secundum quae videri triticum factum Saufeii et recte datum [...]".

depositado dinero de modo de no haberlo entregado encerrado ni sellado, sino [solo] contado, aquel en quien [el dinero] fue depositado no otra cosa deberá pagar que otro tanto igual de dinero. De acuerdo con lo cual parece que el trigo se hizo de Saufeio y fue rectamente devuelto [...]".

El caso propuesto en el texto es el siguiente: varios cargadores tomaron en arrendamiento el transporte por mar de su trigo en la nave de un tal Saufeio; la carga en la nave se hizo a granel, vale decir, con confusión del trigo de los diferentes cargadores en una masa única alojada como tal en las bodegas, de modo que no hubo compartimentos separados para el trigo de cada cargador. Por alguna razón que no se indica, el naviero devolvió su medida de trigo a uno de los cargadores; y durante el viaje la nave naufragó, perdiéndose todo el trigo restante. Los cargadores perjudicados con el hundimiento consultaban si estaba disponible la *actio oneris aversi* para recuperar su cuota de trigo. La respuesta de Alfeno se basa en distinguir dos tipos de "cosas dadas en arrendamiento" (*res locatae*). Uno es el de la cosa que va entregada para que se restituya la misma, como la ropa al lavandero para que la devuelva lavada. Otro, el de la que es entregada para que se restituya diversa materia del mismo género, especificada con la forma convenida, como si se entrega plata u oro a un artífice para que haga unas copas de aquella o unos anillos de este. Alfeno añade que en la primera hipótesis "la cosa permanece en el dueño" ("*rem domini manere*"), vale decir, en el arrendador; y que en la segunda, en cambio, "va a crédito" ("*in creditum iri*"), esto es, queda acreditada en el artífice o arrendatario, quien, por ende, se convierte en su dueño, aunque empieza a deber la restitución de otra cosa del mismo tanto, género y calidad[34]. El pasaje concluye que, en el caso, el trigo pertenece a esta segunda hipótesis: todo el que había sido entregado a granel se hizo de Saufeio, quien entonces fue libre para devolver su parte a uno de los cargadores. Debemos dejar a un lado el examen de la discusión de las diferentes posibilidades, que se expone en la continuación

34 Esta conclusión de "haber ido a crédito la cosa" no se dice expresamente en esta parte del texto; pero se deduce con toda evidencia de la premisa "*ut* [...] *aut eiusdem generis redderetur*" ("o para que se devuelva el mismo género"); y de lo que se dice más adelante al aplicar este miembro de la distinción al depósito de dinero no individualizado, pues entonces: "*nihil alius eum debere apud quem deposita esset, nisi tantundem pecuniae solveret*" ("aquel en quien fue depositado no otra cosa deberá pagar que otro tanto igual de dinero").

del texto, aquí omitida, porque nos llevaría demasiado lejos y apartaría de lo principal de nuestra exposición[35].

Lo que sí nos interesa destacar es la distinción alfeniana de dos tipos de *res locatae*, que implica dos tipos de negocios: uno, de cosas infungibles, que permanecen en el dominio del arrendador, al cual el arrendatario debe restituir la misma cosa recibida; y otro, de cosas fungibles, cuya propiedad adquiere el arrendatario, aunque empiece a deber el *tantundem* al arrendador. De por qué Alfeno no habla de dos tipos de arrendamiento, sino de dos tipos "de cosas dadas en arrendamiento", eso es porque cuando se da en arrendamiento una cosa fungible, cuya propiedad, en consecuencia, pasa al arrendatario, aunque las partes celebraron un arrendamiento, no se trata en verdad de un arrendamiento, porque la cosa "in creditum it", lo cual implica, como vimos, apropiación por el que la recibió.

2. Sigue el jurista Pomponio, quien floreció bajo Adriano (emp. desde el 117 d. C.), Antonino Pío y los corregentes Marco Aurelio y Lucio Vero (m. 169 d. C.). De él se nos conserva el siguiente pasaje en Dig. 34,2,34 pr. (Pomp., 9 *Q. Muc.*)[36]:

---

35 La literatura sobre el texto es muy amplia, porque atañe a diversos temas (arrendamiento, depósito, *actio oneris aversi*, etcétera), así que un estudioso de estos tiene muchas posibilidades de encontrarse con ese texto; esto sin contar con la no escasa cantidad de problemas que ofrece. Un minucioso análisis se ve en Fiori, Roberto, *La definizione della "locatio conductio"*, Napoli, Jovene, 1999, 50-63, con la literatura precedente. V. además: Thomas, Joseph Anthony Charles, "*Locatio conductio*", "*emptio venditio*" *und* "*specificatio*", en *Zeitschrift der Savigny-Stiftung*, rom. Abt., 81, 1964, 117-123; Benke, Nikolaus, *Zum Eigentumserwerb des Unternehmers bei der "locatio conductio irregularis"*, en *Zeitschrift der Savigny-Stiftung*, rom. Abt., 104, 1987, 191-214; Metro, Antonino *Locazione e acquisto della proprietà: la c.d. "locatio-conductio irregularis"*, en *Seminarios Complutenses de Derecho Romano*, 7, Madrid, 1995, 204-213.

36 El texto que empezamos a considerar es muy conocido en la romanística por la cantidad de problemas que ofrece (y que no debemos tratar aquí). V. la pormenorizada exégesis de Fiori, Roberto, *La definizione della "locatio conductio"* (n. 35), 65-80; además: Thomas, Joseph Anthony Charles, "*Locatio conductio*", "*emptio venditio*" *und* "*specificatio*", en *Zeitschrift der Savigny-Stiftung*, rom. Abt., 81, 1964, 117-123; Benke, Nikolaus, *Zum Eigentumserwerb* (n. 35), 158-191; Metro, Antonino, *Locazione e acquisto della proprietà: la c.d. "locatio-conductio irregularis"*, en *Seminarios Complutenses de Derecho Romano*, 8, Madrid, 1995, 195-204.

"Scribit Quintus Mucius: si aurum suum omne pater familias uxori suae legasset, id aurum, quod aurifici faciundum dedisset aut quod ei deberetur, si ab aurifice ei repensum non esset, mulieri non debetur. Pomponius: Hoc ex parte verum est, ex parte falsum. Nam de eo, quod debetur, sine dubio: ut puta si auri libras stipulatus fuerit, hoc aurum quod ei deberetur ex stipulatu, non pertinet ad uxorem, cum illius factum adhuc non sit; id enim, quod suum esset, non quod in actione haberet, legavit. In aurifice falsum est, si aurum dederit ita, ut ex eo auro aliquid sibi faceret: nam tunc, licet apud aurificem sit aurum, dominium tamen non mutavit, manet tamen eius qui dedit et tantum videtur mercedem praestaturus pro opera aurifici; per quod eo perducimur, ut nihilo minus uxori debeatur. Quod si aurum dedit aurifici, ut non tamen ex eo auro fieret sibi aliquod corpusculum, sed ex alio, tunc, quatenus dominium transit eius auri ad aurificem (quippe quasi permutationem fecisse videatur), et hoc aurum non transibit ad uxorem".

"Escribe Quinto Mucio: si un padre de familia hubiera legado todo su oro a su mujer, aquel oro que [el marido] hubiese dado a un orfebre para trabajarlo, o que le sea debido [al marido] si no le hubiese sido pagado [devuelto] por el orfebre, no es debido a la mujer. Y dice Pomponio: esto es en parte verdadero y en parte falso. Pues con respecto a aquel [oro] que es debido [al marido], por ejemplo, si hubiera estipulado unas libras de oro, sin duda que ese oro que se le debería en virtud de la estipulación no pertenece a la mujer, puesto que todavía no se hizo de él [del marido]; pues legó lo que fuera suyo, no aquello sobre lo cual tuviese acción. Con respecto al orfebre, si [el marido] le hubiera dado oro para que, de ese oro, le hiciera algo, es falso; porque entonces, aunque el oro estuviera en [manos de] el orfebre, no mudó, sin embargo, el dominio [y] permanece de aquel que lo dio, y parece que tan solo ha de pagarse el precio al orfebre por su trabajo; por lo cual nos vemos conducidos a [decir] que [el oro] sea debido a la mujer. Pero si [el marido] dio oro al orfebre, no para que de ese oro, sino de otro, le fabricara alguna pieza, entonces, en la medida en que el dominio de su oro se transfiere al orfebre (como en efecto pareciera haberse hecho como por permuta), tampoco ese oro se transferirá a la mujer".

Pomponio comienza por citar a Quinto Mucio Escévola (del cual comenta los *De iure civili libri XVIII*), quien había examinado el caso de una persona en cuyo testamento legó "todo su oro" ("*aurum suum omnem*") en favor de la cónyuge; y decidido que no quedaba incluido en tal legado: *i*) el oro que el marido había entregado en vida a un orfebre para que elaborare algún objeto con él; y *ii*) el oro que se le debía al marido. Después de la última, las dos frases relativas a estos casos, vale decir: *i*) "*id aurum, quod aurifici faciundum dedisset*"; y *ii*) "(*id aurum*) [...] *aut quod ei deberetur*", en el texto se añade *iii*) una tercera frase que dice: "*si ab aurifice ei responsum non esset*" ("si no le hubiese sido pagado [devuelto][37] por

37 El texto usa el verbo "rependere" ("*si ab aurifice ei repensum non esset*"). En el *Corpus iuris civilis* este verbo solo aparece aquí, en Dig, 34,2,34 pr. Se presenta con alguna frecuencia, en cambio, en la literatura: v. Bernke, N., *Zum Eigentumserwerb* (n. 35), nota 20 de la pág. 164.

el orfebre). Esta frase ha sido criticada por parecer mal situada, ya que más se avendría con la primera ("*id aurum-dedisset*") y, por ende, debería ocupar el segundo lugar, a continuación de aquella. Pero todo esto sin verdadero fundamento, porque esa frase vale para ambas ideas precedentes y por ello ocupa bien su tercer lugar: se trata, en definitiva, del oro que el marido había entregado en vida a un orfebre para que elaborare algún objeto con él, y que el orfebre aún no le había devuelto al momento del fallecimiento; y del oro que, a cualquier otro título, el orfebre debía al testador y tampoco le había pagado a ese momento[38]. Quinto Mucio considera que en el legado de "*aurum suum omnem*" no se comprende el oro recibido por el orfebre y el que a otro título debía al marido, porque no era de este, aunque le hubiera sido debido.

A Pomponio esta doctrina de Quinto Mucio le parece ser en parte verdadera y en parte falsa. Para demostrarlo, reformula los casos de aquel; y distingue: *i*) el caso del oro debido al marido, sin mencionar por quién (vale decir, abstrayendo de que Mucio se había referido a un oro debido por el orfebre al marido a un título distinto al de la entrega para hacer alguna obra). Pomponio ofrece el ejemplo de unas libras de oro estipuladas por el marido y, por ende, adeudadas a este por el promitente; *ii*) el caso del oro que el marido había entregado al orfebre para que con ese oro le hiciera algún objeto; *iii*) el caso del oro entregado por el marido al orfebre para que, no con ese oro, sino con otro le hiciese alguna pieza ("corpusculum").

Con respecto al primer caso, Pomponio declara que la doctrina de Quinto Mucio es verdadera: el oro debido al marido no queda incluido en el legado de todo "su" oro a la mujer, porque antes del pago no se hizo del marido, quien había legado lo que fuera suyo, no aquello sobre lo cual tuviera una acción (personal).

En lo tocante al segundo caso, lo dicho por Quinto Mucio es, según Pomponio, falso. Su razón es esta: "*licet apud aurificem sit aurum, dominium tamen non mutavit, manet tamen eius qui dedit*" ("aunque el oro estuviera en [manos de] el orfebre, no mudó, sin embargo, el dominio [y] permanece de aquel que lo dio"), sin perjuicio de tener que pagarse el precio debido al orfebre por su trabajo. Pomponio parece pensar en un arrendamiento de la confección de cierta obra con materia

38 Aunque es claro que la doctrina que se trata de sentar en el texto también vale para el caso del oro debido, al título que sea, por cualquier otro tercero que no sea el orfebre. Quinto Mucio atribuye otra deuda de oro al mismo orfebre para con el marido, para no hacer depender la solución que dará a cada caso del hecho de haberse tratado de deudores diferentes.

suministrada por el arrendador[39], que permanece en su dominio, pese a haber sido entregada al artífice. Por consiguiente, el oro del caso sí quedó incluido en el legado deferido a la mujer, porque al morir aún pertenecía al testador, su marido.

En lo concerniente al tercer caso, el oro dado al orfebre pasó al dominio de este, lo cual acaece "*quasi permutationem*", con lo cual Pomponio parece aludir al hecho de que habiendo el marido dado cierta cantidad de oro suyo al orfebre para que este presentare una cosa hecha de otro oro, suyo esta vez, hubo permuta del oro del marido por el oro del orfebre. Si fue así, entonces el oro que el marido había dado al orfebre no quedó comprendido en el legado de "su" oro a la mujer, porque ese oro entregado al orfebre dejó de ser del marido y pasó al dominio de este. Según ello –comentamos nosotros– la doctrina de Quinto Mucio vuelve a ser verdadera, aunque él no había hecho la distinción de casos.

Como habrá podido apreciarse, la diferencia entre los casos segundo y tercero radica en que, en uno, el arrendador dio oro al orfebre para que este hiciera algo de ese (mismo) oro ("*ex eo auro*"); en el otro, por el contrario, el arrendador dio oro al orfebre para que este hiciera algo no de ese (mismo), sino de otro oro ("*non ex eo auro, sed ex alio*"). Ahora bien, el intérprete puede preguntarse, sobre cómo sea posible aplicar y, sobre todo, controlar estas convenciones. Alguien da oro a un orfebre para que elabore cierto anillo, en un caso, del mismo oro entregado; y en otro, de un oro distinto al entregado. Cuando el artífice cumpla presentando el anillo elaborado al arrendador, ¿cómo será posible a este comprobar si el oro de ese anillo es el mismo que el inicialmente entregado u otro de distinta procedencia y, por lo tanto, si el contrato fue o no cumplido? No hay modo de discernir el punto, ni siquiera, como antes hicimos notar, con la tecnología conocida en nuestro tiempo[40]. La razón jurídica estriba en que una materia-oro es fungible con respecto a otra materia-oro; de esta guisa es indiferente y sin importancia

---

39 Como tiene que ser. Pero recordemos que en la primera jurisprudencia clásica se discutió si había arrendamiento de obra o bien una compraventa cuando la materia de la obra encargada es aportada por el artífice; nos informan al respecto: Gai. 3,147, Dig. 19,2,2,1 (Gai., 2 *rer. cottid.*) y Iust. Inst. 3,24,4. Según Gayo, Casio había sostenido que en tal evento hay dos contratos: una compraventa con respecto a la materia y un arrendamiento con respecto al trabajo; pero añade que la mayoría opinó que hay un único contrato, que es de compraventa. Y termina explicando que, por el contrario, cuando quien encarga la obra por un precio aporta la materia, hubo acuerdo en que el contrato es de arrendamiento. Se observará que el *Código Civil* acogió las doctrinas romanas prevalecientes en su artículo 1996, con precisiones.

40 La única posibilidad de control es instalar una persona en el taller del artífice, encargada de vigilar que este emplee el mismo oro entregado en la elaboración, lo que, empero, está fuera de todo uso.

con qué oro el artífice haya elaborado el anillo, el cual, por ende, pudo emplear tanto el mismo oro recibido como otro distinto, sin que nadie esté en condiciones de discernir lo acaecido.

El análisis precedente nos indica que Pomponio no pudo exponer en términos de masas fungibles de oro sus dos últimos casos dirigidos a criticar la doctrina sentada por Quinto Mucio. Ahora bien, si suponemos que el primero de ambos casos versa no sobre oro para servir como materia de una especie nueva elaborada con él por el orfebre, sino sobre un objeto de oro para modificarlo sin alterar, más que accidental o secundariamente, su forma, como cuando se encarga modernizar una joya áurea al orfebre; y que el segundo caso, en cambio, trata de la entrega de oro fungible o, incluso, de un objeto no fungible de oro, para que con el material se fabrique otro objeto, ahora todo encaja y deja de mostrarse problemático[41]. En el primer caso, es evidente que no cambia el dominio del objeto, que continúa radicado en el arrendador, vale decir, en el marido, el legado de cuyo oro a su mujer cubre ese objeto, en cuanto comprendido en la dicción *"aurum suum omne"*; mientras que en el segundo, el oro fungible se hace del artífice y no lo alcanza el legado deferido a la mujer.

Ahora bien, así planteados ambos casos, ellos vienen a corresponder a los formulados por Alfeno en el texto de Dig. 19,2,31 que examinamos más arriba, en III,1. El caso del objeto de oro entregado para reformarlo de Pomponio corresponde al de la vestimenta entregada al lavandero de Alfeno (y a muchos casos semejantes, como los de la entrega de un traje para agrandarlo o empequeñecerlo, o de un automóvil para modificarlo en algún aspecto, o de un libro sin tapas para empastarlo, etcétera); mientras que el caso del oro fungible para elaborar una nueva especie, también de Pomponio, coincide con los de entregar plata u oro al orfebre para que elabore unas copas o un anillo ofrecidos por Alfeno.

3. Estos son los principales documentos de la jurisprudencia romana en donde se trata acerca de un contrato de arrendamiento (para la confección de cierta obra material o, como dicen los intérpretes, una "locatio conductio operis"). Nos es suficiente para conocer el régimen fundamental que aquella atribuía al caso, y que podemos resumir así: *i*) si la materia aportada por el arrendador es no fungible para ejecutar sobre ella alguna obra (como ropa para lavar o un traje para reparar), hay verdadera *locatio conductio* y el arrendador conserva el dominio de esa cosa,

41 Que sepamos, esta perspectiva no ha sido tenida en cuenta jamás por quienes han estudiado el texto, lo cual no deja de admirar.

de modo que el arrendatario solo adquiere su posesión natural o mera tenencia, y deberá restituir la misma cosa una vez ejecutada en ella la obra contratada; va de suyo que debe haber un precio por la obra ejecutada; *ii*) si la materia aportada por el arrendador es fungible para que el arrendatario o artífice elabore con ella cierta pieza convenida (como masas de oro o plata con que se fabriquen ciertas joyas o unas copas), el dominio de la materia pasa al arrendatario, en quien, empero, queda acreditada, de suerte de empezar a deber otra materia del mismo género y calidad, aunque especificada bajo la forma acordada (de copas o anillos en el ejemplo); *iii*) en ambos casos hay una "cosa dada en arrendamiento" ("*res locata*"), porque tal fue lo que las partes convinieron.

4. En ambos textos aparece la idea de una permuta de la materia fungible entregada por el arrendador que encarga la obra al artífice, por la otra materia, del mismo género al de la recibida por este, que integra la obra entregada por él[42]. De esta manera, si alguien, por ejemplo, suministra cierta masa de oro a un orfebre para

42 Nos referimos, en primer lugar, a un segmento del pasaje conservado en Dig. 19,2,31 (Alf., 5 *dig. a Paulo epit.*), tratado más arriba en III,1, donde su autor considera el caso de cierto trigo embarcado a granel y confundido en una masa única por los cargadores en la nave de Saufeio. Alfeno dice que todo el trigo se hizo de este último, aunque, por cierto, quedó debiendo el *tantundem*, vale decir, tanta cantidad de trigo de la misma calidad, aunque fuera otro que el embarcado; y añade: "*Quod si separatim tabulis aut heronibus aut in alia cupa clusum uniuscuiusque triticum fuisset, ita ut internosci posset quid cuiusque esset, non potuisse nos permutationem facere, sed tum posse eum cuius fuisset triticum quod nauta solvisset vindicare*" ("Pero si el trigo de cada uno hubiera sido encerrado separadamente con tabiques de tabla, o en cestos o en otro recipiente, de modo de poderse reconocer cuál fuese de cada uno, no pudimos haber hecho la permuta, sino que entonces pudo vindicarlo aquel del cual hubiese sido el trigo que el navegante pagó"). Con "no poder haberse hecho la permuta" Alfeno alude a que, en el caso del trigo embarcado a granel, sí se hubiera podido hacer, significando que los cargadores permutarían el trigo que entregaron a Saufeio por el trigo distinto que este debía devolverles. El segundo pasaje está inserto en el más amplio de Dig. 34,2,34 pr., también estudiado más arriba en III,2, en donde aparece el análisis crítico de Pomponio a una opinión de Quinto Mucio, sobre si el oro entregado por un marido a un orfebre para que le fabricare cierta pieza, pero con otro oro, quedaría incluido en el legado "de todo su oro" deferido a la mujer. Dice el pasaje: "*Quod si aurum dedit aurifici, ut non tamen ex eo auro fieret sibi aliquod corpusculum, sed ex alio, tunc, quatenus dominium transit eius auri ad aurificem (quippe quasi permutationem fecisse videatur), et hoc aurum non transibit ad uxorem*" ("Pero si [el marido] dio oro al orfebre, no para que de ese oro, sino de otro, le fabricara alguna pieza, entonces, en la medida en que el dominio de su oro se transfiere al orfebre (como en efecto pareciera haberse hecho como por permuta), tampoco ese oro se transferirá a la mujer"). Si alguien, pues, da oro a un orfebre para que fabrique cierto objeto, pero con otro oro, hay como una permuta ("*quasi permutationem*") entre el oro entregado y el otro oro recibido que compone el objeto fabricado.

que le fabrique una joya, que es elaborada con otro oro, sin embargo, cuando el orfebre entregue la joya al arrendador se produciría una permuta entre el oro entregado como masa y el oro recibido como joya. Esta idea comparece en los dos textos, como decimos, solo que de paso, y por ello no aparenta representar una idea dogmática perfilada, sino más bien un modo de describir lo que acaece de hecho cuando alguien pierde el dominio de una cantidad de fungibles, que recuperará cuando se le devuelva el *tantundem*. Si se quisiera dar importancia decisiva a esta idea, como han hecho algunos autores[43], creemos que fuere necesario estar dispuesto a negar entidad, por ejemplo, al mutuo siendo que en él asimismo cabe decir del mutuante que permuta la cantidad de dinero u otros fungibles dados en préstamo por la cantidad de dinero o del mismo género de fungibles después restituidos.

43 Así METRO, A., *Locazione e acquisto della proprietà* (n. 36), 204, entre otros.

§ 7. LA ESTIMACIÓN DE UNA COSA RECIBIDA Y DEBIDA*

I. En aquellos contratos que envuelven la entrega de una cosa mueble infungible en mera tenencia e imponen sobre el que la recibió la obligación de restituir la misma cosa al que la entregó o a un tercero, como en el comodato, el depósito, la prenda, el arrendamiento o el mandato de gestionar cierta cosa o de transportarla, puede acaecer que, en el momento de la celebración del contrato, sus partes estimen el valor de la cosa de que se trate. La ley no describe esta hipótesis como general, si bien la conoce y utiliza en algunos casos específicos, como en los siguientes:

a) El del artículo 1725 CC.: "*El haber de la sociedad conyugal se compone*: N° 4°. *De las* [...] *especies muebles que cualquiera de los cónyuges aportare al matrimonio* [...] *quedando obligada la sociedad a pagar la correspondiente recompensa*". El artículo 1734 CC. establece, a su vez, que todas las recompensas deberán pagarse en dinero, de manera que la suma pagada tenga, en lo posible, el mismo valor adquisitivo que la suma invertida al originarse la recompensa, lo cual, aplicado al caso del artículo 1725 N° 4, significa que, aportadas ciertas especies al matrimonio por algún cónyuge, al término de la sociedad conyugal esta debe al aportante una cantidad de dinero cuyo valor adquisitivo resulte a ese momento igual al del precio que hayan tenido las especies en el momento de su aporte. Ahora bien, esta norma solo puede aplicarse si consta el valor adquisitivo del precio de las especies aportadas, lo cual ordinariamente supone (o hace aconsejable) su tasación entonces. Por lo tanto, estamos en presencia de un caso legalmente tipificado de aporte de especies (o sea, de infungibles) sustituibles por un valor monetario en función de compensación retributiva, que la ley denomina "recompensa".

* Este parágrafo se basa en mi ponencia titulada *La estimación de una cosa recibida y debida*, presentada a las XIII Jornadas Nacionales de Derecho Civil, 1-2 de octubre de 2015, organizadas por la Facultad de Ciencias Jurídicas y Sociales de la Universidad de Concepción, cuyas actas aparecerán en el curso de 2016.

b) El del artículo 2084 inciso 3° CC. según el cual si el aporte de un socio "*consiste*[1] [...] *en cosas tasadas o cuyo precio se ha fijado de común acuerdo*, [...], *pertenecerá la propiedad a esta* [vale decir, a la sociedad] *con la obligación de restituir al socio su valor*./ [Inciso 3°] *Este valor será el que tuvieron las mismas cosas al tiempo del aporte*; *pero de las cosas que se hayan aportado apreciadas, se deberá la apreciación*". Nada obsta a que el aporte a que se refiere esta norma sea de cosas fungibles, pero él no está reducido únicamente al de ellas, de modo de también poder recaer sobre infungibles. Aquella dice que si tales cosas son tasadas o cuando su precio sea fijado de común acuerdo, la propiedad de tales cosas pasa a la sociedad, que solo debe un valor al socio aportante cuando la compañía resulte liquidada[2]. Estamos, pues, ante un nuevo caso de aporte de cosas apreciadas.

En todo caso, cabe hacer notar que, aun en los casos en que la figura no se encuentre legalmente tipificada, el acto por el cual unas partes quieran establecerla negocialmente no ofrece ningún impedimento de legalidad. Debido a todo lo cual en lo sucesivo solo procederemos a examinar su consistencia y efectos, sin contar con opiniones previas de la doctrina, que no ha mostrado interés alguno por el tema.

II. Debemos distinguir varias estructuras que contengan una estimación.

a) La primera corresponde a la estimación de la cosa entregada y debida en función expresa de establecer esa estimación como pena por el incumplimiento de la obligación de restituir. Si en el comodato de un automóvil,

---

1 Podría pensarse en que el inciso 3° solo se refiere al aporte de cosas en usufructo a la sociedad, porque el inciso 2° acababa de referirse a ese tipo de aportes; pero no es así, pues el inciso 3° prescribe sobre otro tema y lo que prescribe vale tanto para el aporte en propiedad como en usufructo.

2 La norma está muy mal redactada. Aparte de la ambigüedad indicada en la nota anterior, hay incongruencia entre parte de la hipótesis inicial del inciso 3° (en cuanto exige tasación o fijación del precio de común acuerdo) y la de su continuación, que, en primer lugar, prescinde de la tasación o fijación, y luego, al final, retoma una "apreciación", la cual tanto puede ser la tasación como la fijación de común acuerdo, de que había hablado precedentemente. Por otro lado, si se aporta infungibles o inconsumibles no en usufructo, su "propiedad" igual pasa a la sociedad (artículo 2082 CC.), sin necesidad de que lo diga el artículo 2084. De todos modos, si las cosas aportadas son fungibles o consumibles, la norma modifica los efectos normales de un usufructo de tales cosas establecidos en el artículo 789 CC., en cuanto la obligación de la sociedad es, según el artículo 2084 inciso 3° CC., solo de restituir un valor y nunca otro tanto del mismo género y calidad, como indica el artículo 789 CC.

por ejemplo, sus partes declaran que cuando el comodatario no cumpliere con su obligación de devolverlo al comodante dentro del plazo pactado, el primero quedará sujeto a una pena compensatoria de tanto dinero en que el automóvil queda evaluado en el acto, es claro que tal convención establece una cláusula penal que se rige por las reglas generales de esta última. En especial, interesa tener presente la regla del artículo 1537 CC., según la cual, constituido el deudor en mora, el acreedor no puede pedir a un tiempo el cumplimiento de la obligación principal y la pena, sino cualquiera de las dos cosas a su arbitrio, siempre que la pena no hubiera sido estipulada por el simple retardo ni de modo que, por su pago, no se entendiera extinguida la obligación principal. La norma defiere la elección de la alternativa entre el cumplimiento y la petición de la pena al acreedor; pero no hay obstáculo para un convenio de las partes en orden a que esa elección pertenezca al deudor; y es este el caso que nos interesa.

b) La segunda estructura corresponde al diseño de una obligación alternativa, una de cuyos alternos sea la cosa recibida y debida, y su estimación el otro, con pago a elección del deudor; como si en el mismo comodato de nuestro ejemplo precedente se dijere que el comodatario estará obligado a restituir el automóvil o la estimación de su valor en tanto dinero, a su elección. En este caso, la figura se rige por las reglas de las obligaciones alternativas fijadas en el título 6° del libro IV CC.

c) La tercera estructura consiste en el diseño de una obligación facultativa, como si, para seguir con el ejemplo del comodato de un automóvil, al comodatario que, merced al negocio normal, queda obligado a restituir este, le es, empero, concedida la facultad de pagar sustitutivamente su estimación en cierta suma de dinero. Dado tal evento, la situación queda sujeta a las reglas del título 7° del libro IV CC., y se tendrá presente que ahora la elección pertenece por definición al deudor, porque se trata de una facultad de pagar con otra cosa que se le ha concedido (artículo 1505 CC.)

d) La última estructura se configura sobre la base de la simple estimación sin más. En nuestro persistente ejemplo, las partes declaran que el automóvil que se entrega en comodato es evaluado por ellas en tal suma, sin otro añadido. Se observará, pues, que esta estructura no incluye la elección de alguna posibilidad de escoger con qué cumplir dada a ninguna de las partes.

III. El interés de indagar los efectos jurídicos que se generan en cada una de las cuatro estructuras antes expuestas estriba en acertar la solución de los siguientes problemas: *i*) si sea posible que se produzca el tránsito del dominio de la cosa en favor del que la recibió; *ii*) si siempre el riesgo de la pérdida o del deterioro por caso fortuito de la cosa entregada pertenezca al que la recibió; y *iii*) si, por consiguiente, los contratos de los cuales tratamos devengan en irregulares, aunque no lo hayan sido al principio porque la cosa entregada y debida no era fungible, como el ejemplo de un automóvil entregado en comodato, o en depósito o en prenda o arrendado, etcétera.

IV. Por lo que atañe al primer problema, la posibilidad de que el dominio de la cosa transite del que la entregó al que la recibió descansa en la legítima opción que aquel tiene de pagar la estimación, eligiendo la cual no está sujeto a devolver la cosa, sin que, por otra parte, se encuentre sometido a tener que explicar por qué hace lo primero y no lo segundo.

a) Este efecto traslativo del dominio es sin discusión en los casos de obligación alternativa y facultativa.

b) Se puede discutir ampliamente tal efecto en el caso de una simple estimación, como cuando en un contrato de comodato, mutuo de fungibles que no sean dinero, depósito, prenda, arrendamiento, mandato de gestionar cierta cosa o de su transporte se agrega la estimación de las cosas de que se trate, sin más, ¿es vana esa cláusula o produce algún efecto? Para perfilarla mejor, insistamos en que las partes nada dijeron en orden a que la estimación funcionara como pena, o como alterno de la devolución o como facultad de pagar en vez de la devolución.

Es claro que la presencia de tal cláusula crea un problema de interpretación del contrato en donde se encuentra contenida. Pero, a menos de haber en él algunos elementos que permitan dar un sentido a esa cláusula, de acuerdo con las reglas generales sobre interpretación de los contratos (título 13° del libro IV CC.), entre los cuales no debemos contar una manifestación o declaración expresa de las partes, no es posible entender la simple estimación como pena por el incumplimiento, porque ella exige estipulación en ese sentido, como lo pide el artículo 1532 CC. ("*Habrá lugar a exigir la pena en todos los casos en que se hubiere estipulado* [...]"), cuyo dispositivo no podemos entenderlo sino en el sentido de exigirse, en efecto, una estipulación expresa. Tampoco cabe dar a la simple estimación la contextura de una obligación facultativa. En caso de duda entre si una obligación es alternativa o facultativa, el artículo 1507 CC. ordena tenerla por alternativa;

y nosotros interpretamos que esa disposición se funda en considerar la ley que la obligación alternativa tiene más perfil, espesor y consistencia dogmáticos que la facultativa. Ahora bien, si cuando haya una duda del género antes recordado, la ley no favorece a las obligaciones facultativas, con mejor y mayor razón no la podrá favorecer cuando no exista más que el silencio. ¿A título de qué interpretaremos que la simple estimación sin más vale como obligación facultativa?

De esta manera no nos resta más que la obligación alternativa; y como la ley dispone que el sentido en que una cláusula puede producir algún efecto deberá ser preferido a aquel en que no sea capaz de producir efecto alguno (artículo 1562 CC.), pensamos que la simple evaluación sin más de la cosa que se debe entregar ha de ser interpretada en el sentido de constituir una alternativa a la entrega.

Se recordará que en este tipo de obligaciones la regla general es que la elección pertenezca al deudor, a menos de haber pacto en contrario (lo que no suponemos). Ahora bien, dogmáticamente no deben caber dudas de que en el caso de las obligaciones alternativas cuyo cumplimiento pertenezca al deudor, este se hace dueño de los infungibles que constituyan uno de los alternos involucrados. En su potestad radica cumplir con ese alterno o con el otro; si cumple, pues, con uno de los dos, ya nada se le puede reclamar u objetar por el acreedor.

Ciertamente puede acaecer que el infungible alternativamente debido a su estimación se hubiera perdido en realidad; pero no es necesario que así haya sido; de modo que también es posible su subsistencia incluso íntegra, y no debiéndola ya el que pagó su estimación convencional, tal infungible se hace suyo. En efecto, en este evento, ¿podría sostenerse que él sigue perteneciente al que lo entregó (suponiendo, por cierto, que en efecto haya sido suyo al entregarlo)? Se observará que, bajo tal entendimiento, el dueño-acreedor alternativo no pudo cobrarlo; y fuere necesario afirmar que, en sustitución, ahora podría reivindicarlo, aun cuando, en tal hipótesis, quedamos situados claramente fuera de las posibilidades ofrecidas por las obligaciones alternativas. Téngase, por otro lado, presente que el caso previsto por el artículo 1675 CC. es muy diferente. Tal norma expresa: "*Si reaparece la cosa perdida cuya existencia se ignoraba, podrá reclamarla el acreedor, restituyendo lo que hubiere recibido en razón de su precio*". La disposición supone que si la cosa que se debe y se tuvo por perdida, originó alguna responsabilidad para el deudor, como, por ejemplo, si hubiera asumido el caso fortuito (artículo 1673 CC.), en el caso de reaparecer, su acreedor puede reclamarla siempre que restituya al deudor lo que de él hubiera recibido a título indemnizatorio. La norma, pues, nada dice acerca de la propiedad de la cosa de que se trate. De este modo, si la cosa pertenecía al acreedor (como en nuestro comodato o en un depósito), una vez reaparecida no puede pedirla mientras no restituya lo recibido por ella, lo cual demuestra la inanidad de su dominio. El precepto también supone que se haya alegado y aceptado la pérdida, y tales hechos no hacen parte necesaria de nuestra hipótesis, que solo consiste en que el deudor pague la estimación (y el acreedor la acepte, por cierto). En fin, resulta impensable conectar el dispositivo del artículo 1675 CC. con las obligaciones alternativas.

c) Podría caber alguna duda sobre el efecto traslativo de la propiedad en el caso de una pena; pero no olvidemos que hemos supuesto que las partes de nuestros contratos pactaron que la elección entre la exigencia de devolución y el cobro de la pena pertenezca al deudor y no al acreedor, como primariamente dispone el artículo 1537 CC. Si, pues, el deudor escoge pagar la pena, ¿diremos que la cosa recibida no se hace suya y sigue siendo del que se la entregó? No pensamos que ello sea posible de sostenerse en el sistema del Código.

V. Vamos ahora al segundo problema: si siempre el riesgo de la pérdida o del deterioro por caso fortuito de la cosa recibida pertenezca al que la recibió.

Esa afirmación no es válida para la estimación establecida como pena ni como facultad de pagar. En el primer caso, porque el perecimiento fortuito de la cosa debida extingue la obligación principal sin que quepa entonces pedir la pena. En el segundo, por la misma razón, reiterada, de otro lado, por el artículo 1506 CC. Es completamente válida, en cambio, cuando la estimación es un alterno de la devolución, pues en ese caso el perecimiento fortuito de la cosa debida no extingue la obligación del alterno consistente en la estimación (arg. ex artículos 1502 inciso 1° y 1504 CC.). Subsiste la duda cuando hay estimación simple y sin más.

VI. El tercer problema consiste en indagar si la presencia de estimación convierta en irregular a un contrato incluso cuando haya sido contraído sobre infungibles, como si se tratara del comodato, depósito, prenda, arrendamiento, mandato para vender o transportar un automóvil, al cual se anexa su estimación.

a) En los casos en que la estimación funcione cual pena (con elección de pagarla en vez de la devolución dada al deudor), como alternativa de la devolución (también a elección del deudor) o como facultad de pagar perteneciente por definición al deudor, el contrato sobre infungibles deviene claramente en irregular.

b) La posibilidad de que deba calificarse de irregular al contrato de entrega de infungibles que son sin más y simplemente evaluados en el mismo, es más sostenible que la proposición contraria. Cuando en el comodato de un automóvil, al que hemos recurrido tantas veces, sus partes asignan, de común acuerdo, un cierto valor a tal objeto, eso significa que se trata de un comodato irregular; es decir, el comodatario se hace dueño del automóvil (soportando su riesgo) y debe la estimación al comodante. La razón es no solo intuitiva, pues arranca en último término del carácter de obligación alternativa que hemos atribuido a semejante estructura.

VII. En conclusión, pues, en los contratos que envuelven la entrega de cosas infungibles que después deben ser devueltas por quien las recibió, cuando tales cosas sean estimadas, apreciadas, tasadas, evaluadas o valoradas en dinero, sea en función de pena, sea en función de prestación alternativa a su devolución, sea en función de facultad de sustituir esta por la dación de la cantidad estimada, la cosa de que se trate pasa al dominio del receptor, su riesgo empieza a pertenecerle (salvo en el caso de tratarse de una cláusula penal o de una obligación facultativa) y el contrato se convierte en irregular. Si solo se estima la cosa sin más, se aplica el régimen de las obligaciones alternativas al caso, con las mismas consecuencias indicadas.

§ 8. EL COMODATO IRREGULAR*

1. Que el comodato deba recaer en no fungibles es algo que emana de la propia definición ofrecida por el artículo 2174 CC., el cual habla de celebrarlo sobre una "especie mueble o raíz". La disposición añade que, después de terminado el uso, sea "la misma especie" la que haya de ser restituida. Si, pues, un comodato pudiera sin más recaer sobre fungibles, el comodante no tendría cómo controlar que la cosa devuelta sea la misma entregada inicialmente. Esta razón actúa para decidir que el comodato también debe recaer sobre inconsumibles, pues, en caso contrario, el comodatario pudiere disponer de la cosa recibida y después reponerla para su devolución, atendido que las cosas consumibles son normalmente fungibles, lo cual implicaría un acto de dueño. Entonces, el comodato dejaría de ser un contrato de mera tenencia.

2. Cabe, empero, indagar sobre la posibilidad de un comodato irregular, vale decir, recayente en fungibles[1]. Ya preliminarmente se opone a esta posibilidad el hecho de que un negocio de entrega y restitución de fungibles, en que consistiría un comodato irregular, constituye en realidad un mutuo, negocio autónomo del comodato y tipificado en sí mismo en la ley (tít. 31° del lib. IV CC.). Por otro lado, como todo negocio irregular, el comodato de esta clase escondería un crédito; pero un crédito es lo constituido directamente por el mutuo, y no cabe reduplicar este rasgo. Concluimos, pues, que no es posible un comodato irregular como algo diferente al mutuo[2]. Ese negocio no es un crédito que se rija por las reglas del comodato, sino un crédito que se rige por las del mutuo.

---

* Antes no publicado.

1 Para una especulación de algunos juristas medievales sobre el comodato irregular, v. SANTARELLI, U., *Categoria*, 169-177.

2 V. SIMONE, M. de, *Neg. irreg.*, 82, quien también niega la existencia de un comodato irregular.

3. Puede acaecer que se celebre un comodato sobre infungibles y que las partes estimen o valoren la cosa prestada. De acuerdo con lo dicho en otro lugar[3], ese contrato devendría en irregular, porque el comodatario se haría dueño de la cosa, respondería de todo su riesgo y solo debería la estimación[4]. Tal es, pues, un caso en que el comodato sería irregular; pero eso no es una especialidad del comodato, sino un rasgo de todo negocio que consista en la entrega de cosas por restituir, cuando son evaluadas.

---

3 V. el § 7, VI.

4 Es la doctrina sentada por Dig. 13,6,5,3 (Ulp., 26 *ed.*): "*Commodatum autem plerumque solam utilitatem continet eius cui commodatur, et ideo verior est Quinti Mucii sententia existimantis [et culpam praestandam et diligentiam et,] si [forte] res aestimata data sit, omne periculum praestandum ab eo, qui aestimationem se praestaturum recepit*" ("La mayoría de las veces el comodato solo contiene la utilidad del comodatario, y por esto es más verdadera la opinión de Quinto Mucio en cuanto considera que si [acaso] la cosa haya sido dada estimada [no solo la culpa mas también la diligencia y] debe responder de todo riesgo aquel que recibió aceptando la estimación"): lo transcrito entre corchetes contiene manipulaciones extrañas.

§ 9. LA NATURALEZA DE LOS ACTOS Y CONTRATOS RELATIVOS A VALORES GUARDADOS EN ENTIDADES DE DEPÓSITO Y CUSTODIA DE VALORES*

I. INTRODUCCIÓN

1. En este parágrafo nos ocuparemos de la negocialidad jurídica que puede recaer sobre aquellos objetos que solíamos denominar "títulos de crédito" o "títulos-valores" y a los que ahora, por las razones que se dirán, conviene denominar simplemente "valores (de oferta pública)" y también "instrumentos financieros", cuando quiera que hayan sido previamente afectados por el fenómeno de la desmaterialización y entregados en guarda a una entidad de depósito y custodia de valores[1].

Disponemos de dos normas que atañen a tales objetos, por lo demás expresamente puestas en relación entre sí por la más nueva de ambas. El artículo 1 N° 8 de la Ley N° 20.345: *Sobre sistemas de compensación y liquidación de instrumentos financieros* (D. O. de 6 de junio de 2009), expresa: "*Para efectos de lo dispuesto en la presente ley, se entenderá por:/ [ ]/ 8. Instrumentos financieros: valores de conformidad a lo establecido en el artículo 3° de la ley N° 18.045, sobre Mercado de Valores y, en general, cualquier título, derecho, acto, contrato, factura, producto o moneda extranjera, negociables en mercados nacionales o extranjeros. En todo caso, se excluye la moneda nacional*". El citado artículo 3 (inciso 1°) de la Ley N° 18.045: *De mercado de valores* (D. O. de 21 de octubre de 1981), por su lado, dice: "*Para los efectos de*

* Este parágrafo reproduce mi artículo titulado *La naturaleza de los actos y contratos relativos a valores guardados en entidades de depósito y custodia de valores*, que apareció en Barría Paredes, Manuel y otros (editores), *Estudios de derecho privado en homenaje al profesor Ramón Domínguez Aguila*, Santiago, LegalPublishing, 2015, 573-589.

1 Sobre este fenómeno en Chile, v. Guzmán Brito, Alejandro, *Tratado de la prenda sin desplazamiento según el derecho chileno*, Santiago, Editorial Jurídica de Chile, 2011, § 110, 577-585; últimamente, Caballero Germain, Guillermo, *La custodia en el mercado de valores. De los títulos de crédito a los valores anotados en cuenta*, Santiago, Thomson Reuters, 2016, cap. 1°, 5-40.

esta ley, se entenderá por valores cualesquiera títulos transferibles incluyendo acciones, opciones a la compra y venta de acciones, bonos, debentures, cuotas de fondos mutuos, planes de ahorro, efectos de comercio y, en general, todo título de crédito o inversión".

Se observará que para estas disposiciones las palabras "valor" e "instrumento financiero" son prácticamente sinónimas. Los conceptos básicos aparecen mentados en la Ley N° 18.045: "*cualesquiera títulos transferibles y en general todo título de crédito o inversión*"; y estos son considerados como "*valores*" y denominados "*instrumentos financieros*" en la Ley N° 20.345. El resto son enumeraciones. La Ley N° 18.045 menciona: acciones, opciones a la compra y venta de acciones, bonos, debentures, cuotas de fondos mutuos, planes de ahorro, efectos de comercio; por su lado, la Ley N° 20.345 enuncia: título negociable en mercados nacionales o extranjeros, derecho negociable en mercados nacionales o extranjeros, acto negociable en mercados nacionales o extranjeros, contrato negociable en mercados nacionales o extranjeros, factura negociable en mercados nacionales o extranjeros, producto negociable en mercados nacionales o extranjeros, moneda extranjera. La primera de las leyes citadas excluye a la moneda nacional del concepto. Ahora bien, resulta ostensible que estas normas no inciden en la esencia misma de las nociones involucradas; pero no es este el momento de suplir semejante defecto.

2. Un valor puede estar titulado o no, es decir, consistir o no en un título. Por tal debemos entender un documento impreso en papel, cartón, cartulina u otro material más o menos durable, representativo de un valor que, sin perjuicio de otras formalidades añadidas, puede circular por entrega mano a mano. Todo valor corporificado o materializado en un título puede ser llamado con propiedad "título-valor" o simplemente "título". La Ley N° 18.045 habla de "*títulos transferibles*" y considera como tales a todos los que enumera; la Ley N° 20.345, en cambio, menciona a los "*títulos negociables*" entre los demás que enuncia.

Ahora bien, un valor puede haber sido desmaterializado o "*emitido sin impresión física de un título que lo evidencia*", en la terminología del artículo 8 del artículo 14 de la Ley N° 20.190 (D. O. de 5 de junio de 2007), que contiene la nueva "Ley de prenda sin desplazamiento". Cuando tal acaece[2], el valor consta en una "anotación en cuenta", o sea, en un asiento de la pertenencia del valor a determinada persona y de otras circunstancias en cierto registro, de modo que su circulación opera merced a sucesivos asientos en el registro a nombre de otros titulares. Estos

---

2 Sobre el fenómeno v. CORTÉS GARCÍA Eduardo, *La desmaterialización de los títulos-valores*, Valladolid, Lex Nova, 2002; también LÓPEZ SANTANA, Nieves, *El contrato bancario de administración de valores*, Sevilla, Universidad de Sevilla, 2002, 21-84.

asientos, que en teoría pueden ser manuscritos o mecanografiados y hoy, de hecho, digitalizados y electrónicos, son llevados por sociedades anónimas especializadas que en Chile se llaman "sociedades de depósito y custodia de valores" y están regidas por la varias veces precedentemente citada Ley N° 20.345. Como los términos "título" y "anotación en cuenta" son contrarios, aunque se pueda hablar de títulos con respecto a los valores que están corporificados en ellos (porque en Chile, a diferencia de lo que ocurre en otros países, la "anotación en cuenta" no es general ni obligatoria), se debe evitar esa palabra con respecto a valores desmaterializados, porque estos, por definición, carecen de título.

II. EL DEPÓSITO DE VALORES ES UN CONTRATO IRREGULAR

1. La función principal y sustantiva de las empresas aludidas es la que indica su nombre genérico: recibir valores en depósito y custodia, para evitar que sean sus dueños los que deban ocuparse de su guarda. Esta función es puesta en obra mediante un contrato de depósito que "*se perfecciona mediante la entrega de los valores a la empresa, la que los registrará en la cuenta que corresponda, de las que mantenga el depositante respectivo*". La entrega prescrita por la norma debe efectuarse "*mediante las formalidades propias de la transferencia de dominio, según sea la naturaleza del título de que se trate*" (artículo 3 inciso 1° de la Ley N° 20.345). Por consiguiente, si el valor es "al portador", la entrega-transferencia en depósito debe hacerse mediante la entrega material del título; si es "a la orden", merced a su endoso; y si es nominativo, como indica el artículo 1901 CC. (cfr. el artículo 162 CCom.). En cuanto al endoso de letras de cambio y pagarés, ténganse presente las normas del párrafo 2° del título 1° de la Ley N° 18.092 (D. O. de 14 de enero de 1982): *Dicta nuevas normas sobre letra de cambio y pagaré*; por lo demás aplicables a "*cualesquiera otros títulos de crédito de dinero emitidos con la cláusula 'a la orden', 'en favor de', 'a disposición de' u otras equivalentes, cualesquiera fuere la denominación con que se designare a dichos instrumentos*", por mandato del artículo 1 inciso 1° de la Ley N° 18.552 (D. O. de 29 de septiembre de 1986): *Regula tratamiento de títulos de crédito.*

El contrato de depósito ha de constar por escrito, lo cual no lo convierte en solemne y únicamente hace aplicable el artículo 1708 CC.[3]. Como tal contrato

---

3 Artículo 1708 CC.: "*No se admitirá prueba de testigos respecto de una obligación que haya debido consignarse por escrito*".

consiste en una transferencia, es real[4]. Por lo demás, debe ajustarse a la ley, a su reglamento y al reglamento interno de la respectiva empresa de depósito (artículo 1 inciso 2° Ley N° 18.)[5].

2. El importante inciso 1° del artículo 4 de la Ley N° 20.345 dispone: "*La empresa de depósito llevará una cuenta individual para cada depositante, en la cual registrará, en ítem separados, cada clase de valores homogéneos que aquel mantenga en depósito. Para los efectos de esta ley se entienden como valores homogéneos los que sean idénticos en cuanto a tipo, especie, clase, serie y emisor*". Así que la empresa debe abrir cuentas para cada depositante. Aunque se trate del mismo depositante, las que le pertenezcan deben ser diversificadas ("*ítem separados*") según valores homogéneos. La norma precisa qué deba entenderse por "valores homogéneos": los pertenecientes a un mismo emisor y que sean de igual tipo, especie, clase y serie. Nosotros podemos interpretar que el concepto de "homogeneidad de valores" equivale al de fungibilidad en materia de muebles corporales[6].

---

4 El artículo 10 letra c) del *Reglamento de depósito de valores*, contenido en el Decreto supremo N° 734 (D. O. de 30 de noviembre de 1991), dice: "*El contrato de depósito de valores se otorgará por escrito y deberá contener, a lo menos las siguientes estipulaciones*: c) *Para el caso de que los títulos se entreguen en el mismo acto, y en cada entrega posterior de título bajo el mismo contrato, la indicación de las restricciones que pudieren efectuar la libre disponibilidad de los títulos o sus beneficios, de ser el caso*". Como se ve, la norma distingue un contrato de depósito cuyos títulos se entregan en el mismo acto y "*en cada entrega posterior de títulos*", dando a entender que pudiere haber un contrato sin entrega sino posterior. Esto no se encuentra, empero, en la ley y el reglamento la ha excedido claramente. Un contrato en que se fijen condiciones para la entrega y las cláusulas permitidas que se quiera, sin entrega, no es el contrato de depósito al que se refiere la ley. Ello sin perjuicio de poder aceptarse un contrato innominado que fije el régimen de los depósitos que se harán después; lo primero no es un contrato de depósito, y pudiera asimilárselo a una promesa de depósito; el depósito legal adviene con la entrega. CABALLERO GERMAIN, *La custodia* (n. 1 de este §), núm. 114, 62, distingue entre un "contrato marco" y el "depósito propiamente dicho"; lo que es aceptable con las prevenciones precedentes.

5 El inciso 3° del artículo 3 de la ley regula la manera de celebrar el contrato cuando los valores que se entreguen en depósito son acciones de sociedades anónimas o cuotas de fondos de inversión, y los respectivos registros de accionistas o de aportantes son administrados por la empresa depositaria o por una filial suya: en tal caso –dice la norma– la entrega de los valores se podrá hacer mediante una instrucción dada a la dicha empresa por el depositante a través de los medios escritos o electrónicos que señale el reglamento interno, la cual instrucción debe ser ejecutada por la empresa o su filial mediante anotaciones simultáneas, tanto en la cuenta que corresponda de las que mantenga el depositante, como en el registro del emisor respectivo.

6 En el mismo sentido ahora CABALLERO GERMAIN, *La custodia* (n. 1 de este §), núm. 50, 24-25.

3. El depósito de valores se aparta del depósito común definido en los artículos 2211 y 2215 CC. en puntos esenciales.

a) Aquel se perfecciona por una entrega de la cosa depositada, que en ningún caso ni bajo ningún respecto es traslativa del dominio; vale decir, aquella entrega no es tradición (artículo 2212 CC.). El depositario no adquiere, pues, el dominio ni la posesión de la cosa depositada y solo se hace mero tenedor de ella (artículo 714 CC.); el cual queda obligado a restituirla "en especie", esto es, a restituir la misma cosa recibida y no otra. Debido a esto último, el depósito solo puede recaer sobre infungibles, como lo expresa, aunque de manera poco idónea, el artículo 2228 CC.

b) En cambio, el depósito de valores ejecutado en favor de una empresa de depósito y custodia de valores se perfecciona realmente por la transferencia del dominio de los valores (artículo 3 inciso 1° de la Ley N° 20.345: "*mediante las formalidades propias de la transferencia de dominio*"). Así que la empresa depositaria se hace dueña de los valores recibidos. Pero esta conclusión es matizada así por el artículo 5 inciso 1° de la Ley N° 20.345, que establece: "*En las relaciones entre la empresa y el depositante, este es el propietario de los valores depositados a su nombre. Ante el emisor de los valores y terceros, salvo las excepciones que se contemplan en esta ley, la empresa es considerada dueña de los valores que mantiene en depósito, lo que no significa que el depositante o su mandante, en su caso, dejen de tener el dominio de los valores depositados, para el ejercicio de los derechos políticos y patrimoniales, cuando corresponda*". La norma, pues, distingue las relaciones entre la empresa y el depositante de valores a su nombre y las relaciones entre aquella y los terceros, entre los cuales destaca el emisor de los mismos valores. Considerados la empresa y el que le depositó valores a nombre propio, este último es el propietario de tales valores. Atendidos la empresa y los terceros, incluido el emisor de los valores depositados, la primera es, empero, mirada como su dueña.

c) Este dispositivo nos permite concluir –provisionalmente como veremos– que la transferencia de los valores que perfecciona su depósito, en los términos del artículo 3 inciso 1° de la Ley N° 20.345, es solo para los efectos de la relación entre la empresa y los terceros, mas no en cuanto a la relación entre dicha empresa y el depositante de valores a su nombre, pues, en ese caso, tal depositante no deja de ser su dueño ni la empresa empieza a serlo.

4. En todo caso, la empresa depositaria no está obligada a restituir los mismos valores que recibió.

a) Al punto se refiere el artículo 6 inciso 1°: "*La empresa cumplirá su obligación de restitución entregando valores homogéneos, al depositante o a quien este le indique por los medios escritos o electrónicos que señale el reglamento interno. La restitución se hará mediante las formalidades propias de la transferencia del dominio, según sea la naturaleza del valor que se restituya*". En cuanto al concepto de "valores homogéneos" se recordara que el artículo 4 inciso 1° de la ley los define como aquellos pertenecientes a un mismo emisor y que sean del mismo tipo, especie, clase y serie, que nosotros aproximamos a la noción de fungibilidad en materia de corporales muebles. Así que cuando deba tener lugar la restitución de los valores previamente depositados, esta puede recaer sobre valores que sean homogéneos a los entregados en depósito, lo cual significa que los valores recibidos en restitución por quien los depositó en nombre propio no son exactamente los mismos que él depositó, sino otros que a su vez habían sido depositados por persona distinta a su propio nombre.

b) Esta observación nos vuelve a consentir una nueva conclusión relativa al alcance de tal disposición en cuanto dice que en las relaciones entre la empresa y el depositante, este es el propietario de los valores depositados a su nombre. En verdad no es como expresa literalmente la norma, según acabamos de observar. Si fuera así, no se explicaría que el depositante recibiera en restitución no los mismos valores que depositó, sino otros, que entonces le son necesariamente ajenos. En realidad, lo que el citado artículo 5 inciso 1° quiso decir fue que, en las relaciones entre la empresa y el depositante, este es "acreedor" de los valores depositados a su nombre, lo cual no supo decirlo más que con recurso al lenguaje de la propiedad. Pero si de propiedad de los valores se trata, el depositante la pierde y la adquiere la empresa.

c) De esta manera podemos volver sobre la interpretación del artículo 3 inciso 1° de la Ley N° 20.345 –antes presentada como meramente provisional–, y declarar que la transferencia de dominio de que habla esa disposición no es propiamente relativa sino absoluta; vale decir, el depositante no transfiere el dominio de los valores solo con respecto a terceros, sin desprenderse del mismo con respecto a la empresa depositaria, sino que, en efecto, también transfiere su dominio en relación con dicha empresa, la cual se hace su dueña no solo frente a terceros (en especial frente al emisor), mas también frente al depositante[7].

---

7 V. en Caballero Germain, *La custodia* (n. 1 de este §), núms. 254-266, 103-108 las diversas doctrinas formuladas por algunos para explicar la dualidad en que incurrió el artículo 5 inciso 1° de la Ley N° 20.345.

d) Ahora bien, este efecto, que contradice el tenor literal del primer segmento del artículo 5 inciso 1°, deriva esencialmente de la homogeneidad o fungibilidad con que la ley mira a los valores provenientes de un emisor que sean del mismo tipo, especie, clase y serie entre sí. Y en último término se funda en la idea de que sobre los fungibles a lo más puede hablarse de dominio mientras se esté en su posesión, cesada la cual nace un crédito recuperatorio, exigible con acción personal, y no una persecutoriedad, mediante acción real (imposible por falta de identificabilidad); de modo que el lenguaje del dominio a su respecto es claramente abusivo o catacrético[8]. Porque, en efecto, el depósito de valores de que estamos tratando empieza a recaer sobre fungibles. Lo cual implica que su tipologización no obedece al contrato consistente en la entrega de una especie en mera tenencia para su guarda, que haya de ser restituida la misma cuando el depositante la pida, que es el mayormente mentado en el § 1 del título 32° del libro IV CC., sino al contrato tradicionalmente denominado "depósito irregular" –no, empero, por el código– y tratado, aunque con limitación al dinero, en el artículo 2221 CC.: "*En el depósito de dinero, si no es en arca cerrada cuya llave tiene el depositante, o con otras precauciones que hagan imposible tomarlo sin fractura, se presumirá que se permite emplearlo, y el depositario será obligado a restituir otro tanto en la misma moneda*"[9]. En este tipo de depósito, el depositario adquiere el dominio del dinero (o de los otros fungibles de que se trate) depositado, que el depositante pierde; pero el primero empieza a deberlos al segundo, al cual debe restituir no las mismas especies recibidas en depósito, sino otras tantas del mismo género y calidad[10] (v. el § 4).

5. Tal es, pues, nuestra primera conclusión acerca de la naturaleza del depósito de valores en empresas de depósito de tales: ser un depósito irregular porque recae sobre fungibles, cuya propiedad adquiere la depositaria y que da acción

---

8 V. el § 3, I, 3.

9 El código, pues, no se refiere al depósito de fungibles que no sean dinero, como el de trigo, vino, alimentos y tantos otros. Lo cual no significa que tales figuras sigan un régimen diverso al descrito por el artículo 2221 CC. V. el § 4, II, 4.

10 Sobre los contratos irregulares en general y el depósito de este tipo es clásico: SIMONE, M. de, *Neg. Irreg.*, 74-81. V. también: GALASSO, Alfredo, *Mutuo e deposito irregolare*, I: *La costituzione del rapporto*, Milano, Giuffrè, 1968. En España: FLORES MICHEO, Rafael, *El depósito irregular*, en *Revista de Derecho Privado*, 47, 1963, 753-774. Entre nosotros, apenas: CLARO SOLAR, Luis, *Del depósito de dinero y especialmente del depósito bancario*, en *Revista de Derecho y Jurisprudencia y Gaceta de los Tribunales*, 32/1, 1935, 37-53.

para exigir la devolución no de los mismos valores depositados, sino de otros del mismo emisor y de igual tipo, especie, clase y serie que el tipo y la especie, clase y serie de los depositados.

III. ACTOS Y CONTRATOS POSIBLES SOBRE VALORES DEPOSITADOS

1. Así como los valores no depositados pueden ser objeto de una gran variedad de actos y contratos, se pensaría que esta regla no cambia cuando han sido desmaterializados y depositados en una empresa de depósito de valores. La ley parece corroborar esta conclusión. Desde luego, los valores podrían ser transferidos (cedidos) entre vivos gratuitamente a cualquier título traslaticio de dominio, como donación, u onerosamente, como por compraventa, permutación, aporte en sociedad, etcétera. La Ley N° 18.876 habla de estas transferencias en su artículo 1, el cual establece que una de las finalidades de las empresas de depósito de valores[11], además de recibir estos en guarda, es "*facilitar las operaciones de transferencia de dichos valores*"; su artículo 7 añade que entre depositantes de una misma empresa, las transferencias de valores depositados que sean consecuencia de las operaciones que se realicen entre ellos se efectuarán de la manera que ahí se indica; y su artículo 8 regula el mismo punto de la transferencia de valores depositados, pero en favor de terceros que no sean depositantes en la misma empresa del transferente; también su artículo 15 se refiere para ciertos efectos a "*los valores adquiridos mediante cualquiera de los sistemas de transferencia establecidos en esta ley*", etcétera[12]. Los valores podrían ser transmitidos por causa de muerte merced a un legado, como se desprende del artículo 1127 inciso 1° CC.[13]. Por cierto, los valores que habían pertenecido a un difunto deben ingresar en la masa de su herencia, de acuerdo con las reglas generales.

En tema de contratos, aparte de los traslaticios de dominio antes enunciados, se pensaría que sobre unos valores en depósito también podrían recaer mandatos, del mismo modo en que estos pueden recaer sobre dinero u otros fungibles[14]; o

---

11 Sobre ellas ahora CABALLERO GERMAIN, *La custodia* (n. 1 de este §), cap. 2°, I, 46-60.

12 Véanse los artículos 15 incisos 1° y 2°, 20 letra a), 20 letra d), 21 incisos 1° y 2° y 2° letra b), 27 y 35 letra a).

13 "*Pueden legarse no solo las cosas corporales, sino los derechos y acciones*".

14 V. el artículo 2153 CC.: "*Las especies metálicas que el mandatario tiene en su poder por cuenta del mandante, perecen para el mandatario aun por fuerza mayor o caso fortuito, salvo que estén*

arrendamientos, comodatos, préstamos de consumo, una de cuyas especies está regulada en el título 6° de la Ley N° 20.345 (artículos 38 a 40)[15].

En el resto, la Ley N° 18.876 dispone expresamente la posibilidad de erigir prendas y derechos reales sobre los valores depositados. Así lo dice en general su artículo 14 inciso 1°: "*El depositante puede constituir prendas y derechos reales sobre los valores que tenga depositados, en los mismos casos en que podría hacerlo si no estuvieren en depósito*"; y para diferentes efectos se menciona la misma posibilidad en los artículos 4 inciso 2°, 6 inciso 3°, 12 inciso 2° y 14 incisos 6°, 7° y 8°.

2. Pero la afirmación de que tal serie de actos y contratos sea posible sobre valores depositados de igual manera a como la sería sobre valores no depositados no es correcta. Ello se debe a que el depósito de dichos valores, por ser irregular, hace que el depositante deje de ser su dueño y empiece a ser un acreedor de los mismos frente a la empresa de depósito, la cual comienza a ser dueña de los valores y su deudora crediticia frente al depositante. Por consiguiente, los actos y contratos que aparentemente han de recaer sobre los valores depositados, en realidad recaen sobre un crédito[16]. De eso se sigue, por ejemplo, que la transferencia de los valores por su depositante a un tercero, en realidad sea la transferencia o cesión del crédito que ese depositante tiene contra la empresa depositaria para que le sean restituidos tales valores. Y esto es así cualquiera que sea el acto del cual se trate. Si el depositante, para ofrecer otro ejemplo, lega los valores depositados, en realidad lega el crédito que tiene sobre ellos.

---

contenidas en cajas o sacos cerrados y sellados sobre los cuales recaiga el accidente o la fuerza, o que por otros medios inequívocos pueda probarse incontestablemente la identidad".

15 V. Guzmán Brito, Alejandro, *El contrato de prestamo de valores*, en *Revista de Derecho de la Pontificia Universidad Católica de Valparaíso*, 38, 1er semestre de 2012, 157-180.

16 El artículo 4 inciso 2° de la Ley N° 18.876 establece: "*Los valores que sean gravados con derechos reales* [...] *serán registrados en ítem separados en la cuenta del respectivo depositante, y no se les considerará homogéneos respecto de los demás*". Esta norma impone la siguiente objeción: cuando se establece un derecho real sobre valores depositados, estos dejan de ser homogéneos y, por ende, el depósito deja de ser irregular; con ello cae la construcción dogmática que hemos tratado de exponer en este trabajo. Pero no es así. La norma dice que no se considerará homogéneos "respecto de los demás" a los valores gravados con derechos reales. Tales valores, pues, siguen siendo homogéneos entre sí, aunque no frente a los demás no gravados. Supóngase que hay depositadas 100 acciones de la empresa A, y que el depositante grava a 50 de ellas con usufructo. Se crea un doble llamémosle paquete de 50 acciones cada cual: uno de 50 no gravadas, plenamente homogéneas entre sí; y otro de 50 sí gravadas, no homogéneas respecto de las del primer paquete, pero completamente homogéneas entre sí. Por consiguiente, el depósito de estas últimas acciones (como también el de las del primero) sigue siendo irregular.

En la imposibilidad de examinar este fenómeno con respecto a todos los actos posibles, limitaremos nuestro análisis solo a los mencionados por la ley.

IV. PRENDA SOBRE VALORES DEPOSITADOS

1. Ya hemos hecho ver que el artículo 14 inciso 1° de la Ley N° 18.876 menciona expresamente la posibilidad de constituir prendas sobre valores depositados. Con ello se mienta al contrato y al derecho real de prenda; pero como la disposición añade la posibilidad de constituir "derechos reales" sobre los valores depositados, la prenda vuelve a quedar mentada en cuanto es una de sus especies.

2. De la prenda de valores desmaterializados y, por ende, depositados, hemos tratado ampliamente en otros lugares[17]. Pero vale la pena volver sobre el tema, en cuanto al punto preciso a que se refiere este parágrafo.

a) Si, como hemos visto, quien era dueño de ciertos valores los deposita desmaterializados en nombre propio en una empresa del rubro, entonces pierde su dominio frente a todos, y dicha empresa lo adquiere, también frente a todos. Sin embargo, la legitimación para pignorar continúa radicada en el depositante, como lo señala el inciso 1° del artículo 14 de la Ley N° 18.876: "*El depositante puede constituir prendas* [...] *sobre los valores que tenga depositados, en los mismos casos en que podría hacerlo si no estuvieren en depósito*". Interpretada literalmente la norma, contiene un caso de pignoración "a non domino"[18], que queda oculto por la dicción del primer segmento del artículo 5: "*En las relaciones entre la empresa y el depositante, este es el propietario de los valores depositados a su nombre*", antes discutido. Esta norma, en efecto, puede hacer creer que la pignoración es "a domino", porque, según ella, el depositante sigue siendo dueño de los valores pignorados; claro que el mismo artículo 5 en su segmento segundo añade que "*Ante el emisor de los valores y terceros* [...] *la empresa es considerada*

17 V. Guzmán Brito, Alejandro, *Tratado de la prenda sin desplazamiento*, Santiago, Editorial Jurídica de Chile, 2011, § 114: "Una prenda especial sobre valores desmaterializados", 610-614. V. también: El mismo, *Las garantías en el contrato de préstamo de valores*, en *Revista de Derecho de la Pontificia Universidad Católica de Valparaíso*, 39, 2° semestre de 2012, 115-137. V. también Caballero Germain, *La custodia* (n. 1 de este §), núm. 147-181.

18 Sobre esta materia, v. Caballero Germain, Guillermo, *La adquisición "a non domino" de valores anotados en cuenta*, Madrid, Civitas, 2010.

dueña de los valores que mantiene en depósito", así que no bien mantengamos al segmento primero en su literalidad, de todos modos la pignoración del depositante es "a non domino" en relación con el segmento segundo.

De acuerdo con ello, ante una prenda de valores constituida por su depositante, ¿podría la empresa depositaria invocar en su favor el artículo 13 de la "Nueva ley de prenda sin desplazamiento"? Tal disposición reza así: "*Solo el dueño podrá alegar la inexistencia del derecho real de prenda invocando su derecho de dominio sobre la cosa pignorada, sin perjuicio de la validez del contrato*". De acuerdo con esta norma, la prenda sin desplazamiento de objetos ajenos al constituyente es inoponible al dueño; así que la pregunta precedentemente formulada se justifica del todo. Pero la disposición no es aplicable al caso. Lo cierto es que el inciso 1° del artículo 14 de la Ley N° 18.876 dice: "*El depositante puede constituir prendas* [...] *sobre los valores que tenga depositados, en los mismos casos en que podría hacerlo si no estuvieren en depósito*". Este precepto confiere legitimación para pignorar al depositante, sin vincularla en caso alguno con el dominio. En otras palabras, el depositante puede pignorar válidamente sea o no dueño de los valores que depositó (y sabemos que no lo es). Y eso es suficiente para responder la pregunta: la empresa depositaria no puede invocar el artículo 13 de la "Nueva ley de prenda sin desplazamiento", por más que ella sea la dueña de los valores pignorados por el depositante.

b) Todo lo anterior significa que la ley concedió legitimación para pignorar los valores depositados no a su dueño, sino a su acreedor, que es la calidad que inviste, como hemos visto, el depositante. De ello se deduce que la prenda de valores depositados es propiamente hablando la prenda de un crédito, consistente en el que tiene el depositante contra la empresa depositaria a la restitución de otro tanto de valores del mismo emisor, tipo, especie, clase y serie que los presentados por aquellos que se depositó, y en la cantidad que se acordó pignorar.

En último término, pues, la prenda de valores depositados no es prenda irregular, sino prenda de créditos. Con esta interpretación, la duplicidad de una pignoración contemporáneamente "a domino" y "a non domino" desaparece, pues decimos que siempre es de esta última clase, aunque ello carezca de la consecuencia dogmática que de otro modo tendría si la ley no hubiera dado legitimación para pignorar al depositante no dueño.

V. USUFRUCTO Y USO DE VALORES DEPOSITADOS

1. Ya hemos hecho ver que el inciso 1° del artículo 14 de la Ley N° 18.876 faculta al depositante para constituir derechos reales "*sobre los valores que tenga depositados*". Ahora bien, esta amplia fórmula en realidad se reduce al usufructo[19], al uso y a la herencia (y a la prenda, aunque esta va especialmente mencionada y ya ha quedado vista), porque no puede haber servidumbres, habitación, censo ni hipoteca de valores, en cuanto tales figuras recaen sobre inmuebles, y evidentemente tampoco otros derechos reales especiales, como los mineros o de aprovechamiento de aguas.

Ahora debemos establecer si el usufructo en que de hecho pensó la ley es, paralelamente a lo acaecido con la prenda, un usufructo del crédito que el depositante tiene contra la empresa depositaria; o un usufructo irregular o cuasiusufructo sobre los valores mismos, tratado en el artículo 789 CC. y que dice: "*Si el usufructo se constituye sobre cosas fungibles, el usufructuario se hace dueño de ellas, y el propietario se hace meramente acreedor a la entrega de otras especies de igual cantidad y calidad, o del valor que estas tengan al tiempo de terminarse el usufructo*", teniendo por inconcuso que los valores depositados sobre los que recaería el usufructo son fungibles (homogéneos, en el lenguaje de la Ley N° 18.876).

Podría, en efecto, pensarse en que si el depositante de ciertos valores, que propiamente es un acreedor de los mismos contra la empresa depositaria, constituye un usufructo, en realidad lo constituye sobre el pertinente crédito.

2. La otra posibilidad de que, en cambio, un usufructo referente a valores depositados sea un verdadero cuasiusufructo, no es válida. En general, un usufructo de valores es perfectamente posible, sobre todo si constan en un título, se hallen o no depositados; y será un cuasiusufructo en la medida en que los valores titulados sean considerables como fungibles, lo cual acaece si son al portador. Pero un cuasiusufructo de valores desmaterializados y, por ende, depositados, como homogéneos no puede recaer sobre los valores mismos, pues estos dejaron de pertenecer al constituyente del derecho, quien, por consiguiente, no está legitimado para imponer gravámenes a esos valores que no son suyos y, en final de cuentas, no puede ser su nudo propietario. Los problemas que ofrece una eventual

---

19 Acerca del usufructo de derechos, v. DE DELMASES Y JORDANA, Joaquín, *El usufructo de derechos (inclusive de títulos-valores)*, Madrid, Editorial Revista de Derecho Privado, 1932; CANO MARTÍNEZ DE VELASCO, José Ignacio, *La posesión, el usufructo y la prenda de derechos*, Barcelona, Bosh, 1992, cap. 5°: "El usufructo de créditos", 57-74.

constitución directa del usufructo sobre los valores son los mismos que ofrece su pignoración; así que optamos por la vía más lógica, jurídica y coherente, cual es la de sostener que lo dado en usufructo no son los valores, sino el crédito sobre ellos.

3. Claro que esto supone una aceptación de la más amplia figura del usufructo de créditos[20], del cual el de valores depositados sería, pues, una especie. El *Código Civil* desconoce tal figura, a diferencia, por ejemplo, del español (artículos 575 y 507), del italiano (artículo 1000) o del portugués (artículo 1464). En la tradición que arranca del derecho romano[21] se lo construye así: el usufructuario puede percibir y dejar para sí los intereses del crédito (que funcionan, pues, como frutos). No hay acuerdo, empero, sobre si puede cobrar el crédito cuando corresponda. Por mi parte estimo que no dispone de facultad para ello, porque todo usufructuario sufre la carga de conservar la forma y sustancia de la cosa –o sea, del crédito, en nuestro caso– sobre que recae su derecho (artículo 764 CC.). Ahora bien, cobrar un crédito implica su extinción y tal es incompatible con la dicha carga de conservar la forma y sustancia del crédito en usufructuado.

4. En su artículo 14 la Ley N° 18.876 establece normas acerca de algunos aspectos del procedimiento de constitución del usufructo de valores, o sea, propiamente, del crédito sobre tales; y, al respecto, prescribe que: *i)* A solicitud del depositante, la empresa de depósito debe entregarle un certificado –con fecha y hora de otorgamiento y suscrito por el gerente de la empresa o por la persona que este designe especialmente al efecto– que indique la cantidad total de valores depositados o, si lo prefiere, una parte de esta, e individualice el tipo, la clase, especie y calidad y el emisor de tales valores (artículos 14 inciso 2° y 13); *ii)* Ese certificado –que es nominativo, intransferible y no negociable (artículo 13)– reemplaza al título representativo del valor de que se trate (inciso 4° del artículo 14) –si el valor depositado está titulado– y habría de añadirse que da fe de la anotación del valor en cuenta –si está desmaterializado–; *iii)* La constitución del usufructo debe ser notificada a la empresa de depósito por un notario, como requisito de oponibilidad de la constitución tanto a dicha empresa como

20 Sobre esta figura: v. Guzmán Brito, Alejandro, *El usufructo de créditos en el derecho civil chileno*, en Vidal, Álvaro y otros (editores), *Estudios de derecho civil*, X: *Jornadas Nacionales de Derecho Civil, Valparaíso, 2014*, Santiago, Thomson Reuters, 2015, 61-85.

21 V. Guzmán Brito, Alejandro, *Derecho privado romano*, 2ª edición, Santiago, LegalPublishing - Thomson Reuters, 2013, I, § 131, XI, 686.

a terceros (inciso 5° del artículo 14); *iv*) Si sobre los valores depositados en una empresa se constituye usufructo por su depositante en favor de otro depositante de la misma empresa, esta se entiende notificada de la constitución con las comunicaciones electrónicas simultáneas entre las partes y aquella (inciso 6 del artículo 14); *v*) La constitución de un usufructo de valores en un sistema de compensación y liquidación de instrumentos financieros exige adicionalmente que la sociedad administradora del sistema envíe, por cuenta del depositante, una solicitud a la empresa depositaria a cuyo nombre se encuentren depositados los valores de que se trate. Con el mérito de tal solicitud, la empresa requerida debe ejecutar una anotación en cuenta que refleje la constitución del usufructo sobre los valores respectivos, y a partir de ese momento se entenderá constituido ese derecho para todos los efectos legales (inciso 7° del artículo 14); *vi*) Lo que puede hacer un depositante lo puede hacer un mandatario suyo que cuente con poder general o especial conferido por el depositante (incisos 6° y 8° del artículo 14); *vii*) Cualquier interesado puede pedir a la empresa de depósito una certificación de haber sido constituido un usufructo del que tratamos, con especificación de los valores afectados, del hecho de tratarse de un usufructo y de la fecha de su constitución del derecho y del "titular de los valores respectivos"[22] (inciso 9° del artículo 14).

5. Sin embargo cabe preguntarse aún: ¿cómo se perfecciona el título del usufructo de valores mismo?

Por causa de muerte (asignación a título singular), la constitución exige un legado de efecto real, que cumpla con los requisitos generales de esta figura, por lo cual no nos ocuparemos en especial de ella. Entre vivos, si el título es una donación, esta habrá de ser insinuada cuando los valores cuyo crédito se dona valgan más de dos centavos (artículo 1401 CC.)

Fuera de estas reglas, no hay preceptos que señalen alguna formalidad para la formación del título, así que debemos pensar en que aquel sea consensual; salvo que, cuando se hiciere necesaria alguna inscripción o registro, la escritura, al menos privada, se impone como única manera de inscribir y registrar.

Tal es el caso de las acciones de sociedades anónimas. El artículo 23 de la Ley N° Ley 18.046 (D. O. de 22 de octubre de 1981): *Sobre sociedades anónimas*, dice: "[Inciso 1°] *La constitución de gravámenes y de derechos reales distintos al*

22 ¿A quién se refiere la ley con esta ambigua expresión? Creemos que al depositante y al usufructuario.

del dominio sobre las acciones de una sociedad, no le serán oponibles a esta, a menos que se le hubiere notificado por ministro de fe, el cual deberá inscribir el derecho o gravamen en el Registro de Accionistas. [...]/ [Inciso 3°] *En los casos de usufructo, las acciones se inscribirán en el Registro de Accionistas a nombre del nudo propietario y del usufructuario, expresándose la existencia, modalidades y plazos del usufructo. Salvo disposición expresa en contrario de la ley o de la convención, el nudo propietario y el usufructuario deberán actuar de consuno frente a la sociedad*". De acuerdo con el inciso 1°, la constitución de un usufructo de acciones (que inviste el doble carácter de "gravamen" y de "derecho real", sobre los cuales versa ese inciso 1°) debe ser notificada por un ministro de fe a la sociedad, para que le sea oponible. El ministro de fe, además, debe inscribir el usufructo en el Registro de Accionistas (ibíd., segmento final y cfr. artículos 13 inciso 1° segmento final y 14 inciso 2° del Decreto N° 587, del Ministerio de Hacienda [D. O. de 13 de noviembre de 1982: *Aprueba reglamento de sociedades anónimas*]). Esta inscripción –que debe atañer a la existencia del usufructo y a sus eventuales modalidades y plazos– tiene que ser ejecutada a nombre del nudo propietario[23] y del usufructuario (ibíd., inciso 2°).

Tanto la necesidad de notificar la constitución del usufructo a la sociedad anónima, cuanto la de inscribirla en el Registro de Accionistas muestran que la constitución del usufructo debe constar por escritura al menos privada; sin ella no son posibles ni la notificación ni la inscripción.

6. Como vimos, el crédito que se forma al depositar ciertos valores puede ser objeto de usufructo. Ahora procede examinar el destino de los derechos patrimoniales y políticos que el valor confiera, cuando fue dado en usufructo.

El inciso 1° del artículo 12 de la Ley N° 18.876, que *Establece el marco legal para la constitución y operación de entidades privadas de depósito y custodia de valores* (D. O. de 21 de diciembre de 1989), conserva "siempre" al depositante su derecho a voto en las juntas de accionistas o de tenedores de bonos y en otras asambleas semejantes por los valores que entregó en depósito; y su inciso 4° añade la misma idea con respecto a los depositantes para que ejerzan su derecho de cobrar dividendos, ejercer opciones a suscribir acciones y para otros derechos que posean frente al emisor. Si los depositantes obraron bajo mandato, son sus mandantes quienes conservan el ejercicio del derecho a voto y de los derechos patrimoniales que hubiera (ibíd., inciso 5°). Así que si el titular ("propietario")

23 Se supone que las acciones ya estaban previamente inscritas a nombre del que ahora aparece como nudo propietario; así que, al parecer, la ley exige una nueva inscripción a su nombre, pero ahora en cuanto nudo propietario.

de ciertos valores (incluidas las acciones de sociedades anónimas) los deposita y constituye un usufructo sobre los mismos, a él competen los derechos políticos y patrimoniales autorizados por esos valores, lo cual es corroborado por el artículo 5, segmento segundo parte final: "*En las relaciones entre la empresa y el depositante, este es el propietario de los valores depositados a su nombre. Ante el emisor de los valores y terceros, salvo las excepciones que se contemplan en esta ley, la empresa es considerada dueña de los valores que mantiene en depósito, lo que no significa que el depositante o su mandante, en su caso, dejen de tener el dominio de los valores depositados, para el ejercicio de los derechos políticos y patrimoniales, cuando corresponda*".

Algo distinto para las acciones constituidas en usufructo dice el artículo 65 de la Ley N° 18.046: *Sobre sociedades anónimas*, cuando prescribe: "*El ejercicio del derecho a voto y del derecho a opción* [...] *por acciones gravadas con usufructo*, [corresponderá] *al usufructuario y al nudo propietario, conjuntamente, salvo estipulación en contrario*". En teoría, el derecho a voto pertenecería al usufructuario únicamente, porque es una manifestación del uso; y lo propio acaece con el derecho a opción, que es una emanación del disfrute[24], sin perjuicio, naturalmente, de la restitución de las acciones optadas al término del usufructo[25]. Ahora bien, como se ve, el artículo 65 atribuye los derechos de voto y de opción al usufructuario y al nudo propietario, conjuntamente, aunque se pueda estipular de diversa manera. Se podría, sin embargo, pensar en que el artículo 5 de la Ley N° 18.876 y el artículo 65 de la Ley N° 18.046 rigen al usufructo de acciones en hipótesis diferentes: aquel, cuando las acciones fueron depositadas en una empresa de depósito de valores; y este, si no lo fueron.

VI. CONCLUSIÓN

La negocialidad procedente sobre valores desmaterializados y depositados por cuenta propia en una empresa de depósito de valores ofrece problemas dogmáticos importantes, que la ley ni siquiera intuyó. Para esta, esa negocialidad recae directamente sobre los valores depositados, en circunstancias de que no puede

24 Esto, empero, crea el problema de que el usufructuario no quiera optar, y de que el nudo propietario sí lo hubiera querido; por lo cual parece que la solución debería ser práctica, en orden a dar preferencia al usufructuario y solo en el caso de su negativa a ejercer la opción, acordarla al nudo propietario.

25 La ley nada dice acerca de las acciones liberadas ("crías"), que, con todo, estimamos ser accesiones de las principales, por lo cual el usufructo empieza a afectarlas.

ser así, porque ellos dejan de pertenecer al depositante, no bien la Ley N° 20.345 deslice lo contrario en el segmento inicial del artículo 5 inciso 1°. Con respecto a los valores que depositó, el depositante solo tiene un crédito a su restitución contra la empresa, su deudora. Por consiguiente, lo único acerca de lo cual el depositante puede contratar, transferir (ceder) o gravar es precisamente ese crédito; y cualquier acto que celebre tiene a este por objeto, mas no a los valores que no son suyos.

A la luz de esta conclusión, salta a la vista la necesidad de perfeccionar la legislación aplicable a la desmaterialización de valores y a su depósito, sobre la base de una exacta comprensión de los procesos dogmáticos que consecuencialmente tienen lugar.

§ 10. SÍNTESIS

Podemos sintetizar nuestros resultados así:

1° Existen negocios jurídicos que pueden ser indistintamente celebrados sobre fungibles o infungibles, como la compraventa; otros, que deben recaer necesariamente sobre fungibles, como el mutuo; y, en fin, algunos, que solo pueden tener a infungibles por objeto, como el usufructo, el depósito, la prenda, el arrendamiento, el comodato.

2° Las partes o el autor de un negocio que solo debe incidir sobre infungibles pueden, sin haber incurrido en error ni por simulación, hacer recaer el negocio de que se trate sobre fungibles empero.

3° Estos negocios, vale decir, el usufructo, el depósito, la prenda y el arrendamiento, hechos recaer sobre fungibles por su autor o sus partes reciben la denominación de "negocios irregulares", según un uso que se remonta a fines de la Edad Media.

4° El problema inicial que ofrecen tales negocios es el de determinar su naturaleza, en orden a si perseveran en el ser (esencia) del negocio básico (usufructo, depósito, prenda, arrendamiento) o si transitan al de otro.

5° En este libro se ha sostenido la doctrina de que, siendo el carácter infungible del usufructo, el depósito, la prenda y el arrendamiento una "cosa de la esencia" de cada cual, "degeneran" en otro acto cuando se los aplica a objetos fungibles.

6° Este tránsito a otro acto es, constantemente, a "crédito", si imponemos este nombre de todo acto que involucre la entrega de cosas que deben ser restituidas.

7° Así, pues, los actos irregulares envuelven siempre un crédito, porque quien recibe los fungibles queda obligado a restituir otro tanto del mismo género y calidad.

8° Al mismo tiempo, el crédito formado se rige por las reglas del negocio básico que sean compatibles con aquel. Así, por ejemplo, si se entrega dinero en depósito, el depositante puede exigir cuando quiera la devolución del dinero depositado, tal cual acaece en todo depósito, sin tener que respetar plazo alguno de devolución, como sucede en el mutuo, en que si no se pactó un plazo de devolución, debe aceptarse uno de diez días, para poder exigirse aquella. En la prenda irregular, en cambio, debe estarse a la regla de la prenda ordinaria que permite exigir la devolución del objeto pignorado solo desde que se ha extinguido la obligación garantizada; y así correspondientemente en cada otro negocio.

9° El que reciba los fungibles en usufructo, depósito, prenda o arrendamiento se hace dueño de ellos, mas los debe. Por el contrario, el que los entregó, pierde el dominio que tenía sobre los mismos, pero empieza a ser su acreedor.

10° El comodato irregular hay que construirlo no como un simple comodato sobre fungibles, porque tal no deriva a un crédito sin más, sino a un crédito típico, como es el mutuo. Su verdadera configuración está dada por el hecho de que, celebrado cierto comodato sobre un infungible, sus partes evalúen este en dinero, de modo de entenderse que el comodatario se haga dueño del objeto pero deba su valor.

APÉNDICE
La irregularidad de algunos negocios en la codificación civil peruana (1852-1984)*

I. USUFRUCTO Y DEPÓSITO IRREGULARES EN EL "CÓDIGO CIVIL" DEL PERÚ DE 1852

El *Código Civil* del Perú de 1852[1] no contiene una categoría general de actos irregulares, pero considera a dos de ellos: el usufructo y el depósito[2].

---

* Este apéndice reproduce mi trabajo presentado en las Cuartas Jornadas Chileno-Peruanas de Historia del Derecho celebradas en la Facultad de Derecho de la Pontificia Universidad Católica de Valparaíso, entre los días 29 y 30 de mayo de 2014. No fue previamente publicado. En esta edición fueron eliminados los dos primeros párrafos del original que introducían el tema de la irregularidad negocial, superfluo en esta sede.

1 Sobre este cuerpo legal y su proyecto: Guzmán Brito, Alejandro, *La codificación civil en Iberoamérica. Siglos XIX y XX*, Santiago, Editorial Jurídica de Chile, 2000, §§ 35 y 36; El mismo, *Historia de la codificación civil en Iberoamérica*, Cizur Menor, Pamplona, Thomson-Aranzadi, 2006, §§ 25 y 25. Con posterioridad, ampliamente: Ramos Núñez, Carlos, *Historia del derecho civil peruano. Siglos XIX y XX*, II: *La codificación del siglo XIX. Los códigos de la Confederación y el Código Civil de* 1852, Lima, Pontificia Universidad Católica de Lima, 2001.

2 Ninguno de los dos estaba tratado en el *Proyecto de Código Civil para la República del Perú*, Lima, Imprenta del Correo Peruano, 1847, que, con muchas modificaciones, dio origen al *Código* de 1852. Conviene averiguar el destino de las disposiciones pertinentes del *Código* de 1852, que sirvieron de base al de Guatemala de 1877: el artículo 1090 CCPe. 52 no fue adoptado y, por el contrario, el citado *Código* de Guatemala dispuso en el segmento segundo de su artículo 1309, en donde se copia la definición de usufructo ofrecida por el artículo 1082 CCPe. 52: "*Sobre cosas fungibles no hay usufructo*"; así que simplemente abolió el usufructo irregular. Por el contrario, el artículo 1864 CCPe. 52, que, como veremos, dispone sobre el depósito irregular, pasó íntegro al *Código* de Guatemala, como artículo 1964. Hemos tenido a la vista: *Código Civil de la República de Guatemala. 1877*, Madrid, Góngora y Compañía, 1880. Conviene anotar que el contenido del artículo 1964 CCGuat. 1877 transitó al artículo 1984 CCGuat. 1963 aún vigente. Sobre las sucesivas codificaciones guatemaltecas y la relación de aquella de 1877 con la peruana de 1852, v. Guzmán Brito, A., *La codificación civil*, cit. (n. 1), §§ 37, 65 y 67; y El mismo, *Historia*, cit. (n. 1), §§ 26, 54 y 56.

1. *El usufructo irregular*.

La figura del usufructo irregular aparece descrita en el artículo 1090 CCPe. 52: "*Si el usufructo comprende cosas de que no se puede usar sin consumirlas, tiene el usufructuario la facultad de servirse de ellas, con cargo de pagarlas o de volver otras iguales en cantidad y calidad cuando termine el usufructo*". La fuente de esta disposición es el artículo 587 del *Code civil* de 1804, lo que se descubre por simple cotejo textual:

	CCFr., artículo 587	CCPe. 52, artículo 1090
1	"Si l'usufruit comprend des choses dont on ne peut faire usage sans les consommer,	"Si el usufructo comprende cosas de que no se puede usar sin consumirlas,
2	comme l'argent, les grains, les liqueurs,	
3	l'usufruitier à le droit de s'en servir, mais à la charge de	tiene el usufructuario la facultad de servirse de ellas, con cargo
4		de pagarlas o
5	rendre à la fin de l'usufruit, soit des choses de même quantité et qualité"[3].	de devolver otras iguales en cantidad y calidad cuando termine el usufructo".
6	soit leur valeur estimée à la date de la restitution.	

En realidad, el texto peruano es una traducción del francés[4], con omisión de dos frases de este: *i*) la que contiene ejemplos en la fila 2 ("*comme l'argent, les grains, les liqueurs*"); y *ii*) la que ordena pagar el valor estimado a la fecha de la restitución ("*estimée à la date de la restitution*") en la fila 6. La disposición peruana añade una expresión que no comparece en la francesa: "*de pagarlas o*" en la línea 4. La primera omisión carece de importancia; mas no la segunda, porque ella impuso esta ambigüedad al texto peruano: si el valor de las cosas que debe considerarse es aquel que estas tenían en el momento de su entrega al usufructuario, o bien el que tuvieren en el momento de terminarse el usufructo o aún en el momento de la restitución al nudo propietario. Por cierto, esta ambigüedad no se presenta

3 CCFr., artículo 587: "*Si el usufructo comprende cosas de las cuales no se puede hacer uso sin consumirlas, como el dinero, los granos, los licores, el usufructuario tiene el derecho de servirse de ellas, pero con cargo de devolver al fin del usufructo sean cosas de la misma cantidad y calidad, sea su valor estimado a la fecha de la restitución*".

4 La disposición francesa no fue considerada en los *Códigos* del Estado Nor-Peruano y del Estado Sud-Peruano, que eran nuevas ediciones del *Código Civil Boliviano* de 1830, impuesto por el protector Santa Cruz a cada uno de esos estados peruanos de la Confederación Peruano-Boliviana en 1836 y que no sobrevivieron a la Confederación misma caída a fines de los años '30. Para ellos v. Ramos Núñez, Carlos, *Historia*, cit. (n. 1). He visto: *Código Civil Santa-Cruz del Estado Sud-Peruano*, Lima, Imprenta de José Masías, 1836; y *Código Civil Santa-Cruz del Estado Nor-Peruano*, Lima, Imprenta de José Masías, 1836.

en el texto francés. En el peruano hay además una leve variación gramatical en la estructura de la última frase (desde "*pagarlas*") con respecto a la del francés, que también carece de importancia.

2. *El depósito irregular*.

El artículo 1864 CCPe. 52 dice: "*Cuando el depositante permite al depositario que use del depósito, el contrato se convierte en mutuo, si lo depositado es dinero u otra cosa fungible, como trigo, vino etc.; o en comodato, si no es de aquellas que se consumen con el primer uso, como un caballo, un reloj, etc. En estos casos se observará respectivamente lo dispuesto en los dos títulos que preceden*". La remisión que se dispone en el final de esta norma es al tít. 1°: "Del mutuo" perteneciente a la sec. 4ª, y al tít. 2°: "Del comodato" de la misma sección, del libro III en ambos casos. Obsérvese el salto de "cosa fungible" al de "cosa que se consume por el uso", lo cual denota una confusión entre fungibilidad y consumibilidad y sus contrarios[5].

Esta vez, la norma no encuentra su modelo en el *Código* de Francia, el cual se limita a disponer en su artículo 1930 que el depositario "[...] *ne peut se servir de la chose déposé, sans la permission expresse ou présumée du déposant*", de modo que en ese cuerpo legal el depósito irregular se encuentra reconocido solo indirectamente[6]. El modelo inmediato parece ser, en cambio, el § 959 del *Allgemeine bürgerliche Gesetzbuch* austriaco de 1811, que dice:

"Wird dem Verwahrer auf sein Verlangen oder durch freiwilliges Anerbieten des Hinterlegers der Gebrauch gestattet; [...] er [sc. der Vertrag] wird bei verbrauchbaren Sachen in einen Darlehens, bei unverbrauchbaren in einen Leihvertrag umgeändert, [...]".

"Si se autoriza el uso de las cosas al depositario, sea a petición suya, sea por ofrecimiento voluntario del depositante, [...], el [sc. contrato] se convierte en un mutuo si las cosas [depositadas] son consumibles, [o] en un comodato, si son inconsumibles [...]".

---

5 El artículo 458 CCPe. 52, en efecto, dice: "*Son fungibles las cosas que no se consumen con el uso; y no fungibles las que no se consumen, aunque se deterioren con el uso*". Pero lo que en el *Proyecto de Código Civil* español de 1851, llamado "de García Goyena", artículo 383: "*Los bienes muebles son fungibles o no fungibles./ A la primera especie pertenecen aquellos de que no puede hacerse el uso conveniente á su naturaleza, sin que se consuman; a la segunda especie pertenecen los demás*" (en GARCÍA GOYENA, Florencio, *Concordancias, motivos y comentarios del Código Civil español*, Madrid, Imprenta de la Sociedad Tipográfico-Editorial, 1852 I, 347) era una subordinación, en el *Código* de 1852 se convirtió en una confusión.

6 Lo cual es raro, atendido que Pothier lo trató ampliamente. V. POTHIER, Robert-Joseph, *Traité su contrat du dépôt*, cap. 3°, § 3°, núms. 82-83, en *Œuvres de Pothier*, edición de B. Bugnet, Paris, Videcoq, Cosse et Delamotte, 1847, V, 154-156. Lo dicho para el *Código* francés vale para el *Código Civil del Estado Nor-Peruano* (artículo 1286) y para aquel del *Estado Sur-Peruano* (artículo 1286), que reprodujeron el artículo 1930 del francés.

Ciertamente, el § 83 del título 14° de la 1ª parte del *Allgemeine Landrecht für die Preußischen Staaten* prusiano de 1794 ya tenía dispuesto algo aproximado. Su § 82 había establecido que si el depositante permite expresamente un uso de la cosa depositada al depositario, la naturaleza del contrato celebrado no varía; ante lo cual el § 83 añadió:

"Sobald aber der Verwahrer sich dieser Erlaubni zu bedienen anfängt, so geht das Geschäft, bei verbrauchbaren Sachen in einem Darlehens-, und bei andern in einem Leih- oder Mietvertrag über".	"Tan pronto, empero, como el depositario empiece a servirse de este permiso, el contrato transita a mutuo, si se trata de cosas consumibles, y a comodato o arrendamiento, cuando se trata de otras".

Este parágrafo 83, por su lado, pudo estar en la base del § 959 austriaco. En realidad, cualquiera de ambos, o los dos, pudieron ser tenidos a la vista por los codificadores peruanos[7]; pero nos inclinamos por preferir al *Código* austriaco, que es más directo y en donde no comparece la posible mudanza del depósito a arrendamiento que en el *Código* prusiano se presenta como alternativa al cambio a comodato.

II. USUFRUCTO Y DEPÓSITO IRREGULARES EN EL "CÓDIGO CIVIL" DEL PERÚ DE 1936

El *Código Civil* de 1936[8] conservó el tratamiento de los dos actos irregulares que habían comparecido en el de 1852.

a) Pero en materia de usufructo irregular se cambió la redacción, pues ahora el artículo 930 CCPe. 36 dijo: "*Si el usufructo es de especies que se consumen, el usufructuario se convierte en propietario, con cargo de devolver otras en igual*

7 Para lo cual, si es que no dispusieron directamente de los textos alemanes, pudieron valerse de la comparación de códigos (en versión francesa) de SAINT-JOSEPH, Antoine de, *Concordance entre les codes civils étrangers et le Code Napoléon*, Paris - Leipzig, Ch. Hingray - Brockhaus et Avenarius, 1840, traducida por D. F. Verlang y D. J. Muñiz como *Concordancia entre el Código Civil francés y los códigos civiles extranjeros*, Madrid, Yenes, 1843, en donde, por ende, todos los textos legales comparados aparecen en castellano.

8 Acerca de este código, v. GUZMÁN BRITO, A., *La codificación civil* (n. 1), § 66; EL MISMO, *Historia* (n. 1), § 55. Después, extensamente: RAMOS NÚÑEZ, Carlos, *Historia del derecho civil peruano. Siglos XIX y XX*, VI: *El Código de 1936*, volumen 1: *Los artífices*; volumen 2: *La génesis y las fuentes*; volumen 3: *El bosque institucional*, Lima, Pontificia Universidad Católica de Lima, 2006, 2009 y 2011, respectivamente.

cantidad y calidad o de pagar el valor estimado al tiempo de constituirse el usufructo, o, en su defecto, el corriente al tiempo del pago". El cotejo con el texto precedente es ilustrativo:

	CCPe. 52, artículo 587	CCPe. 36, artículo 1090
1	"Si el usufructo comprende cosas de que no se puede usar sin consumirlas	"Si el usufructo es de especies que se consumen
2	tiene el usufructuario la facultad de servirse de ellas,	
3		el usufructuario se convierte en propietario,
4	con cargo de	con cargo de
5		devolver otras en igual cantidad y calidad
6	pagarlas	o de pagar el valor estimado al tiempo de constituirse el usufructo, o, en su defecto, el corriente al tiempo del pago".
7	o de volver otras iguales en cantidad y calidad	[véase la línea 5]
8	cuando termine el usufructo".	

En la línea 1 hay solo un cambio de lenguaje, aunque la expresión del texto de 1852 era técnicamente más exacta y pura.

La facultad indicada en la línea 2 del texto de 1852 desapareció en el de 1936, pero se entiende bien que ella queda implícita en lo que este dice en la línea 3, lo cual, a su vez, había faltado en el primero. Ahora bien, el orden correcto de ideas es el que aparece en 1936: el usufructo irregular hace dueño al usufructuario; por ende, puede disponer o consumir las cosas de que se trate.

En lo que sigue, las coincidencias son mayores que las discrepancias. El usufructuario irregular debe devolver otras tantas cosas del mismo género y calidad al nudo propietario y en la misma cantidad. Las respectivas líneas 7 y 5 expresan esta idea. Pero el *Código* de 1852 precisaba que la devolución debía ser al término del usufructo (línea 8), lo que omitió decir el de 1936. A su vez, la otra alternativa dada al usufructuario irregular en orden a pagar las cosas en vez de devolverlas, el texto de 1852 se limitaba decir: "pagarlas" sin indicar según qué valor (línea 6), mientras que el de 1936 precisa aquella posibilidad con la fijación del momento de la estimación de su valor que es sucesivamente el que tuvieren las cosas al tiempo de constituirse el usufructo o el corriente al tiempo del pago al nudo propietario irregular.

El *Código* de 1936, añadió un artículo 955 cuyo contenido faltaba en el de 1852: "*El usufructo de dinero solo da derecho a percibir la renta*". El usufructo de dinero es un caso de usufructo de especies que se consumen que el artículo 1090, ya examinado, trata en general; y no se alcanza a ver la razón del precepto del artículo 955, que parece limitativo, porque tal usufructo "solo" da derecho a percibir la renta, como queriendo decirse que el usufructuario no se convierte en propietario del dinero –según expresa el artículo 1090– para hacer con él lo que quiera, incluso consumirlo. Además, cabe preguntarse por la fuente de la renta que se atribuye al usufructuario irregular: si el dinero dado en usufructo estaba puesto a interés –suponiendo que la palabra "renta" en la norma aluda a los intereses del dinero–, he ahí el origen o fuente; pero, ¿y si no lo estaba? En el supuesto de pensar en que el usufructuario irregular podría darlo a interés para así obtener la renta cuya percepción le autoriza el artículo 955, eso no podría ser, porque dar dinero a interés es disponerlo, para lo cual se necesita ser propietario, que es cuanto el mismo artículo 955 parecer negar.

b) El artículo 1612 CCPe. 36 aparenta ser un resumen del artículo 1864 CCPe. 52: "*Cuando el depositante permite al depositario que use del depósito, el contrato se convierte en mutuo, o en comodato, según las circunstancias*".

CCPe. 52, artículo 1864	CCPe. 36, artículo 1612
"Cuando el depositante permite al depositario que use del depósito, el contrato se convierte en mutuo,	"Cuando el depositante permite al depositario que use del depósito, el contrato se convierte en mutuo,
si lo depositado es dinero u otra cosa fungible, como trigo, vino etc.;	
o en comodato, si no es de aquellas que se consumen con el primer uso, como un caballo, un reloj, etc.	o en comodato,
En estos casos se observará respectivamente lo dispuesto en los dos títulos que preceden".	
	según las circunstancias".

Sustancialmente las ideas de ambas disposiciones son una y la misma, y corresponden a las expresadas por las palabras del artículo 1612 del *Código* de 1936. Este, pues, suprimió la indicación de ser fungible o consumible la cosa y los ejemplos de una y otra que ofrecía el de 1852; y reemplazó esas referencias por la expresión "*según las circunstancias*", de modo que para el autor de la norma el hecho de ser fungible o consumible una cosa es una "circunstancia suya", lo cual ciertamente resulta inexacto y excesivo. También eliminó la remisión a los títulos del mutuo y del comodato, seguramente bajo la consideración de ser innecesaria, ya que de la conversión de un depósito con facultad de usar lo depositado a uno u otro contrato se infiere la aplicabilidad de las normas que los rigen.

III. USUFRUCTO Y DEPÓSITO IRREGULARES EN EL "CÓDIGO CIVIL" DEL PERÚ DE 1984[9]

En el *Código* de 1984[10], el usufructo irregular viene notablemente deprimido; pero no hubo novedades en cuanto al depósito irregular.

a) En el tít. 3° de la sec. 3ª, perteneciente al libro V del *Código* de 1984, comparece un cap. 3° rubricado "Cuasiusufructo" integrado por tres artículos (1018-1020). Como se recordará, esta palabra fue usada y seguramente acuñada por Gayo, para designar al usufructo de cosas fungibles[11]. Se esperaría, pues, que bajo tal rúbrica se tratase del mencionado usufructo. Pero las cosas discurrieron de otra manera. El artículo 1018 dice: "*El usufructo de dinero solo da derecho a percibir la renta*"; vale decir, repite al pie de la letra el artículo 955 del *Código* de 1936, creado por él, porque no aparecía en el precedente. Ya fue comentado[12].

El artículo 1019 CCPe. 84 expresa: "*El usufructuario de un crédito tiene las acciones para el cobro de la renta y debe ejercitar las acciones necesarias para que el crédito no se extinga*". El segmento primero de esta norma (hasta "renta") proviene del artículo 956 CCPe. 36; el resto es original del de 1984. Pero la norma entera trata, como se ve, no del usufructo de fungibles, sino del usufructo de créditos, extendiendo, de manera abusiva, pues, la palabra "cuasiusufructo" a tal género de usufructo[13].

En fin está el artículo 1020: "*Si el usufructuario cobra el capital, debe hacerlo conjuntamente con el propietario y en este caso el usufructo recaerá sobre el dinero cobrado*", también perteneciente a la disciplina del usufructo de créditos

---

9 Literatura: González Linares, Nerio, *Derecho civil patrimonial. Derechos reales*, 2ª edición, Lima, Juristas Editores, 2012, 730-733; Vázquez Ríos, Alberto, *Derechos reales*, 4ª edición, Lima, San Marcos, 2014, 497-498.

10 Para este cuerpo legal, v. Guzmán Brito, A., *La codificación civil* (n. 1), § 69; El mismo, *Historia* (n. 1), § 58.

11 V., más arriba, el § 3, I, 2.

12 V., más arriba, el cap. II).

13 El usufructo de fungibles, único al que Gayo denominó "cuasiusufructo", tiene esto en común con el usufructo de créditos: que ambos fueron una creación de la jurisprudencia a partir del senadoconsulto que autorizó un usufructo "sobre todas las cosas que se encuentren en el patrimonio de alguien" (sobre el cual v., más arriba, el § 3, III). Acerca de ese origen del usufructo de créditos, v. Dig. 7,5,3 y cfr. con Dig. 33,2,24 pr. y 35,2,69.

b) Por lo que atañe al depósito irregular, el artículo 1829 CCPe. 84 dice: "*Cuando el depositante permite que el depositario use el bien, el contrato se convierte en comodato o mutuo, según las circunstancias*"; vale decir, reproduce fielmente el artículo 1612 CCPe. 36 ya comentado[14]

IV. SÍNTESIS

Los sucesivos *Códigos Civiles* del Perú, desde el de 1852, no han conocido la irregularidad como categoría (lo que no es una excepción en la codificación civil europea y americana), pero sí un par de figuras irregulares concretas: el usufructo irregular o cuasiusufructo y el depósito irregular. El mencionado cuerpo legal peruano se inspiró en el *Code Civil* de 1804 en relación con la primera de estas figuras; y en el *Código* austriaco en lo que concierne a la segunda, aunque también pudo intervenir el prusiano de 1794, o ambos. Por lo tocante a considerar las dos figuras en examen, el *Código* de 1852 fue imitado por los posteriores de 1936 y 1984, aunque de manera débil con respecto al usufructo irregular este último. Es algo sorprendente que el mismo no haya recogido alguna disciplina de la prenda irregular o prenda sobre fungibles –no desconocida por el derecho romano–, atendido que en la segunda mitad del siglo XX ha mostrado algún desarrollo, como en materia de arrendamiento y de actividades de los corredores y agentes de valores.

14 V., más arriba, el cap. II.

BIBLIOGRAFÍA

ADAMS, Bertrand, *Haben die Römer "depositum irregulare" und Darlehen unterschieden?* en *Studia et Documenta Historiae et Iuris*, 28, Roma, 1962.

ALESSANDRI, Arturo, *Derecho civil. Segundo año: De los contratos*, Santiago, Imprenta Editorial Bellas Artes, 1930.

ANDREOLI, Massimo, *Note in tema di pegno irregolare*, en *Studi Parmensi*, 26, 1981.

ASCOLI, Alfredo, *Pegno di denaro*, en *Rivista di Diritto Civile*, 1917.

ASTUTI, Guido, s. v. "Deposito (storia)", en *Enciclopedia del Diritto*, Milano, Giuffrè, 1964, VI.

AZO, *Summa super Codicem*, Pavia, B. et A. fratres de Rovellis, 1506.

BALDUS DEGLI UBALDI, *Consilia*, según transcripción de SANTARELLI, U., *Categoria*, 247.

BARROS BOURIE, Enrique, *La diferencia entre "estar obligado" y "ser responsable" en el derecho de los contratos*, en CORRAL, Hernán - RODRÍGUEZ, María Sara (coordinadores), *Estudios de derecho civil*, II: *Jornadas Nacionales de Derecho Civil, Olmué, 2006*, Santiago, LexisNexis, 2007.

BAUDRY-LACANTINERIE, Gabriel - WAHL, Albert *Traité théorique et pratique de droit civil. De la société, du prêt, du dépôt*, Paris, Sirey, 1907.

BEIGNIER, Bernard - MIGNOT, Marc, *Droit des sûretés*, Paris, Montchrestien, 2008.

BELLO, A., *Instituciones de Derecho romano*, en EL MISMO, *Obras completas de* [...], 2ª edición, Caracas, La Casa de Bello, 1981, XVII: "Derecho romano".

BENKE, Nikolaus, *Zum Eigentumserwerb des Unternehmers bei der "locatio conductio irregularis"*, en *Zeitschrift der Savigny-Stiftung*, rom. Abt., 104, 1987.

BOLAFFIO, Leone, *Il deposito e il pegno irregolari*, Città di Castello, 1891.

BONIFACIO, Francesco, *Ricerche sul deposito irregolare in diritto romano*, en *Bullettino dell'Istituto di Diritto Romano*, 49-50, Roma, 1948.

BRASIELLO, Ugo, *Aspetti innovativi delle costituzioni imperiali*, I: *L'aspetto innovativo-interpretativo*, en *Studi in onore di Pietro de Francisci*, Milano, Giuffrè, 1956, IV.

BUTRIGARIUS, Jacopus, *In secundam Digesti Veteris partem commentaria*, Romae, L. Fatii, 1606 y SANTARELLI, U., *Categoria*, 242.

CABALLERO GERMAIN, Guillermo, *La adquisición "a non domino" de valores anotados en cuenta*, Madrid, Civitas, 2010.

CABRILLAC, Michel - MOULY, Christian - CABRILLAC, Séverine - PÉTEL, Philippe, *Droit des sûretés*, 8ª edición, Paris, LexisNexis - Litec, s. d. [pero 2008].

CANO MARTÍNEZ DE VELASCO, José Ignacio, *La posesión, el usufructo y la prenda de derechos*, Barcelona, Bosh, 1992.

CAPRILE BIERMAN, Bruno, *La boleta bancaria de garantía. Una garantía a primer requerimiento*, Santiago, Editorial Jurídica de Chile, 2002.

CARVAJAL, Patricio, *Las arras en el Derecho justinianeo*, en *Revista Chilena de Derecho*, 33/3, Santiago, 2006.

CARVAJAL, Patricio, *Las arras penitenciales en la tradición romanística del Derecho civil español*, en *Revista Chilena de Derecho*, 32/2, Santiago, 2005.

CABALLERO GERMAIN, Guillermo, *La custodia en el mercado de valores. De los títulos de crédito a los valores anotados en cuenta*, Santiago, Thomson Reuters, 2016.

CHURRUCA, Juan de, *Die Gerichtsbarkeit der "praefectus urbis" über die "argentarii" im klassischen römischen Recht*, en *Zeitschrift der Savigny-Stiftung*, rom. Abt., 108, 1991.

CICERO, *pro Caecina*.

CICERO, *topica*.

CLAPS, Tommaso, *Del così detto pegno irregolare*, en *Archivio Giuridico*, 57, Pisa, 1896.

CLARO SOLAR, Luis, *Del depósito de dinero y especialmente del depósito bancario*, en *Revista de Derecho y Jurisprudencia*, 32/3-4, Santiago, 1935.

CLARO SOLAR, Luis, *Explicaciones de derecho civil chileno y comparado*, VI: *Los bienes*, 1, 1930, reimpresión, Santiago, Editorial Jurídica de Chile, 1992.

CLARO SOLAR, Luis, *Explicaciones de derecho civil chileno y comparado*, VIII: *De los bienes*, 3, 1933, reimpresión, Santiago, Editorial Jurídica de Chile, 1992, V.

CLERICI, Ottorino, *La formazione delle locazione irregolari in diritto romano*, en *Archivio Giuridico "Filippo Serafini"*, 8/1-2, Modena, 1907.

CLERICI, Ottorino, *Sui contratti irregolari in diritto romano*, Torino, Tipografia Subalpina, 1905.

"Compendio de normas financieras" del Banco Central, G: "Cuentas corrientes", cap. III,G,1: "Pago de intereses en cuentas corrientes bancarias en moneda nacional"; E: "Ahorro", cap. III.E.1.

COPPA-ZUCCARI, *Il deposito irregolare*, Modena, Biblioteca dell'Archivio Giuridico, 1901.

CORTÉS GARCÍA Eduardo, *La desmaterialización de los títulos-valores*, Valladolid, Lex Nova, 2002.

CRIFÒ, Giuliano, *Il suicidio di Coccecio Nerva "pater" e i suoi reflessi sul problema del quasiusufrutto*, en AA. VV., *Studi in onore di Gaetano Scherillo*, Milano, Istituto Editoriale Cisalpino - La Goliardica, s. d. [pero 1972], I.

CRIFÒ, Giuliano, *Intorno alla categoria della irregolarità*, en VV. AA., *Atti del seminario sulla problematica contrattuale in diritto romano*, Milano, Istituto Editoriale Cisalpino - La Goliardica, 1988, I.

CRIFÒ, Giuliano, *Studi su quasi-usufrutto romano*, Padova, CEDAM, 1977, I: "Problemi di datazione".

CRUZ MORENO, María, *La prenda irregular*, Madrid, Colegio de Registradores de la Propiedad y Mercantiles de España - Centro de Estudios Registrales, s. d. [pero 1995].

CUETO ETCHEBERRY, Germán, *El delito de apropiación indebida. Administración desleal. Una visión de la doctrina y jurisprudencia*, Santiago, Ediciones Jurídicas de Santiago, 2005.

D'ORS, Álvaro, *"Creditum" y "contractum"*, en *Anuario de Historia del Derecho Español*, 26, Madrid, 1956.

D'ORS, Álvaro, *"Creditum"*, en *Anuario de Historia del Derecho Español*, 33, Madrid, 1963.

D'ORS, Álvaro, *Derecho privado romano*, 8ª edición, Pamplona, EUNSA, 1991.

D'ORS, Álvaro, *Observaciones sobre* el *"edictum de rebus creditis"*, en *Studia et Documenta Historiae et Iuris*, 19, Roma, 1953.

D'ORS, Álvaro, *Réplicas panormitanas*, I: *De nuevo sobre "creditum"* (*Réplica a la crítica de Albanese*), en *Studia et Documenta Historiae et Iuris*, 41, Roma, 1975.

DALMARTELLO, Arturo - PORTALE, Giuseppe, s. v. "Deposito (diritto vigente)", en *Enciclopedia del Diritto*, Milano, Giuffrè, 1964, XII.

DALMARTELLO, Arturo, s. v. "Pegno irregolare", en *Novissimo Digesto Italiano*, Torino, Unione Tipografica Editrice Torinese, 1965, XII.

DE CASTRO, Paulus, *Consilia*, transcrito por SANTARELLI, U., *Categoria*, 248.

DE DELMASES Y JORDANA, Joaquín, *El usufructo de derechos* (*inclusive de títulos-valores*), Madrid, Editorial Revista de Derecho Privado, 1932.

DEL MAINO, Jason, *Lectura in Digestum*, transcrito por SANTARELLI, U., *Categoria*, 250-251.

DELVINCOURT, Claude, *Cours de Code civil*, Paris, Videcoq Librairie, 1834, I.

Diccionario de la Real Academia Española, 22ª edición, Madrid, Espasa, 2001.

DI PIETRO, Alfredo, *La teoría del "creditum" en Álvaro d'Ors* (póstumo), en EL MISMO, *Imperio y derecho*, La Plata, Universidad Católica de La Plata, 2014, I.

DOCKÈS, Emmanuel, *Essai sur la notion d'usufruit*, en *Revue Trimestrielle de Droit Civil*, 94/3, Paris, julio-septiembre de 1995.

DOMAT, Jean, *Les lois civiles dans leur ordre natural*, Paris, Th. De Hansy, 1735, I.

ECHTE, Adolf, *Die sogenannte "locatio conductio operis irregularis" nach gemeinem Rechte und nach Burgerlichem Gesetzbuche*, Blön, O. Kaven, 1905.

ENNECCERUS, Ludwig, *Derecho de obligaciones*, II: *Doctrina especial*, 2ª edición de la traducción al castellano de la 35ª edición alemana, Barcelona, Bosch, 1950.

ETCHEBERRY, Alfredo, *Derecho penal. Parte especial*, 3ª edición, Santiago, Editorial Jurídica de Chile, 1998, III.

FERNÁNDEZ CRUZ, Gastón, *La naturaleza jurídica de los intereses: Punto de conexión entre derecho y economía*, en *Revista de Derecho de la Pontificia Universidad Católica del Perú*, 45, 1991.

FETZER, Johannes Paulus, *De irregularitate contractuum*, Altdorf, H. Meyer, 1676.

FINOCCHIARIO, Gaetano, *Teoria del pegno irregolare*, Torino, Unione Tipografica Editrice Torinese, 1919.

FIORI, Roberto, *La definizione della "locatio conductio"*, Napoli, Jovene, 1999.

FLORES MICHEO, Rafael, *El depósito irregular*, en *Revista de Derecho Privado*, 47, Madrid, 1963.

FREZZA, Paolo, "*Παρακαταθήκη*", en BIEZUANSKA-MAOWIST, I. (editora), *Symbolae Raphaeli Taubenschlag dedicatae*, Vratislaviae - Varsaviae, 1956, I.

GABRIELLI, Enrico, *Il pegno anomalo*, Padova, Cedam, 1990.

GALASSO, Alfredo, *Mutuo e deposito irregolare*, I: "La costituzione del rapporto", Milano, Giuffrè, 1968.

GANDOLFI, Giuseppe, *Il deposito nella problematica della giurisprudenza romana*, Milano, Giuffrè, 1976.

GARCÍA GOYENA, Florencio, *Concordancias, motivos y comentarios del Código Civil español*, Madrid, Imprenta de la Sociedad Tipográfico-Editorial, 1952, I y IV.

GARCÍA-HERVÁS, Dolores, *Teoría del "creditum"*, en *Cuadernos informativos de derecho histórico público, procesal y de la navegación*, 9-10, 1989.

GARRIGUES Y DIAZ-CAÑÁBATE, Joaquín, *El depósito irregular y su aplicación en el derecho mercantil*, en *Revista Crítica de Derecho Inmobiliario*, 86, Madrid, 1932; 87, Madrid, 1932; 88, Madrid, 1932; 89, Madrid, 1932; 90, Madrid, 1932; 90, Madrid, 1932; 92, Madrid, 1932; 93, Madrid, 1932; 94, Madrid, 1932.

GIOVAGNOLI, Roberto - FRATINI, Marco, *Garanzie reali e personali. Percorsi giurisprudenziali*, Milano, Giuffrè, 2010.

GONZÁLEZ LINARES, Nerio, *Derecho civil patrimonial. Derechos reales*, 2ª Edición, Lima, Jurista Editores, 2012.

GORDON, William Morrison, *Observations on "depositum irregulare"*, en PASTORI, F. (editor), *Studi in onore di Arnaldo Biscardi*, Milano, Istituto Editoriale Cisalpino - La Goliardica, 1982, III.

GROSSI, Paolo, *Sulla "natura" del contratto*, en *Quaderni Fiorentini per la Storia del Pensiero Giuridico Moderno*, 15, Florencia, 1986.

GUZMÁN BRITO, Alejandro, *"Dare ob rem"*, en TERRAZAS PONCE, Juan David (editor) *Caminos romanos. Viae Romanae. Estudios en homenaje a Francisco Samper Polo*, Santiago de Chile, Universidad Andrés Bello, 2006.

GUZMÁN BRITO, Alejandro, *Andrés Bello codificador. Historia de la fijación y codificación del Derecho civil en* Chile, Santiago, Ediciones de la Universidad de Chile, 1982, I.

GUZMÁN BRITO, Alejandro, *Derecho privado romano*, 2ª edición, Santiago, LegalPublishing - Thomson Reuters, 2013, I.

GUZMÁN BRITO, Alejandro, *El contrato de préstamo de valores*, en *Revista de Derecho de la Pontificia Universidad Católica de Valparaíso*, 38, 1er semestre de 2012.

GUZMÁN BRITO, Alejandro, *El cuasiusufructo o usufructo irregular o anómalo*, en AEDO, Cristián - MONDACA, Alexis (editores), *Nuevos horizontes del derecho privado*, Santiago, Librotecnia, 2013.

GUZMÁN BRITO, Alejandro, *El depósito irregular en el derecho chileno*, en *Revista Chilena de Derecho Privado "Fernando Fueyo Laneri"*, 23, diciembre de 2014.

GUZMÁN BRITO, Alejandro, *El justo título traslaticio del dominio de la tradición en el pago y en las operaciones crediticias*, en CORRAL TALCIANI, Hernán - RODRÍGUEZ PINTO, María Sara (coordinadores), *Estudios de Derecho Civil*, II: *Jornadas Nacionales de Derecho Civil*, Santiago de Chile, LexisNexis, 2007.

GUZMÁN BRITO, Alejandro, *El significado de "quasi" en el vocabulario de los juristas romanos*, que aparecerá en la *Revista de Estudios Histórico-Jurídicos*, 38, Valparaíso, 2016.

GUZMÁN BRITO, Alejandro, *El usufructo de créditos en el derecho civil chileno*, en VIDAL, Álvaro y otros (editores), *Estudios de derecho civil*, X: *Jornadas Nacionales de Derecho Civil, Valparaíso, 2014*, Santiago, Thomson Reuters, 2015.

GUZMÁN BRITO, Alejandro, *Historia de la codificación civil en Iberoamérica*, Cizur Menor, Pamplona, Thomson-Aranzadi, 2006.

GUZMÁN BRITO, Alejandro, *La codificación civil en Iberoamérica. Siglos XIX* y *XX*, Santiago, Editorial Jurídica de Chile, 2000.

GUZMÁN BRITO, Alejandro, *La consensualización de los contratos reales*, en *Revista de Derecho de la Pontificia Universidad Católica de* Valparaíso, 29, Valparaíso, 2° semestre de 2007= AVENDAÑO VALDEZ, Jorge y otros (editores), *Homenaje a Fernando de Trazegnies Granda*, Lima, Fondo Editorial de la Pontificia Universidad Católica del Perú, 2009, II.

GUZMÁN BRITO, Alejandro, *La estimación de una cosa recibida y debida*, ponencia presentada en las XIII Jornadas Nacionales de Derecho Civil, 1-2 de octubre de 2015, organizadas por la Facultad de Ciencias Jurídicas y Sociales de la Universidad de Concepción, cuyas actas aparecerán en el curso de 2016.

GUZMÁN BRITO, Alejandro, *La naturaleza de los actos y contratos relativos a valores guardados en entidades de depósito y custodia de valores*, en BARRÍA PAREDES, Manuel y otros (editores), *Estudios de derecho privado en homenaje al profesor Ramón Domínguez Aguila*, Santiago, LegalPublishing, 2015.

GUZMÁN BRITO, Alejandro, *La prenda irregular o anómala con desplazamiento de muebles corporales en el derecho chileno*, en *Revista Chilena de Derecho*, 40/3, 2013.

GUZMÁN BRITO, Alejandro, *La tipología de los legados en el Derecho civil chileno*, en *Revista de Derecho de la Pontificia Universidad Católica de Valparaíso*, 27, 2006, 2° semestre = EL MISMO, *Estudios sobre los legados según el derecho civil chileno*, Santiago, Abeledo Perrot/ LegalPublishing Chile - Thomson Reuters, 2012.

GUZMÁN BRITO, Alejandro, *Las cosas incorporales en la doctrina y en el derecho positivo*, 2ª edición, Santiago, Editorial Jurídica de Chile, 2006.

GUZMÁN BRITO, Alejandro, *Los contratos irregulares en el derecho civil chileno*, en DOMÍNGUEZ, Carmen y otros (coordinadores), *Estudios de derecho civil*, VIII: *Jornadas Nacionales de Derecho Civil, Santa Cruz, 2012*, Santiago, LegalPublishing - Thomson Reuters, 2013.

GUZMÁN BRITO, Alejandro, *El arrendamiento sobre fungibles*, en *Revista de Derecho de la Pontificia Universidad Católica de Valparaíso*, 44, Valparaíso, 1er semestre de 2015.

GUZMÁN BRITO, Alejandro, *El concepto de crédito en el derecho chileno*, en *Revista de Derecho de la Universidad Católica del Norte*, 21/2, Coquimbo, 2014.

GUZMÁN BRITO, Alejandro, *Las garantías en el contrato de préstamo de valores*, en *Revista de Derecho de la Pontificia Universidad Católica de Valparaíso*, 39, 2° semestre de 2012.

GUZMÁN BRITO, Alejandro, *Tratado de la prenda sin desplazamiento según el derecho chileno*, Santiago, Editorial Jurídica de Chile, 2011.

HANNU, Tapani Klami, "*Depositum*" und "*Παρακαταθήκη*", en BENÖHR, Hans-Peter y otros (editores), "*Iuris professio*". *Festgabe für Max Kaser zum 80. Geburtstag*, Wien y otras, Böhlau, 1986.

HEINECCIUS, Johan Gottlieb, *Recitationes in elementa iuris civilis secundum ordinem Institutionum*, Vratislavia, Imp. I. F. Kornius, 1773.

HERRERA BRAVO, Ramón, *El contrato de depósito en el derecho romano*, Granada, [Universidad de Granada], 1987.

HÜBNER, Ana María - VERGARA, Sofía, *Contrato de arrendamiento*, Santiago, Conosur, 1955, I.

HUERTA DE SOTO, Jesús, *Dinero, crédito bancario y ciclos económicos*, 4ª edición, Madrid, Unión Editorial, 2009.

IANNUZZI, Stefano, *Del pegno irregolare*, en EL MISMO, *Studi giuridici*, Milano, 1909.

JIMÉNEZ MUÑOZ, Francisco Javier, *Sobre la naturaleza de los intereses*, en *Revista de Derecho Bancario y Bursátil*, 113, año 28, enero-marzo de 2009.

JOBARD-BACHELLIER, Marie-Noëlle - BOURASSIN, Manuella - BRÉMOND, Vincent, *Droit des sûretés*, Paris, Sirey, 2007.

JORDANO BAREA, Juan, *El cuasi-usufructo como derecho de goce sobre cosa ajena*, en *Anuario de Derecho Civil*, 1/3, Madrid, 1948.

JORDANO Fraga, Francisco, *Prenda regular, prenda irregular y prenda de créditos. Sobre la pignorabilidad de una imposición a plazo fijo*, en *Anuario de Derecho Civil*, 43/1, Madrid, 1990.

KLAMI, Hannu Tapani, *Die Zeichen der Wechselwirkungen zwischen dem römischen Reichsrecht und dem Peregrinenrecht im Urkundenmaterial der siebenbürgischen Wachstafeln*, en *Zeitschrift der Savigny-Stiftung*, rom. Abt., 79, 1962.

KRÜGER, Paul, *Geschichte der Quellen und Literatur des römischen Rechts*, München, Duncker und Humblot, 1912.

KÜBLER, Bernhard, *Griechische Tatbestände in den Werken der kasuistischen Literatur*, en *Zeitschrift der Savigny-Stiftung*, rom. Abt., 29, 1908.

LA LUMIA, Isidoro, *Pegno irregolare e sconto*, en *Revista di Diritto Commerciale*, Roma, 1914, 2.

LA ROSA, Renato, *Ricerche sul quasi-usufrutto nel diritto romano*, Torino, Giappichelli, 2012.

LAURENT, François, *Principes de droit civil*, Bruxelles - Paris, Bruylant - Marescq, 1893, XXVII.

LAUSBERG, Heinrich, *Manual de retórica literaria. Fundamentos de una ciencia de la literatura*, traducción al castellano de Pérez Riesco, J., Madrid, Gredos, 1967, 3ª reimpresión, 1991, II.

LECAROS SÁNCHEZ, José Manuel, *Las cauciones reales. Prenda e hipoteca*, Santiago, Metropolitana Ediciones, s. d. [pero 2001].

LEGEAIS, Dominique, *Sûretés et garanties du crédit*, Paris, Librairie Générale de Droit et de Jurisprudence, s. d. [pero 2006)].

LENEL, Otto, *Das Edictum perpetuum*, 3ª edición, Leipzig, Tauchnitz, 1927.

LITEWSKI, Wieslaw, *Le dépôt irrégulier* (II), en *Revue Internationale des Droits de l'Antiquité*, 22, Bruxelles, 1975.

LITEWSKI, Wieslaw, *Le dépôt irrégulier*, I, en *Revue Internationale des Droits de l'Antiquité*, 21, Bruxelles, 1974.

LONGO, Carlo, *Appunti sul deposito irregolare*, en *Bullettino dell'Istituto di Diritto Romano*, 18, Roma, 1906.

LONGO, Carlo, *Corso di diritto romano. Il deposito*, Milano, Giuffrè, 1964.

LONGO, Sara, *Alle radici dell'usufrutto di "res quae usu consumuntur"*, en *Studi per G. Nicosia*, Milano, Giuffrè, 2007, IV.

LONGO, Sara, *Sul "legatum ususfructus" di cose consumabili: "cautio senatusconsulti"*, en *Index. Quaderni Camerti di Studi Romanistici*, 42, 2014.

LÓPEZ SANTANA, Nieves, *El contrato bancario de administración de valores*, Sevilla, Universidad de Sevilla, 2002.

MANTICA, Franciscus, *Vaticanae lucubrationes de tacitis et ambiguis conventionibus*, Roma, 1609-1610, transcrito por SANTARELLI, U., *Categoria*, 253-254.

MANZANARES SECADES, Alberto, *Algunas notas sobre la prenda de dinero a raíz de la sentencia del Tribunal Supremo de 27 de diciembre de 1985*, en *Anuario de Derecho Civil*, 39, Madrid, 1986.

MANZANARES SECADES, Alberto, *Prenda de dinero y prenda de créditos. Comentario a la sentencia de 19 de septiembre de 1987*, en *Anuario de Derecho Civil*, 41, Madrid, 1988.

MARTÍNEZ GIJÓN, José, *La comenda en el derecho español*, I: *La comenda-depósito*, en *Anuario de Historia del Derecho Español*, 34, Madrid, 1964.

MARTORANO, Federico, *Cauzione e pegno irregolare*, en *Rivista di Diritto Commerciale*, 58/ 3-4, Milano, marzo-abril de 1960.

MATHIEU, Marie-Elisabeth, *Les nouvelles garanties de financement. Aspects pratiques des sûretés réelles conventionnelles mobilières et immobilières*, Paris, Edition Formation Entreprise, EFE, s. d. [pero 2007].

MENTXACA, Rosa, *La pignoración de colectividades en el derecho romano clásico*, s. l. [pero Bilbao], Servicio Editorial de la Universidad del País Vasco, s. d. [pero 1986].

MENTXACA, Rosa, *La pignoración de colectividades en el derecho romano clásico*, Bilbao, Universidad del País Vasco, s. d. [pero 1986], 315-318.

MESSINEO, Francesco, s. v. "Contratto irregolare", en *Enciclopedia del Diritto*, Milano, Giuffrè, 1962, X.

METRO, Antonino, *Locazione e acquisto della proprietà: la c.d. "locatio-conductio irregularis"*, en *Seminarios Complutenses de Derecho Romano*, 7, Madrid, 1995.

MICHEL, Jacques, *Gratuité en droit romain*, Bruxelles, Université Libre de Bruxelles, 1962.

MITTEIS, Ludwig, "*Trapezitika*", en *Zeitschrift der Savigny-Stiftung*, rom. Abt., 19, 1898.

NAVARRINI, Umberto, *In tema di pegno irregolare*, en *Rivista del Diritto Commerciale*, 11/ 2, 1913.

NETTELBLADT, Daniel, *Commentatio iuridica de depositio irregulari*, Halae - Magdeburgicae, In Officina Libraria Rengeriana, 1750.

NETTELBLADT, Daniel, *Systema elementare universae iurisprudentiae naturalis*, 5ª edición, Halae Magdeburgicae, In Officina Libraria Rengeriana, 1785, reimpresión facsimilar Hildesheim y otras, Olms, 1997, I.

NIEMEYER, Theodor, "*Depositum irregulare*", Halle, Niemeyer, 1888.

ORREGO ACUÑA, Juan Andrés, *El contrato de arrendamiento*, 2ª edición, Santiago, Metropolitana, 2011.

OZCÁRIZ MARCO, Florencio, *El contrato de depósito. Estudio de la obligación de guarda*, Barcelona, Bosch, 1997.

PEÑAILILLO ARÉVALO, Daniel, *Los bienes. La propiedad y otros derechos reales*, Santiago, Editorial Jurídica de Chile, 2006.

PETRUCCI, Aldo, "*Mensam exercere*". *Studi sull'impresa finanziaria romana. II secolo a.C - metà del III secolo d.C.*, Napoli, Jovene, 1991.

PLANIOL, Marcel - RIPERT, Georges, *Traité pratique de droit civil Français*, Paris, Librairie Générale de Droit et de Jurisprudence, 1954, XI.

PLANIOL, Marcel, *Traité élémentaire de droit civil*. Paris, Librairie Générale de Droit et de Jurisprudence, 1900, I.

POLAY, Elemér, *Die Zeichen der Wechselwirkungen zwischen dem römischen Reichsrecht und dem Peregrinenrecht im Urkundenmaterial der siebenbürgischen Wachstafeln*, en *Zeitschrift der Savigny-Stiftung*, rom. Abt., 79, 1962.

PONTANUS, Ludovicus, *Consilia*, Frankfurt, 1577, transcrito por SANTARELLI, U., *Categoria*, 249.

POTHIER, Robert-Joseph, *Traité du contrat de louage*, en *Œuvres de Pothier*, edición de B. Bugnet, Paris, Videcoq - Cosse et Delamotte, 1847, IV.

POTHIER, Robert-Joseph, *Traité du nantissement*, en *Œuvres de Pothier*, edición de B. Bugnet, Paris, Videcoq - Cosse et Delamotte, 1847, V.

POTHIER, Robert-Joseph, *Traité su contrat du dépôt*, en *Œuvres de Pothier*, edición de B. Bugnet, Paris, Videcoq, Cosse et Delamotte, 1847, V.

"Primer Informe de la Comisión de Constitución, Legislación y Justicia [de la Cámara de Diputados] sobre el proyecto de ley que modifica el Código Civil y otros cuerpos legales en materia de filiación", de 9 de agosto de 1994, *Boletín* N° 1060-07-1, en Biblioteca del Congreso Nacional, *Historia de la Ley N° 19.585*.

RAMOS JURADO, Enrique Ángel - SANCHO ROYO, Antonio, *Léxico de terminología retórica griega: figuras y tropos*, Zaragoza, Libros Pórtico, s. d. [pero 2009].

RAMOS NÚÑEZ, Carlos, *Historia del derecho civil peruano. Siglos XIX y XX*, II: *La codificación del siglo XIX. Los códigos de la Confederación y el Código Civil de* 1852, Lima, Pontificia Universidad Católica de Lima, 2001.

RAMOS NÚÑEZ, Carlos, *Historia del derecho civil peruano. Siglos XIX y XX*, VI: *El Código de 1936*, volumen 1: *Los artífices*; volumen 2: *La génesis y las fuentes*; volumen 3: *El bosque institucional*, Lima, Pontificia Universidad Católica de Lima, 2006, 2009 y 2011, respectivamente.

ROSSI, Pietro, "*Locatio conductio operis irregularis*", en *Studi Senesi*, 7/1, 1890.

ROTH, Wolf Detlev, *Untersuchungen zur Kredit-παραθήκη im römischen Ägypten. Ein Beitrag zum Zinsrecht der Papyri und zum* '*νώμος τών παραθηκών*', inaug. Dissertation, Marburg, 1970.

RÜFNER, Thomas, *Vertretbare Sachen? Die Geschichte der "res quae ponderec numero mensura constant"*, Berlin, Duncker und Humblot, 2000.

SACCOCCIO, Antonio, *Mutuo reale e mutuo consensuale nel sistema giuridico latinoamericano*, en *Roma e America. Diritto romano comune. Rivista di diritto dell'integrazione e unificazione del diritto in Europa e in America Latina*, 27, 2009.

SACCOCCIO, Antonio, *Mutuo reale, accordo di mutuo e promesa di mutuo in diritto romano*, en FIORE, Roberto, *Modelli teorici e metodologici nella storia del diritto privado*, 4, Napoli, Jovene, 2001.

SAINT-JOSEPH, Antoine de, *Concordance entre les codes civils étrangers et le Code Napoléon*, Paris - Leipzig, Ch. Hingray - Brockhaus et Avenarius, 1840, traducida por D. F. Verlang y D. J. Muñiz como *Concordancia entre el Código Civil francés y los códigos civiles extranjeros*, Madrid, Yenes, 1843.

SÁNCHEZ CALERO, Francisco Javier, *El usufructo con facultad de disponer*, en *La Ley. Revista jurídica española de doctrina, jurisprudencia y bibliografía*, 3, 1981 = *Revista de Derecho Privado*, 66/1, Madrid, marzo de 1982.

SANTARELLI, Umberto, *La categoria dei contratti irregolari. Lezioni di storia del diritto*, 1984, reimpresión Torino, Giappichelli, s. d. [pero 1990].

SANTARELLI, Umberto, *Qualche riflessione su "causa" e "irregularitas"*, en VACCA, Letizia (editora), *Causa e contratto nella prospettiva storico-comparatistica*, Torino, Giappichelli, s.d. [pero 1997].

SCHMOECKEL, Mathias y otros (editores), *Historisch-kritischer Kommentar zum BGB*, III: *Schuldrecht*, Besonderer Teilband, 2, Tübingen, Mohr Siebeck, 2013.

SEGRÈ, Gino, *Sul deposito irregolare in diritto romano*, en *Bullettino dell'Istituto di Diritto Romano*, 19/ 1-6, Roma, 1907.

SEIDL, Erwin, *Der Eigentumsübergang beim Darlehen und "depositum irregular"*, en NIEDERMEYER, H. - FLUME, Werner (editores), *Festschrift für Fritz Schulz*, Weimar, Bohlaus 1951, I.

SIMLER, Philippe - DELEBECQUE, Philippe, *Droit civil. Les sûretès. La publicité foncière*, 4ª edición, Paris, Dalloz, 2004.

SIMON, Dieter, "*Quasi-παρακαταθήκη*". *Zugleich ein Beitrag zur Morphológie griechisch-hellenistischer Schuldrechtstatbestände*, en *Zeitschrift der Savigny-Stiftung*, rom. Abt., 82, 1965.

SIMONE, Mario de, *I negozi irregolari*, 1952, reimpresión Napoli, Edizioni Scientifiche Italiane, 1993; hay traducción al castellano de F. J. Osset, como *Los negocios irregulares*, Madrid, Editorial Revista de Derecho Privado, 1956.

SIMONETTO, Ernesto, *Los contratos de crédito*, 1953, traducción al castellano, Madrid, Bosch, 1958.

SOMARRIVA, Manuel, *Tratado de las cauciones* [2ª edición], Santiago, Contable Chilena, 1981.

THOMAS, Joseph Anthony Charles, "*Locatio conductio*", "*emptio venditio*" *und* "*specificatio*", en *Zeitschrift der Savigny-Stiftung*, rom. Abt., 81, 1964.

TORRELLES TORREA, Esther, *El usufructo de cosas consumibles*, Madrid, Marcial Pons, 2000.

TRAVIESAS, Miguel, *Arrendamiento irregular de la obra*, en *Revista de Derecho Privado*, 5, Madrid, 1918.

TROPLONG, Raymond-Théodore, *Le droit civil expliqué suivant l'ordre des articles du Code. De l'échange et du louage*, 3ª edición, Paris, Ch. Hingray, 1859, I.

TROPLONG, Raymond-Théodore, *Le droit civil expliqué suivant l'ordre des articles du Code: Du dépôt et du séquestre et les contrats aléatoires*, Paris, Ch. Hingray, 1845.

VALMAÑA OCHAITA, Alicia, *El depósito irregular en la jurisprudencia romana*, Madrid, EDISOFER, s. d. [pero 1996].

VÁZQUEZ RÍOS, Alberto, *Derechos reales*, 4ª Edición, Lima, San Marcos, 2014, 497-498.

VIGNERON, Roger, *Résistance du droit romain aux influences hellénistiques: Le cas du dépôt irrégulier*, en *Revue Internationale des Droits de l'Antiquité*, 31, Bruxelles, 1984.

VIÑAS MEY, José, *La prenda irregular*, en *Revista de Derecho Privado*, 146, Madrid, 1925.

VOLTERRA, Edoardo, s. v. "Senatus consulta", en *Novissimo Digesto Italiano*, Torino, Unione Tipografica-Editrice Torinese, 1969, XVI.

WINDSCHEID, Bernard, *Lehrbuch des Pandektenrechts*, 6ª edición, Frankfurt am Main, Rütten & Loening, 1887.

WOLF, Christian, *Institutiones iuris naturae et gentium*, Hallae Magdeburgicae, In Officina Libraria Rengeriana, 1763.

WOLF, Christian, *Ius naturae methodo scientifica pertractatum*, Hallae Magdeburgicae, In Officina Libraria Rengeriana, 1744, IV.

ZÉNATI, Frédéric, *La nature juridique du quasi-usufruit (ou la métempsycose de la valeur)*, en *Études offertes à Pierre Catala. Le droit prive Français a la fin du xx siècle*, Paris, Litec, 2001.

www.ingramcontent.com/pod-product-compliance
Lightning Source LLC
LaVergne TN
LVHW080301061026
849532LV00012BA/4018
* 9 7 8 9 5 6 1 4 1 9 5 1 3 *